KB047641

대한민국 ICT의 미래,
어떻게 준비할 것인가

ICT 전문가 12인이 묻고 답하다

이 도서의 국립중앙도서관 출판예정도서목록(CIP)은 서지정보유통지원시스템 홈페이지(http://seoji.nl.go.kr)와 국가자료공동목록시스템(http://www.nl.go.kr/kolisnet)에서 이용하실 수 있습니다.
CIP제어번호: CIP2018021800(양장), CIP2018021798(반양장)

대한민국 ICT의 미래, 어떻게 준비할 것인가

| 이봉규 · 황용석 · 권태경 · 곽정호 · 윤석민 · 곽규태 · 이상원 · 이준웅 · 이봉의 · 이상우 · 조화순 · 김성철 지음 |

ICT 전문가 12인이 묻고 답하다

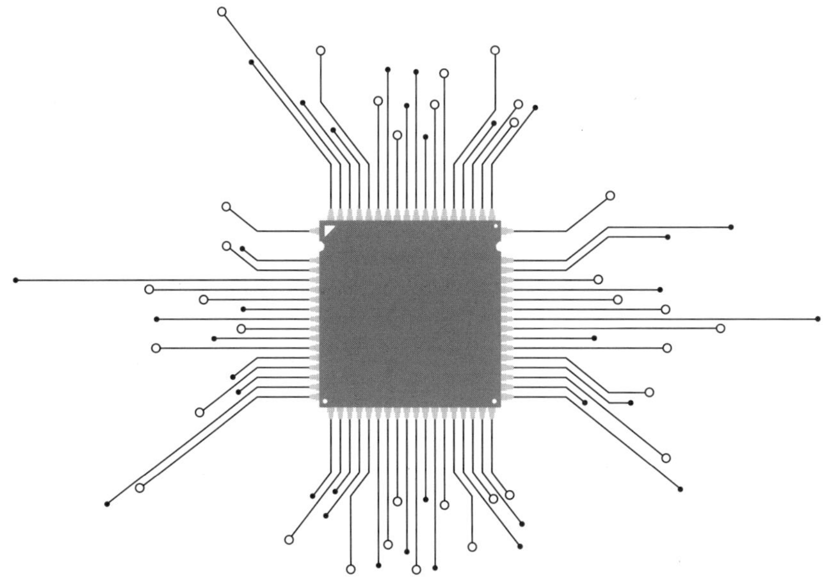

Mapping the Future of ICT Policy

12 Expert's Insights

한울
아카데미

차 례

2부 경제·사회·문화

3부 규제와 거버넌스

머리말

미국 MIT 대학의 에릭 브리뇰프슨E. Brynjolfsson과 앤드루 매커피A. McAfee 교수가 쓴 『제2의 기계시대』는 소위 '4차 산업혁명'이라 불리는 지능정보사회에서 우리의 삶이 어떻게 바뀔지를 비교적 날카롭게 예측하고 있습니다. 이들은 사물인터넷과 빅데이터, 로봇 등의 인공지능 기술이 이 사회에 정착하면 인간은 반드시 기계와 공생하는 방법을 배워야 생존할 수 있다고 주장합니다. 빠른 기술 변화의 혼돈 속에 기계가 가져다줄 수 있는 엄청난 처리능력을 이해하려는 노력과 함께, 기계가 대체하지 못하는 인간의 창의적 영역을 끊임없이 발전시키고 교육을 통해 계발하는 것이 앞으로의 생존에 필수적이라는 의미입니다.

4차 산업혁명, 인공지능AI이 모든 산업의 화두가 되고, 정부의 핵심 정책으로도 자리매김했습니다. 그렇지만 아직까지 인공지능이 촉발하는 지능정보 시대에 펼쳐질 변화가 어떤 것이고 지금 우리는 무엇을 해야 하는지, 더불어 미래에 대비하기 위한 정책과 전략은 무엇인지에 대한 구체적인 이야기는 아직 턱없이 부족해 보입니다.

많은 전문가들이 4차 산업혁명으로 인한 '유토피아'와 '디스토피아'의 한 단면만을 바라보고 이를 설명하고 있습니다. 사물인터넷의 발달로 모든 제품과 서비스가 연결되어 이전과는 전혀 다른 새로운 경험이 창출될 것이라는 장밋빛 전망을 내놓는 사람들이 있는 반면, 로봇과 빅데이터 기반 시스템이 장악한 제조업 현장에서는 일자리가 대폭 줄어들 것이라는 다소 불안한 미래 예측도 제기되는 상황입니다.

그러나 이러한 주장만으로는 미래를 능동적으로 개척해나가기가 어렵습니다. 4차 산업혁명은 이전의 혁명과는 달리 여러 기술과 사회적 주체 간의 융합과 통섭을 통해 만들어지는 패러다임이기 때문입니다. 기술이 먼저가 아니라 현장에서의 문제 해결이 먼저입니다. 따라서 비교적 복잡한 사회적 이슈들을 세심하게 들여다보고, 이를 풀어나가기 위한 복합적인 시스템을 고민하는 것이 매우 중요합니다. 막연하게 4차 산업혁명에 대한 장밋빛 전망이나 잿빛 미래를 이야기하기보다는 여러 학문 분야의 연구자가 모여 머리를 맞대고 문제를 식별하고 해결책을 제시하기 위해 노력해야 합니다.

이러한 문제의식에 공감하여 국내 ICT 분야의 지성들이 모여 지난해 'ICT 정책연구회'라는 작은 공부 모임을 만들었습니다. ICT정책연구회는 인공지능, 사물인터넷, 빅데이터 등 우리 사회를 바꿀 만한 지능정보기술의 표면만 보는 것이 아니라, 이러한 기술들을 통합적으로 활용하고 사회에 적용하는 과정에서 만들어질 다양한 변화와 성과, 그리고 문제점을 성찰하고 예방책 마련을 고민하는 융복합 학술모임입니다. 공학, 미디어학, 법학, 정치학, 경영학, 경제학 등 다방면의 전공자들이 자발적으로 모여 지능정보기술이 우리 사회에 미칠 영향과 변화 방향에 대해 토의하고 미래 정책과 전략을 도출하기 위해 노력하고 있습니다.

이번에 'ICT정책연구회'에서 논의된 내용의 일부를 모아 『대한민국 ICT의 미래, 어떻게 준비할 것인가(ICT 전문가 12인이 묻고 답하다)』라는 책을 발간합니다. 연구회 소속 ICT 전문가들이 4차 산업혁명과 관련한 핵심 이슈와 트렌드를 대중의 관점에서 알기 쉽게 설명하고 향후 정부, 기업, 개인들이 대처해나갈 방향을 수립하는 데 도움을 주기 위함입니다.

이 책의 대 주제는 기술 이용 환경, 경제·사회·문화, 규제와 거버넌스와 같이 3가지 테마로 구성되어 있습니다. 기존의 많은 책들은 지능정보사회를 이야기하면서 '기술이 먼저'라고 주장하곤 합니다. 전혀 틀린 접근법은 아닙니다. 기술이 몰고 오는 거대한 충격이 사회와 시장을 변화시키고 있는 것이 사실이기 때문입니다. 따라서 이 책도 빅데이터, 사물인터넷, 망 중립성과 상호접속 이슈 등 기술 환경의 속성에 대한 고찰과 분석으로 논의를 시작합니다. 우선 제가 데이터가 범람하는 상황에서 뜨거운 감자로 떠오르고 있는 '망 중립성과 상호접속 이슈'를 살펴봤고, 건국대 황용석 교수는 '알고리즘 매개 사회'를 주제로 지능정보사회의 권력인 알고리즘 이슈를 보다 상세히 설명합니다. 이어서 연세대 권태경 교수는 지능정보시대의 쟁점으로 떠오르고 있는 '정보보호와 정보보안의 이슈'를 정리합니다.

한편 이러한 기술 급변의 시대에 경제사회 환경의 수용과 문화적 반응, 미디어 현황 또한 중요한 이슈입니다. 특히 방송·통신·콘텐츠 등 다양한 산업들이 얽혀 있는 ICT 분야는 여러 이해관계자 간의 제도적 합의를 통해 만들어진 필드입니다. 따라서 기술 하나만으로 ICT 산업의 혁신 트렌드를 해석하는 것은 불가능하다고 판단합니다. 그래서 이 책의 2부는 '기술' 자체보다 그 기술이 향하는 '사람'에 초점을 맞추어 다가올 지능정보사회에 염두하고 고려해야 할 현안들을 구체적으로 정리해보고자 했습니다. 먼저 호서대 곽정호 교수가 '디지털 경제와 일자리'를 주제로 미래 노동 및 고용 여건을 살펴봤습니다. 다음으로 서울대 윤석민 교수는 '사회적 소통의 혁신'을 주제로 지능정보시대의 커뮤니케이션 현상과 바람직한 변화 방향을 모색합니다. 이와 더불어 순천향대 곽규태 교수가 '지능정보시대의 콘텐츠'를 주제로 인공지능기술이 야기하는 문화 소비환경의 변화에 대해, 경희대 이상원 교수는 미디어 시장의 뜨거운 감자로 부상하는 'OTT서비스의 진화 방향'을, 서울대 이준웅 교수는 '미래 공영방송 서비스의 전망과 변화 방향'을 심도 있게 조망합니다.

'ICT정책연구회'는 융복합적 학문의 만남과 통섭을 통한 문제 해결 외에도 '큐레이션curation'을 지향합니다. 오늘날 ICT 생태계는 사회적 문제와 그에 대응하는 답이 동시에 진화하는 성격을 띠고 있습니다. 때로는 문제가 답보다 너무 빨리 진화해버려서 쉽게 대안을 도출하지 못하는 문제들이 종종 발생합니다. 2017년부터 2018년까지 글로벌 시장을 강타한 암호화폐 이슈가 대표적입니다. 정부 정책이나 기업 전략보다 훨씬 진화 속도가 빠른 기술과 사용자의 행동이 의사 결정자의 대응을 방해하곤 합니다. 그래서 'ICT정책연구회'는 융복합적 학문 분야의 만남과 통섭을 통해 기술 진화와 사회 변화 상황만을 진단하는 것뿐만이 아니라 미래의 합리적인 규제와 거버넌스 관점도 마지막 테마로 담아보려 노력했습니다. 예를 들어 '인공지능과 로봇의 시대에 규제는 어떤 방향으로 흘러가야 할까', 'ICT 테러리즘의 시대에 사이버 안보를 어떻게 구축해나가야 할 것인가', 'ICT 거버넌스의 개편 방향', '국내 ICT 시장은 구글의 홈그라운드가 되어가고 있지 않은가' 등 복잡한 현안들을 폭넓게 다루고자 했습니다. 서울대 이봉의 교수가 '4차 산업혁명 시대의 규제'에 대해, 연세대 이상우 교수는 '국내 ICT시장과 구글'을 주제로 부적합하고 불균형한 규제환경을 조망합니다. 이어서 연세대 조화순 교수는 '4차 산업혁명시대의 글로벌 거버넌스'를 주제로, 고려대 김성철 교수는 '미래 ICT 거버넌스를 위한 정부 조직 개편 방향'에 대해 세밀하게 그 대안을 정리했습니다.

시장과 사회가 변화하듯이 학계의 이론과 주요 논제도 자주 변합니다. 학자들은 그 조류를 놓치지 않고 끊임없이 문제의 본질을 파악하고 사회를 위한 토론을 해나가는 사람들입니다. 그간 많은 국내외 전문가들이 지능정보기술 이슈를 다루면서 갑론을박을 벌여왔고, 이러한 논의는 현재까지 이어지고 있습니다. 이 책은 그러한 수많은 저서들과는 조금 다른 시각에서 사안별로 구체성과 분석의 정밀성을 지향하고자 합니다. 더불어 일반 대중이 이해할 수 있는 평이함을 추구하고자 합니다. 국내 최고의 ICT 연구자들이 모여 산업과 시장, 정부 정책에 대해 논한 이 저서가 여러분의 미래 진단에 밑거름이 되기를 소망합니다.

2018년 3월 이봉규

1부

기술 이용 환경

질문 01
망 중립성과 인터넷 상호접속이
왜 중요한가

질문 02
알고리즘이 왜 이슈인가

질문 03
정보보안이란 무엇이고
왜 중요한가

01

망 중립성과 인터넷 상호접속이 왜 중요한가

이봉규
연세대학교 정보대학원 교수

최근 들어 구글, 페이스북, 넷플릭스 등 인터넷 콘텐츠·플랫폼 기업들이 제공하는 동영상 서비스는 모바일 데이터 용량을 폭증시키고 있다. 트래픽이 폭증하면서 통신사들은 원활한 서비스를 제공하기 위해 '울며 겨자 먹기' 식으로 투자해야 했고 이는 통신사들의 비용 부담으로 전가됐다. 망 중립성은 과거 오바마 정부에서 전폭적인 지지를 받았지만 현 트럼프 정부는 폐지를 주장하고 있다. 인터넷 통신망을 누구나 자유롭고 평등하게 사용해야 할 '공적 자산'으로 볼 것인지, 아니면 관련 사업자들의 '이윤 추구 수단'으로 볼 것인지에 따라 의견이 갈린다. 이 장은 망 중립성과 밀접한 관련이 있는 인터넷 상호접속, 제로레이팅이 무엇이고 왜 중요한지 그 이유를 알아보고 글로벌 동향과 국내 정책 동향을 살펴본다.

1. 인터넷 상호접속이 무엇인가

인터넷은 TCP/IP를 공통 프로토콜로 이용하는 전 세계 컴퓨터 네트워크들이 연결된 가상virtual의 단일 네트워크이다. 범세계적인 정보의 유통과 교류를 목적으로 정보의 수요자인 인터넷 가입자, 생산자인 콘텐츠 제공자(CP: Contents Provider, 이하 CP), 유통망을 보급하는 인터넷 서비스 제공사업자(ISP: Internet Service Provider, 이하 ISP)가 상호작용하며 성장·발전해왔다. 인터넷은 국내외적으로 수많은 ISP들이 자발적이고 상업적인 협정을 통해 상호접속interconnect되어 있어 일반 이용자는 전체를 하나의seamless 네트워크로 인식한다. 정부의 개입 없이 ISP 간 자발적 연동으로 이루어진 이러한 보편적 연결any to any connectivity은 인터넷망의 가치를 지탱하는 역할을 하며 향후 인터넷 트래픽의 지속적인 성장에 대한 대응과 일정한 서비스 품질(QoS: Quality of Service) 보장이 필요한 VoIP, 화상회의 등 신규 서비스의 보급 및 촉진을 위해서 원활한 인터넷 상호접속은 매우 중요하다고 볼 수 있다.

인터넷 상호접속이란 인터넷 접속 서비스 및 인터넷 전용회선 서비스를 제공하는 ISP 간 인터넷 트래픽 교환을 위해 상호 간 인터넷망을 연동하는 것으로 이를 통해 이용자들은 한 ISP에 가입하면 전 세계에 산재한 콘텐츠 또는 다른 ISP 가입자와 접속이 가능해지는 이른바 보편적 연결성을 제공받을 수 있는 것이다. 즉, 인터넷 상호접속은 인터넷망을 서로 연결해 이용자가 마음껏 인터넷을 이용하도록 하는 제도라고 할 수 있다.

일반적으로 2015년 12월까지 인터넷망의 상호접속은 크게 동등접속peering 계약과 중계접속transit 계약으로 대별되어 사업자 간 거래 구조가 형성된다. 인터넷망에 접속하고자 하는 사업자는 통신사업자 간 구분된 계위에 따라 동일 계위 간은 무정산, 차등 계위 간은 용량기반capacity based의 접속료 정산

그림 1-1 인터넷 생태계 구성도

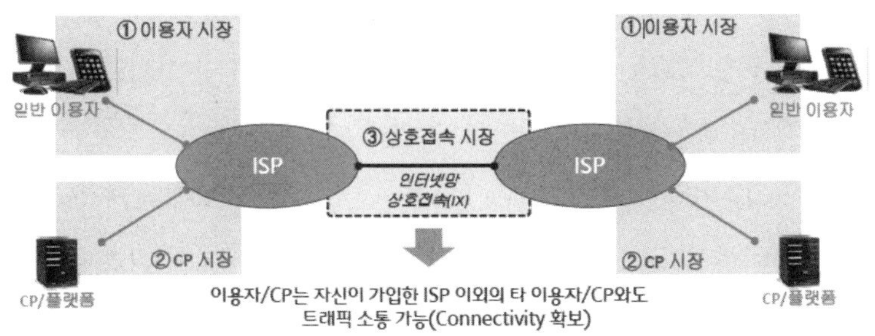

자료: 이봉규, 『인터넷 상호접속 및 제로 레이팅 이슈』(2017).

체계를 유지했으나, 인터넷 접속시장의 거래구조 협소 및 시장 변화 미반영, 계위 고착화에 따른 대규모 망 사업자의 시장지배력 남용이 문제점으로 지적되었다. 이에 따라 정부는 2016년 1월부터 LTE망 보급 확대, 트래픽 증대 등 데이터 중심의 통신시장 환경 변화를 반영한 인터넷망 상호접속 제도를 현재와 같이 개편해 시행했다.

이를 구체적으로 살펴보면, 인터넷망에 접속하는 통신사업자는 망의 규모·인터넷 접속 환경 등을 기준으로 'A·B·C 등급(계위)' 평가를 받게 되며 사업자는 그가 속한 각 계위에 따라 상대 망 사업자에게 접속료를 지급한다. 인터넷 사업자 간 데이터 접속료를 주고받을 때, SK브로드밴드, KT, LG유플러스로 구성된 1그룹(네트워크 망 규모가 큰 사업자)은 '동일 그룹 무정산' 원칙에 따라 서로 접속료를 주고받지 않았다. 반면 2그룹(세종텔레콤, 드림라인)과 3그룹(CJ헬로비전, 씨앤앰, 현대HCN 등 종합유선방송사업자)은 자사 가입자들에게 인터넷 서비스를 제공하기 위해 상위 그룹에 접속료를 냈다. 접속료는 일정 트래픽양이 오갈 수 있는 회선을 미리 사는 방식이었으나 실제 구매한 용량을 다 쓰지 못하는 경우가 많았다. 그러나 최근 스마트폰 사용 증가로 인한 무선 트래픽 급증과 회선 증설 비용이 늘어나 망 사업자가 기존의 무정산 방식으로는 접속료를 감당할 수 없게 되었다.

따라서 정부가 통신사업자 간 인터넷 상호접속료를 실제 트래픽양에 따라 정산하는 방식으로 상호접속 체계를 전면 개편하게 된다. 이로써 통신 3사 간 데이터 정산 체계가 '무정산 혹은 한 방향'에서 '상호'로 바뀌게 되며 정산 방법 또한 '대용량 정액제'에서 '사용량 기반제'로 바뀌게 된다. 예컨대 A포털사는 KT, B포털사는 SK브로드밴드와 인터넷 서비스 계약을 맺었다면 KT 가입자가 B포털 이용 시, KT와 SK브로드밴드 간 데이터가 오고 가야 한다. SK브로드밴드 가입자가 A포털을 이용할 경우도 마찬가지다. KT와 SK브로드밴드 간 주고받은 데이터를 측정한 뒤 양 사가 데이터 접속료를 사후 정산하게 된다. 이를 도입하면 통신 3사는 손실을 최소화하고 상호접속료를 받아 투자비용을 회수함과 동시에 신규 투자 자금을 마련할 수 있게 된다. 또한 접속이용 사업자가 실제 사용한 양만큼 접속료를 내도록 함으로써 2그룹이나 3그룹과 같은 중소 인터넷사업자들의 비용 부담을 완화시킬 것으로 보여 긍정적으로 비춰지고 있다.

하지만 일부에서는 콘텐츠 사업자들의 부담이 증가할 수 있다는 우려가 나오고 있다. 통신 사업자 간 정산 체계가 갖추어지면 네이버, 카카오 등이 동영상 또는 VR 서비스를 위해 지불하는 전용회선 비용이 늘어날 수 있기 때문이다. 또한 콘텐츠 사업자가 국내 인터넷망 업체와 망 비용 문제로 갈등을 빚게 되면서 피해는 고스란히 이용자가 받게 된다. 지난해 SK브로드밴드 사용자들이 겪은 페이스북 접속 장애가 대표적인 사례이다. 페이스북이 SK브로드밴드에 캐시서버 설치를 요구하고 이에 대한 망 사용료를 내지 않겠다고 한 것으로 알려져 있다. SK브로드밴드가 페이스북의 요구를 받아들이지 않자 페이스북이 SK브로드밴드 망을 통한 접속을 차단한 것이다. 페이스북은 이를 부인했으나 페이스북과 인스타그램 서비스를 이용할 때 동영상 끊김을 호소하는 사용자들이 발생하게 되었다. 페이스북과 SK브로드밴드의 갈등이 깊어지면서 망 사용료에 대한 형평성이 주목받고 있다. 네이버, 카카오, 아프리카TV 등 국내 인터넷 기업들은 국내 통신사에 매년 최대 수백 억 원에 이르는 망 사용료를 지불한다. 반면 구글의 유튜브나 페이스북 등 글로벌 기업은 망 사용료를 거의 내지 않거나 면제받는 것으로 알려지면서 국내 기업 역차별 문제가 논란이 되었다. 그러나 현재 국내에는 외국계 CP가 인터넷망 업체에 요금을 어떻게 내야 하는지에 관한 법규나 가이드라인이 정해지지 않았으며 역외적용이 되지 않기 때문에 정부가 규제를 한다고 해도 강제할 수 있는 권한도 없다. 즉, 외국계 CP가 막강한 권한을 행사할 수 있는 셈이다. 이동통신사 입장에서는 이용자들이 불편을 겪는다고 하면 '울며 겨자 먹기'로 외국계 CP의 요구를 들어줄 수밖에 없는 실정이다.

국내 기업의 역차별을 해소하기 위해서는 인터넷 기업에 대한 규제를 강화하기보다는 '네거티브 형태'(금지 사항 외에는 허용하되, 문제가 생기면 처벌하는 식으로 규제를 최소화하는 것)로 전환할 필요성이 있다. 형평성 있는 네거티브 규제를 도입함으로써 국내외 사업자가 최소한 같은 출발선에서 공정하게 경쟁할 수 있는 환경을 조성해야 한다.

2. 인터넷망을 둘러싼 이슈가 왜 중요한가

망 중립성이란, '인터넷 통신망 제공 업체가 데이터의 내용과 양에 따라

그림 1-2 망 중립성의 찬반론

▶ 망 중립성(Network Neutrality)
"네트워크 사업자는 모든 콘텐츠를 동등하게 취급하고, 어떠한 차별도 하지 않아야 한다"

인터넷 개방성이 혁신 원천	수익자 비용 부담 원칙 따라야
인터넷 개방성이 인터넷 혁신 원동력이며 평등이 본질	소수 CP가 다수 트래픽을 유발해 통신 자원을 독점
망 비용 부과 및 전송 차별화는 불공정 경쟁 초래	소량 이용자가 대량 이용자 비용을 보전하는 불평등 발생
중립성 훼손은 소자본 기업 활동을 저해	CP 영향력이 강화된 현재 망중립성은 부적합

자료: "흔들리는 망 중립성, '공정경쟁' vs '규제 철회'···5G와 충돌 여지까지", ≪IT Daily≫, 2017년 5월 8일 자.

표 1-1 미국의 망 중립성 논란 추이

1966	역무 분류	·통신서비스와 정보서비스를 구분하고 전자에만 규제 부과 ·통신서비스는 순수전송, 정보서비스는 데이터가공으로 구분 ·인터넷접속서비스는 데이터전송 이상의 기능을 동시 제공하므로 정보서비스로 분류
2010	망 중립성 원칙 도입	·FCC, 망 중립성 원칙을 담은 '오픈 인터넷 오더'발표 ·망 관리 정보의 투명 공개, 콘텐츠 차단 금지, 트래픽 불합리한 차별 금지 ·법원, 오픈 인터넷 오더가 커먼 캐리어 개념에 해당하고, 이는 통신서비스에만 적용되므로 정보서비스인 인터넷 접속서비스에는 적용하지 못한다고 판단. 망 중립성 규칙 무효화
2015	강력한 망 중립성 규칙 도입	·인터넷접속서비스를 통신법 '타이틀2'에 편입하고 인터넷 사업자에 커먼 캐리어 의무 부과
2017	망 중립성 원칙 무력화	·'인터넷 자유 회복'이라는 규칙공고(NPRM)를 내고 FCC 예비표결, 2대 1가결. 망 중립성 원칙 무력화가 핵심 ·12월, 트럼프 정부 망 중립성 폐지 선언

자료: 김용주, "한국형 망 중립성 논의 시급, 망 중립성 신화?, 플랫폼 중립성 등으로 확대, 美 망중립성 갈등···'한국형 망중립성' 요구 커질 듯", ≪전자신문≫, 2017년 7월 13일 자.

속도 및 사용료 측면에서 소비자들을 차별할 수 없다'는 원칙이다. 예컨대 통신망 제공 업체는 페이스북 등 SNS 사용이 크게 늘어나는 경우 SNS에 사용되는 데이터의 값을 올리는 식의 가격 정책으로 이윤을 증가시킬 수 있다. 혹은 데이터 전송 속도를 차별화한 상품으로 이익을 낼 수도 있다. 인터넷 통신망 사업자들이 영리 추구에 이런 방법을 사용할 수 없도록 규정한 것이 민주당 오바마 정부가 2015년 3월 채택해 그동안 전폭적 지지를 받아온 '망 중립성' 원칙이다. 다만 인터넷 통신망을 누구나 자유롭고 평등하게 사용해야 할 '공적 자산'으로 볼 것인지, 아니면 관련 사업자들의 '이윤 추구 수단'으로 볼 것인지에 따라 의견이 갈린다. 오바마 행정부의 방침이 전자라면, 트럼프 행정부의 방침은 후자이다.

이번 트럼프 정부는 강압적인 규제를 철폐하고 인터넷이 번성했던 2015년 이전의 가벼운 규제로 되돌리겠다며 '망 중립성 폐지'를 발표했다. 그렇게 되면 버라이즌이나 AT&T 등 미국 통신업체들은 데이터를 과도하게 유발하는 인터넷 서비스의 속도를 늦추거나 이 기업에 별도 이용료를 부과할 수 있다. 예를 들어 유튜브나 넷플릭스의 대용량 동영상이나 게임 등 인터넷 서비스로 인해 데이터양이 증가하면 이로 인해 수익을 얻는 인터넷 기업에 비용을 더 많이 부담시킬 수 있게 되는 것이다. 그동안 미국 통신업계는 "통신업체들은 수백 억 달러를 들여 통신망을 설치하고 관리하고 있는데, 정작 과실은 구글이나 페이스북 같은 거대 인터넷 기업들이 독식했다"며 "망 중립성이 통신사들의 투자를 저해하고 경쟁을 제한하고 있다"고 주장해왔다. 그러나 일각에서는 망 중립성이 폐지되면 자유롭게 인터넷을 넘나들던 각종 콘텐츠가 차단 혹은 제한되거나 속도가 줄게 되고 통신망 제공 업체들의 높은 요금 부과에 대한 CP의 부담은 곧 언론사 및 콘텐츠 업체의 소비자에게 다시 넘어가게 될 것이라고 주장한다. 이렇듯 CP와 ISP는 망 중립성 폐지를 두고 첨예하게 대립하고 있다. 이번 미국의 결정이 국내에 미치는 영향이 당장은 크지 않을 전망이다. 하지만 주요 인터넷 기업이 미국에 소재하고 있고, 미국의 정책이 인터넷 환경 전반에 미치는 영향력이 큰 만큼 장기적인 영향은 적지 않을 것으로 보인다. 국내의 경우 지난 2011년 12월 방송통신위원회가 '망 중립성 및 인터넷 트래픽 관리에 관한 가이드라인'을 제정해 지금까지 운용하고 있다. 가이드라인은 보안 등 특수한 경우가 아니면 인터넷접속서비스 제공 사업자의 합법적인 콘텐츠 차별을 금지하고 이를 이용자에게 알리도록 하는 등 망 중립성 원칙의 기본 요건을 대체로 따르는 편이다. 통신사와 인터넷 기업은 지금까지 자율적으로 이 가이드라인을 존중해오는 입장이어서, 이번 미국의 결정에 의해 상황이 바뀌는 건 어렵다고 본다. 미국의 경우에도 이번 결정이 영향을 미치려면 수개월이 걸릴 전망이므로, 당장 인터넷 이용자가 체감하는 변화는 없을 것으로 예상된다. 하지만 일단 정부의 규제가 완화된 만큼 통신사는 인터넷 기업들에게 차별적인 요금을 요구할 가능성이 크다. 이 경우 구글이나 페이스북과 같이 자금력이 풍부한 기업은 영향이 경미하겠지만, 중소 인터넷 기업의 경우 경영 압박을 받을 수밖에 없다. 이에 따라 거대 기업으로 영향력이 집중되면서 나타나는 트래픽 독과점과 정보 통제의 위험 등은 더 커질 수 있다. 망 중립성 훼손이 심화될 경우 인터넷 이용자 입장에서 우려되는 문제는 혁신의 저하이다. 광대역인터넷서비스 사업자의 가격 및 속도 정책에 따라 인터넷 서비스가 계급화되는 경우 창의적인 신규 서비스의 전파가 정체되고 인터넷 전반의 유용성 감소가 일어날 수 있기 때문이다.

이처럼 망 중립성을 비롯하여 인터넷망을 둘러싼 논의가 중요해지는 것은 4차 산업혁명의 진전과 더불어 인터넷이 중심이 되는 ALL-IP사회가 도래했기 때문이다. 즉, 모든 다양한 산업과 기술이 융복합되는 플랫폼으로 지속

가능한 인터넷 생태계의 필요성이 무엇보다 중요해진 상황 변화에 기인한다고 볼 수 있다. 현재 세계적으로 통방융합이 가속화되고 모든 방송기술이 All-IP중심으로 수렴되고 있다. 이를 반영해 미디어 관련 제도 또한 전송기술의 선택권을 다양하게 보장하는 추세다. 과학기술정보통신부는 여전히 전송방식별 허가를 엄격히 구분하는 한국 유료방송 허가제도의 문제점을 인식하고, 지속적으로 허가체계 개편(통합) 필요성을 제기하고 관련 정책을 추진해왔다. 이를테면 동일 서비스 동일 규제 적용이나 매체별 칸막이 방식 허가체계 통합 계획 수립 등이 이 같은 정책의 연속선상이다. 현재 케이블TV는 CCS와 같은 기술결합서비스가 허용돼 있으나 아직까지 전송기술별로 허가체계가 구분되어 있지 않다. 어떤 형태로든 전송방식의 혼합까지만 가능하고 완전한 All-IP형 전송방식 도입이 이루어지지 않아 형식적 혼합과정을 구성할 수밖에 없는 한계가 남아 있다. 과학기술정보통신부는 현행 제도에 어긋나지 않는 선에서 향후 허가체계의 완전한 통합으로, 사업자가 정부 승인 없이 자유롭고 신속하게 기술 서비스 다양화를 할 수 있는 방향으로 정책을 추진할 계획이다. 세계적으로 케이블TV가 All-IP환경하에 다양한 서비스 융합을 시도하는 추세를 반영하여, 혁신과 융합에 걸림돌이 되는 낡은 규제를 과감히 개선하고 다양한 서비스 시도와 투자가 확대되는 환경이 조성될 수 있도록 지속적으로 노력할 필요성이 있다.

3. 국내 인터넷망 투자 현황 및 시장 규모

국내 인터넷 시장은 초고속 인터넷 보급률 및 이용률의 증가로 꾸준하게 성장해왔다. 통신 기업들은 4차 산업혁명과 관련된 빅데이터, 클라우드 등의 인터넷 신산업의 성장과 함께 인터넷 산업 시장 규모가 커질 것으로 예상하여 막대한 투자를 계획하고 있다. 과학기술정보통신부의 '초고속 인터넷 가입자 현황' 자료를 보면, 국내 초고속 인터넷 가입자 수가 2014년부터 꾸준히 증가하여, 2017년 11월에 약 2116만 명에 이르고 있음을 알 수 있다. 초고속 인터넷 산업 시장은 2012년 84조 3740억 원에서 2016년 95조 2360억 원으로 전체 인터넷기반산업 매출액이 약 12.8% 증가했다. 국내 유무선 가입자망 트래픽 전망에 의하면, 2020년 한국 전체 인구의 약 95%가 인터넷을 사용하고 개인당 약 12개의 네트워크 기기와 연결되어 매달 약 114GB의 트래픽을 유발할 것으로 예상된다. 한국은 현재 ICT 생태계 조성과 인터넷 선도국의 입지를 강화하기 위해 기가giga 인터넷 확산 사업을 추진함으로써 가입자망 트래픽 급증에 대응하고 있다. 2017년까지 전국 기가 인터넷 커버리지 93% 확보를 목표로 활성화 사업을 진행해왔고, 2020년까지 네트워크 초연결망을 구축하기 위한 로드맵 수립을 추진 중이다.

표 1-2 초고속 인터넷 가입자 수

구분	2014년 12월	2015년 12월	2016년 12월	2017년 11월
KT	8,129,482	8,328,419	8,516,496	8,740,343
SK브로드밴드	2,749,600	2,691,735	2,672,905	2,751,940
SKT(재판매)	2,060,893	2,344,322	2,534,590	2,675,296
LG유플러스	3,014,196	3,483,244	3,611,199	3,796,059
종합 유선	3,157,512	3,110,211	3,160,330	3,150,118
기타	87,251	66,488	60,163	49,862
합계	19,198,934	20,024,419	20,555,683	21,163,618

자료: 과학기술정보통신부, 『유선통신서비스 가입회선 통계』(2018).

표 1-3 인터넷 상호접속료 수준 (단위: 원/분)

구분		2008	2009	2010	2011	2012	2013	2014	2015	2016	2017
이동전화	SKT	33.41	32.93	31.41	30.50	27.05	26.27	22.22	19.53	17.03	14.56
	KT	38.71	37.96	33.35	31.75	28.03	26.98	22.73	19.92	17.14	
	LG유플러스	39.09	38.53	33.64	31.93	28.15	27.04	22.78	19.96	17.17	
유선전화		19.49	19.31	19.15	18.57	17.45	16.74	14.73	13.44	11.98	10.86
인터넷전화		7.67	7.67	10.51	10.48	11.52	11.44	10.62	9.96	10.78	

자료: 과학기술정보통신부, "보도자료(2016~2017년도 음성전화망 상호접속료 확정)"(2016).

과학기술정보통신부는 서로 다른 통신사를 이용하는 두 가입자가 통화할 때 발신자 측 사업자가 수신자 측 사업자에 지불하는 통신 이용 대가인 상호접속료를 이동통신 3사 모두 14.56원으로 확정했다. 2016년의 경우 상호접속료는 KT 17.14원, SK텔레콤 17.03원, LG유플러스 17.17원으로 조금씩 달랐다. LG유플러스는 다른 통신사에 비하여 가입자 수가 적다 보니 다른 통신사에 전화를 거는 경우가 많아 상호접속료가 가장 높았다.

표 1-4 사업자별 인터넷 상호접속 수입 추이 (단위: 억 원)

사업자	2010	2011	2012	2013	2014	2015
KT	385	451	471	483	522	567
SK브로드밴드	137	166	160	295	248	290
LG유플러스	170	173	173	209	201	179
합 계	692	790	804	987	971	1,036

자료: KISDI, 『통신시장 경쟁상황 평가』(2016).

표 1-5 인터넷 상호접속 매출액 기준 시장점유율 추이 (단위: %)

	2010	2011	2012	2013	2014	2015
KT	55.6	57.0	58.6	48.9	53.8	54.8
SK브로드밴드	19.8	21.0	19.9	29.9	25.5	28.0
LG유플러스	24.6	21.9	21.5	21.2	20.7	17.2

자료: KISDI, 『통신시장 경쟁상황 평가』(2016).

사업자별 인터넷 상호접속 수입은 점점 증가하고 있으며 2015년도 3대 IBP의 접속 매출액은 KT 567억 원, SK브로드밴드 290억 원, LG유플러스 179억 원으로 총 1036억 원이다. 인터넷 상호접속 시장의 매출액 기준 사업자 점유율이 KT 54.8%, SK브로드밴드 28.0%, LG유플러스 17.2%로 국내 인터넷 상호접속 시장은 KT의 점유율이 가장 높음을 알 수 있다. 최근 국내 인터넷망에서 이용자의 콘텐츠 소비 행태는 미디어 중심으로 변화했고, 특히 동영상 콘텐츠 이용이 증가했다. 미디어 콘텐츠 소비가 증가함에 따라 국내 IP트래픽은 2012년 28.8EB에서 2016년 44.4EB로 연평균 9.02% 성장해 15.6EB가 증가했다. 그중 국내 동영상트래픽은 2012년 14.6EB에서 2016년 31.2EB로 연평균 13.3% 성장하여 16.6EB가 증가했고, IP트래픽에서 차지하는 비중도 2011년 50.8%에서 2016년 70.3%로 크게 증가했다. 매출액, 접속 용량 및 트래픽 규모로 보아 인터넷 상호접속시장의 규모는 더욱 커질 것으로 예상된다.

그림 1-3 국내 IP트래픽 및 동영상 트래픽 추이(2012~2016년)

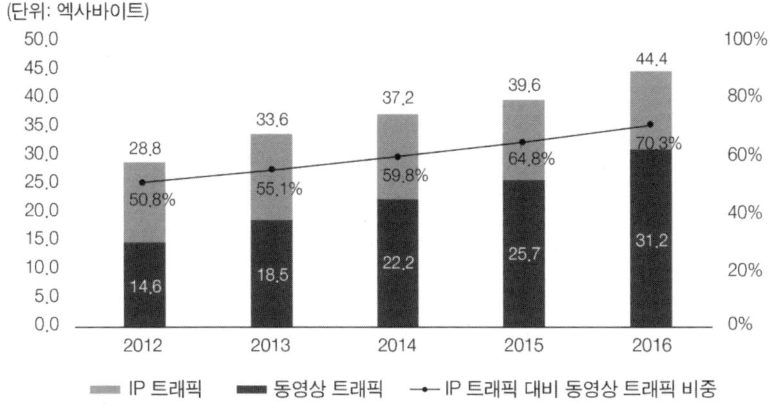

자료: KISDI, 『통신시장 경쟁상황 평가』(2016).

그림 1-4 주요 대형 CP의 매출액 및 동영상 트래픽 동영상 트래픽 추이(2012~2016년)

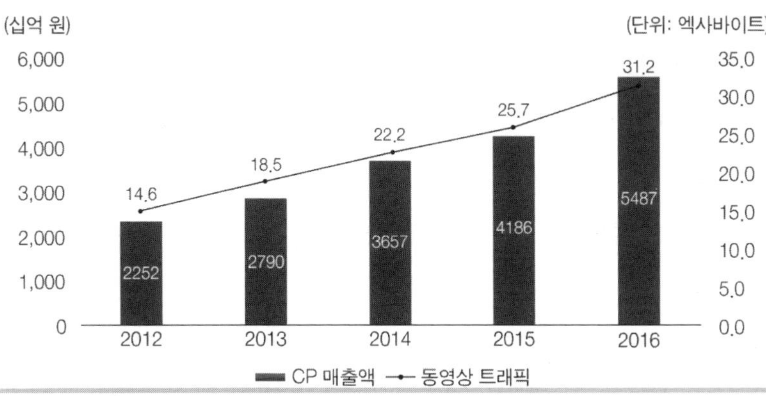

자료: KISDI, 『통신시장 경쟁상황 평가』(2016).

4. 제로레이팅이 무엇인가

제로레이팅zero rating이란 콘텐츠 사업자가 이용자의 데이터 이용료를 면제 또는 할인해주는 제도를 뜻하며 0원 요금제 또는 스폰서 요금제라고도 부른다. 이를 통해 콘텐츠의 데이터 이용 비용을 소비자가 아닌 사업자가 부담하는 것으로 늘어나는 데이터 부담 고려 시 이용자, 사업자 모두가 윈윈win-win 하는 목적으로 만들어진 제도이다. 제로레이팅은 스폰서 데이터 개념과 많이 혼용되어 사용되고 있으나 스폰서 데이터를 포함한 더 큰 개념이다.

제로레이팅을 설명하기 전, 망 중립성의 개념을 먼저 알아야 한다. 망 중립성은 통신망 제공 사업자는 모든 콘텐츠를 동등하고 차별 없이 다뤄야 한다는 원칙이다. 이를 통해 망을 보유하지 않은 사업자들도 차별 없이 같은 조건으로 망을 이용할 수 있어야 한다는 것이다. 이 개념의 배경은 인터넷 환경이 급속도로 성장하고 보편화됨에 따라 네트워크상에서 다양한 서비스와 거래가 이루어지고 있는 것이다.

SK텔레콤의 경우 2017년 3월부터 증강현실 게임 '포켓몬고' 개발 업체인 나이언틱과 함께 이용자에게 데이터 요금을 받지 않고 있다. 이용자 1명당 한 달 평균 250MB를 쓰는 데이터 요금을 나이언틱이 SK텔레콤에 지불하는 구조이다. SK텔레콤과 같은 통신업자 입장에서는 소비자에게 받을 돈을 콘텐츠 사업자인 나이언틱이 대신 지불하기 때문에 손해가 없다. 오픈 마켓 11번가 또한 SK텔레콤과 제휴하여 '11번가'에서 쇼핑하는 동안 나온 데이터 요금을 지불하지 않는다. 이외에도 카카오택시 기사들이 쓰는 택시 앱의 경우 데이터 요금을 카카오가 지불하며, KT 고객의 '지니' 서비스 사용료를 면제하는 등 국내 통신사와 콘텐츠 사업자들은 다양한 제로레이팅 서비스를 사용하고 있다.

표 1-6 이통사 및 알뜰폰 사업자별 대표 '제로레이팅' 서비스

이통사	'제로레이팅' 서비스
SK	11번가
	T맵
	멜론(추가 요금 내면 무제한)
	포켓몬고(3개월)
KT	KT내비
	'올레tv'데이터 프리존
	지니(추가 요금 내면 무제한)
LG유플러스	지마켓
	'비디오포털'의 '데이터도무료관'
	엠넷(추가 요금 내면 무제한)
	갤럭시S8부터 '지니' 탑재(추가 요금 내면 무제한)
알뜰폰	**'제로레이팅' 서비스**
헬로모바일	KT망 이용자 'KT내비' 무료

자료: "CJ헬로 'KT내비' 무료…'제로레이팅' 알뜰폰까지?", ≪머니투데이≫, 2017년 3월 30일 자, 18면.

제로레이팅의 개념을 조금 더 확대하면 '데이터 상한data cap이 있는 제약 하에서 이용자가 특정 콘텐츠나 애플리케이션을 이용할 때 요금제에서 허용한 데이터를 차감하지 않는 과금 행위'로 볼 수도 있다. 이러한 경우에, 제로레이팅 제공은 이용자가 가입한 요금제에서 이용할 수 있는 데이터양에 상한을 전제하는 것이다. 즉, 국내 유선초고속인터넷과 같이 정액제하에서 광고상의 속도로 무제한 이용할 수 있는 경우에는 제로레이팅이 무의미하기 때문이다. 이로 인해 제로레이팅은 월 데이터 허용량이 제한적인 모바일 브로드밴드에서 주로 시행되고 있다. 일부에서는 제로레이팅을 'MNO가 인터넷서비스 제공 중에 시행하는 상업적 행위(zero rating is a commercial practice provided by MNO in mobile internet services)'라고 하여 유선브로드밴드를 처음부터 배제하기도 한다.

다음으로 통상 유무선인터넷은 전 세계 모든 이용자나 사이트에 액세스할 수 있음을 전제하지만, 제로레이팅은 ISP 자체적으로 또는 ISP가 CP와 사전에 체결한 협정 등을 배경으로 특정 콘텐츠, 애플리케이션, 사이트 이용 시에만 데이터를 차감하지 않는 과금 행위를 의미한다. 논리적으로 모든 사이트, 애플리케이션에 대해 데이터를 차감하지 않는 것은 사실상 유무선초고속인터넷 요금 인하를 의미하는 것이라고 할 수 있다.

마지막으로 제로레이팅은 이용자가 가입한 요금제에서 허용한 데이터를 차감하지 않으며, 경우에 따라서는 데이터 요금제에 가입하지 않은 가입자도 무료로 이용할 수 있도록 하는 과금 행위이다. 경우에 따라서는 동영상과 같은 전용 서비스 용도로 데이터를 추가로 제공하기도 한다.

미국의 경우 2017년 1월 주요 이통사업자가 제공 중인 제로레이팅 서비스가 오픈인터넷 규칙을 위반하고 있는지 여부를 조사하고 우려를 표명하며 제로레이팅에 대해 부정적 입장을 가지고 있는 것으로 추정되었다. 하지만 트럼프 정부가 들어서고 2017년 2월, 미국 FCC 신임 의장이 취임하면서 제로레이팅에 대한 정책적 입장이 선회되었다. 현재 FCC는 제로레이팅 조사를 폐기했으며 ISP사업자들에게 제로레이팅을 전면 허용하겠다고 공식적으로 발표했다.

5. 제로레이팅의 유형과 찬반 논리

제로레이팅은 서비스 대상에 따라 자가 서비스형, 계열사 서비스형, 제3자 서비스형의 3가지 형태로 분류된다. 자가 서비스형의 경우 망 사업자가 자신의 서비스에 대한 데이터 요금을 감면하는 형태의 유형이다. 계열사 서

표 1-7 해외 제로레이팅 도입 사례

이통사	서비스명	세부 내용
T-Mobile	Binge On	100여 회사 제공 비디오 스트림에 대한 데이터료 면제
AT&T	Sponsored Data	'Sponsored Data' 에 대한 데이터 한도 면제
Verzion	Go90	'Go90' 제공 비디오 스트림에 대한 데이터 한도 면제

자료: DIGITCOM, 『Consumer Groups Urge FCC to Investigate Zero-Rating』(2016).

비스형의 경우 망 사업자의 계열회사의 서비스에 대한 데이터 요금을 감면하는 형태이며 제3자 서비스형의 경우 망 사업자와 지배관계가 없는 다른 사업자의 서비스에 대한 요금을 감면하는 형태이다.

제로레이팅은 콘텐츠 사업자와 통신사가 제휴하여 이용자에게 데이터 이용료를 면제해주거나 할인해주는 것이다. 일반 이용자 입장에서 제로레이팅은 굉장히 좋은 제도이다. 그렇다면 통신사와 콘텐츠 사업자들은 제로레이팅을 어떻게 보고 있을까?

통신업계는 제로레이팅의 가장 큰 수혜자는 소비자라고 주장하고 있다. 콘텐츠를 즐기는 데 쓰이는 데이터 트래픽에 대한 요금을 소비자가 아닌 기업이 대신 지불하기 때문이다.

제로레이팅 제도를 찬성하는 입장은 제로레이팅은 고객의 통신비 부담을 줄이며 통신사는 고객을 모으는 윈윈효과가 나타난다고 주장한다. 또한 다양한 서비스 제공으로 소비자의 선택권이 확대되며 신규 서비스 홍보와 가입자 확보를 위한 효율적인 마케팅이라고 한다. 콘텐츠 제공자 입장에서도 고객의 통신비 부담을 낮춰 서비스 진입장벽을 낮출 수 있다. 미국 코카콜라도 AT&T에서 매달 1TB의 데이터를 사들여 소비자에게 광고 시청용으로 100MB씩의 데이터를 무료로 주고 있다. 최근 열린 국회 정보통신기술ICT

그림 1-5 제로레이팅 찬반 논리

찬성	반대
• 고객은 통신비 부담 줄이고 통신사는 고객 모으는 윈윈 효과	• 보상에 따른 차별적 적용은 망 중립성 위배
• 다양한 서비스 제공으로 소비자의 선택권 확대	• 자본이 취약한 중소 벤처기업들의 시장 진출 어려움
• 신규 서비스 홍보와 가입자 확보를 위한 효율적인 마케팅	• 특정 기업이 약탈적 가격 정책을 펼칠 경우 공정경쟁 저해
• 한정된 재화인 주파수에 대한 무제한 탑승 제한 필요성	• 통신사의 자회사 콘텐츠 사업자를 통한 시장 독과점 우려
• 취약계층의 통신비 경감 등 공공 영역에서 활용 가능	• 향후 요금을 부과할 경우 소비자 후생을 저해할 우려

자료: "광고 등 콘텐츠 이용 땐 데이터 공짜… 통신비 인하 대안 될까", ≪동아일보≫, 2017년 7월 12일 자, B3면.

법제도 개선 토론회에서 윤상필 한국통신사업자연합회 대외협력실장은 "제로레이팅은 이용자의 데이터 이용 부담을 해결할 방안"이라고 말한 바 있다.

주파수 자원의 이용 측면에서도 한정된 주파수 자원에 대한 무제한적인 탑승 제한을 담당하고 있으며 취약계층에 대한 통신비 경감 등 공공 영역에서 다양한 방면으로 활용이 가능하다고 주장하고 있다.

하지만 제로레이팅을 반대하는 입장에서도 이유가 존재한다. 우선 제로레이팅은 망 중립성을 위반할 우려가 있다. 제로레이팅을 규제해야 한다는 입장 측에서는 제로레이팅은 금전적 차별에 해당되며, 이는 망 중립성 원칙 훼손으로 볼 수 있다고 주장한다. 네트워크 사업자는 인터넷의 모든 데이터를 동등하게 취급하는 망 중립성을 가지는데 제로레이팅은 보상에 따라 데이터를 차별적으로 취급한다.

제로레이팅은 표면적으로 이용자에게 혜택을 주는 것처럼 보이지만 장기적으로는 피해로 돌아온다는 지적이 있다. 특정 기업이 약탈적 가격 정책을 펼칠 경우 공정경쟁이 저해될 우려가 있으며 자본이 취약한 중소 벤처기업이 시장에 진출하는 데 어려움을 겪을 수 있다는 우려가 있다. 기업이 독점 상태가 되면 경쟁사업자가 피해를 보기도 하고, 콘텐츠를 제공하는 사업자도 플랫폼 독점에 따른 피해를 입게 된다고 주장한다. 통신사의 자회사 콘텐츠사업자를 통한 시장 독과점 또한 발생할 수 있다. 실제로 망 사업자가 타사 서비스에 대해서 제로레이팅을 제공하는 사례를 찾기 어려우며 수직적 결합에 의한 부당 지원으로 경쟁관계에 왜곡을 초래할 가능성이 있다.

또한 요금을 부과할 경우 소비자 후생을 저해할 우려가 있다. 통신비 인하의 장점이 있지만 제로레이팅은 핸드폰 보조금과 비슷하며 경쟁이 촉진되고 이용자에게 혜택으로 돌아오지만, 한편으로 그 비용이 소비자에게 전가될 수 있는 구조이다.

대규모 자본을 가진 소수 기업이 시장을 장악할 수 있다는 문제점도 있다. 중소 콘텐츠 사업자들이 고품질의 콘텐츠를 제작해도 데이터 요금 무료를 지원하는 대기업 때문에 고객을 유치하기 어려워지며 데이터 비용 지불이 가능한 일부 기업만 살아남는 기형적인 시장이 조성될 수도 있다.

현재 정부는 제로레이팅 때문에 이용자 후생이 저하된 사례는 없다고 판단했으며 시장 내 불공정행위가 발견되지 않은 만큼 지켜볼 필요가 있고 문제가 생긴다면 사후규제 방안을 검토하겠다고 입장을 밝힌 상황이다.

적지 않은 우려점이 있지만 제로레이팅은 고용량 신규 서비스에 대한 이용자의 데이터 요금 부담을 덜어 새로운 서비스의 시장 진입 및 안착에 도움이 되며 ICT 생태계의 선순환구조에 있어 역할을 담당할 수 있을 것이다. 이용자 입장에서는 대용량 트래픽을 수반하는 인터넷 서비스를 무상 또는 무료로 이용할 수 있는 소비자 후생 효과를 받을 것이며 망 사업자의 경우 유한한 통신망 자원을 통해 고도화된 서비스를 제공하면서도 비용을 콘텐츠 사업자와 제휴하여 비용 절감을 기대할 수 있을 것이다. 콘텐츠 사업자 또한 제휴를 통해 보다 효과적으로 이용자를 모집하고 서비스를 확산시키는데 도움을 받을 수 있는 기회를 제공받을 수 있을 것이다. 하지만 앞서 제로레이팅 제도를 반대하는 입장의 우려 사항들을 해결해야 될 것이다.

기업과 기업 간의 경쟁제한성 관점에서 필연적으로 특정 서비스에 대한 요금 할인이·제공되므로 제로레이팅 적용 콘텐츠와 적용이 되지 않은 콘텐츠 간 차별이 있을 수 있기 때문에 사전적으로 중소 콘텐츠 사업자를 보호하는 제도 등의 공정경쟁원칙과 불공정거래행위에 대한 사후규제가 마련되어야 될 것이다.

기업과 소비자의 이용자 후생 관점에서 제로레이팅을 이용하는 이용자와 그렇지 않은 이용자 간 부당한 차별에 대한 과제가 남아 있다.

4차 산업혁명의 핵심기술 기반인 5G 상용화가 다가오는 만큼 유선에 버금가는 초고속 광대역 무선서비스의 특성상 대용량 고품질 콘텐츠 활성화가 그 성패를 좌우할 수밖에 없을 것으로 예상된다. 이에 전 세계 최고의 인터넷망을 보유하고 5G가 최초로 상용화될 한국에 망 중립성과 제로레이팅 이슈에 관한 정책적 행보에 전 세계가 주목하고 있으며 올바르고 일관성 있는 정책이 마련되어야 될 것이다.

참고문헌

과학기술정보통신부. 2016.12.23. "2016~2017년도 음성전화망 상호접속료 확정".

김나인. 2017.5.18. "국내 기업 역차별…구글 등 '글로벌 IT공룡'만 배불린다". ≪메트로≫.

김용주. 2017.7.13.a "망 중립성 개념, 플랫폼 중립성 등으로 확대". ≪전자신문≫, 5면.

_____. 2017.7.13.b "망 중립성 신화?". ≪전자신문≫, 5면.

_____. 2017.7.13.c "美 망 중립성 갈등···'한국형 망 중립성' 요구 커질 듯". ≪전자신문≫, 5면.

_____. 2017.7.13.d "한국형 망 중립성 논의 시급". ≪전자신문≫, 5면.

김희수. 2003.8.11「인터넷 상호접속 공정경쟁 이슈와 정책대안」. ≪KISDI 이슈 리포트≫.

박수형. 2016.12.26. "케이블TV도 IP기술로 전송··IPTV와 기술경계 사라진다". ≪지디넷코리아≫.

신동진. 2017.7.12. "광고 등 콘텐츠 이용땐 데이터 공짜… 통신비 인하 대안 될까". ≪dongA.com≫.

심나영. 2015.11.12. "1월부터 통신3사간 '데이터 이동', 서로 돈 받는다". ≪아시아경제≫.

이봉규. 2017.「인터넷 상호접속 및 제로레이팅 이슈」. 주파수정책연구회.

이창균. 2017.12.13. "불 붙은 국내외 인터넷 기업 '역차별' 논란... 진화 나선 방통위". ≪중앙일보≫.

정재민. 2017.12.12. "바람 잘 날 없는 트럼프 이번엔 망 중립성 폐지?". ≪시사IN≫.

조대근·송인국. 2017.「제로레이팅에 대한 망 중립성 규제의 정당성 연구」. ≪인터넷정보학회논문≫, 제18권 제5호, 133~141쪽.

한국인터넷진흥원. 2017.『2017 한국인터넷백서』.

허완. 2017.12.15. "미국 FCC가 끝내 '망 중립성 규제'를 폐지했다. '자유로운 인터넷'을 죽였다". ≪허핑턴포스트코리아≫.

≪IT Daily≫. 2017.5.8. "흔들리는 망 중립성, '공정경쟁' vs '규제 철회'…5G와 충돌 여지까지".

DIGITCOM. 2016.6.30. "Consumer Groups Urge FCC to Investigate Zero-Rating".

02

알고리즘이 왜 이슈인가

황용석
건국대학교 미디어커뮤니케이션학과 교수

알고리즘은 우리 사회 곳곳에 영향을 미치고 있다. 음원 사이트에서 음악을 고를 때나 검색엔진에서 정보를 고르는 행위들은 모두 알고리즘에 기반을 두고 이루어진다. 즉, 알고리즘이 매개하는 사회가 되고 있는 것이다. 인공지능 기술의 발전으로 알고리즘은 인간이 세세히 통제할 수 없는 의사 결정 시스템으로 진화했다. 컴퓨터의 계산 능력을 바탕으로 다양한 문제를 해결하는 알고리즘은 사회에 다양한 편익을 제공하지만, 그것으로 인해 생기는 부작용도 존재한다. 알고리즘에 의해 정보의 유통과 소비 측면에서 편향이 발생할 수 있으며, 사회적 갈등이 커질 수도 있다. 그로 인해 발생하는 문제를 해결하기 위해서, 기술인 알고리즘에도 사회적 책임성과 인간사회에 바람직하게 기여하기 위한 윤리성은 물론, 책임 있는 작동을 의미하는 책무성도 요구된다. 이 장에서는 알고리즘의 개념 정의와 알고리즘을 둘러싼 이슈를 통해 이 기술의 중요성과 지향해야 할 가치를 제시하고자 한다.

1. 알고리즘이란 무엇인가

아침 출근길에 최단 시간 경로를 찾는 일에서부터 점심 메뉴 선정과 저녁 모임 장소 찾기, 투자 정보 조회에 이르기까지 우리는 끊임없이 정보를 탐색하며 수집한 정보로 최선의 의사 결정을 수행하는 일을 반복하게 된다. 한 개인이 수집할 수 있는 정보의 양이 많을수록, 수집된 정보를 보다 빠르고 효율적으로 처리할수록 개인의 생산성은 높아지기 마련이다. 예를 들어 주변의 '맛집'들에 대한 정보를 많이 가지고 있고 이동 거리와 가격 등을 빠르게 비교할 수 있다면 다른 사람보다 싸고 맛있는 식사를 할 수 있을 것이며 기업의 실시간 정보를 남들보다 빠르게 입수하여 분석할 수 있다면 투자 수익 또한 증가할 것이다. 이렇듯 정보의 양과 속도가 생산성과 비례하는 시대를 일컬어 우리는 정보화사회Information Society라 지칭한다.

다니엘 벨(1976)이 처음 주창한 정보화사회라는 개념은 인공지능과 빅데이터가 본격적으로 사용되기 시작한 4차 산업혁명을 맞아 더욱 중요하게 부각되었다. 기술이 발전하며 정보의 수집 - 분류 - 조작 - 결정의 각 단계에서 처리하는 양과 속도가 비약적으로 개선되었고 이렇게 다듬어진 정보는 우리의 실생활에 다방면으로 적용되고 있다. 한국정보화진흥원(2016) 보고서에 따르면 한국은 1960년대부터 1980년대는 '경제의 시대'로, 1980년대부터 2000년대는 '정치의 시대'로 구분되며 2010년 이후는 편재되어 있던 정보와 지식을 유기적으로 결합하여 구성원의 삶의 질을 높이는 '사회의 시대'가 될 것으로 전망된다. 이 같은 시대에서 정보화사회는 지능정보화사회로 발전되어 정보의 유기적 연결이 더욱 강조된다. 인간의 정보 처리 능력에는 한계가 있으므로 컴퓨터가 정보의 수집 - 분류 - 조작 - 결정의 모든 단계에서 인간을 대신해서 정보를 처리한다. 이처럼 컴퓨터가 정보를 보다 효율적으로 가공할 수 있도록 하는 절차를 통칭하여 알고리즘Algorithm이라 부른다.

수학자나 공학자들은 아이디어를 흔히 알고리즘으로 표현한다. 알고리즘은 문제를 해결하는 데 필요한 단계의 순서를 명시하는 구체적인 계산법(MacCormick, 2011)으로 일반적으로는 어떤 과업을 수행하거나 문제를 해결하는 일련의 절차를 의미하기도 한다. 다시 말해 어떠한 목적을 달성하기 위해 미리 구성된 수학적 모형이라 할 수 있다. 최근 들어 정보통신기술ICT에 인공지능기술이 빠르게 접목되는 소위 '지능정보혁명'이 본격화되면서 특히 딥러닝deep learning과 같은 인공지능알고리즘이 사물인터넷, 빅데이터, 로봇 등 여타 기술과 결합, 범용화되면서 알고리즘이 4차 산업혁명과 미래 산업의 핵심 키워드로 급부상하고 있다.

그뿐만 아니라 『컴퓨터인터넷IT용어대사전』(2012)은 알고리즘을 "어떤 문제를 해결하기 위해 명확히 정의된 유한개의 규칙과 절차의 모임"이라고 정의한다. 더 간단히 표현하자면 원하는 결과를 얻기 위해 거치는 일련의 과정을 의미하며, 효율적인 알고리즘이 되기 위해서는 다음의 조건을 충족시켜야 한다.

① 입력: 원하는 결과 값을 얻고자 하는 조건이 입력되어야 한다.
② 출력: 입력 조건을 충족하는 한 가지 이상의 결과가 출력되어야 한다.
③ 명백성: 모든 명령어의 의미는 모호하지 않고 명확해야 한다.
④ 유한성: 입력에서 출력에 이르는 과정이 반복되지 않고 종료되어야 한다.
⑤ 효과성: 모든 명령어는 실행 가능한 형태여야 한다.

그림 2-1 알고리즘의 개념

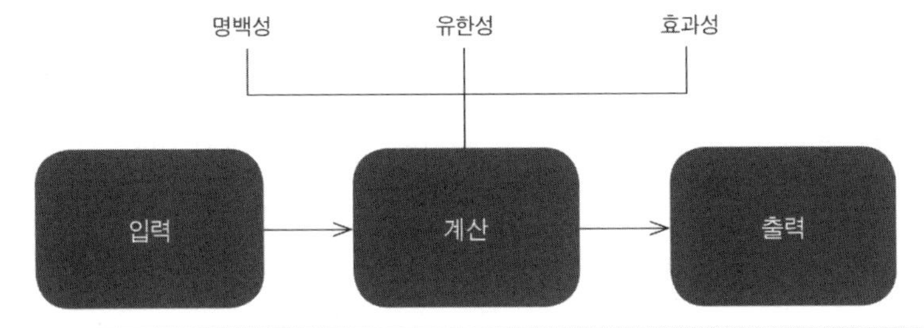

자료: 전산용어사전편찬위원회, 『컴퓨터 IT 용어대사전』(서울: 일진사, 2012), 37쪽.

9세기 페르시아 수학자 알콰리즈미al-Khwārizmī의 이름에서 유래된 알고리즘이란 단어는 이세돌과 바둑 대결로 유명한 인공지능컴퓨터 알파고의 등장 전까지는 익숙한 용어가 아니었으나, 우리는 생활 전반에 개인의 알고리즘을 적용하고 있다. 예를 들어, 시험을 보다가 모르는 문제가 나왔을 경우 우리는 각자의 경험에 기반을 두어 답안을 추측하는(혹은 '찍는') 나름대로의 노하우를 가지고 있다. 객관식 문항에서 보기가 1, 2, 3, 4번으로 주어졌을 경우, 모르는 문제들을 남겨두고 차례로 1, 2, 3, 4번의 순으로 답안을 작성하는 방법을 알고리즘에서는 순차탐색법Sequential Search이라고 부른다. 만약 정답이라고 생각하는 번호의 숫자를 세고 가장 적게 작성된 번호로 모르는 문항을 기입한다면(1번이 8개, 2번이 2개, 3번이 7개, 4번이 9개일 경우 모르는 문제는 모두 2번이라고 기입하는 방법) 이러한 방식을 이진탐색Binary Search이라 부른다. 모르는 문항의 앞뒤 문항 정답을 비교하여 그 사이를 채워 넣는 방식은 오일러 회로 알고리즘Euler Circuit Algorithm이라 부르며 다년간의 경험으로 3번이 답이 될 확률이 가장 높다고 확신하고 모르는 문제는 항상 3번이라고 답하는 방식을 탐욕적인 알고리즘Greedy Algorithm이라고 한다.

이처럼 용어는 익숙하지 않으나 컴퓨터의 알고리즘 방식은 인간의 문제 해결 방식으로부터 차용되어 발전되었다. 취사 선택 기능이 있는 밥솥이나 먼 거리 목적지까지의 최단 경로를 알려주는 내비게이션처럼 알고리즘은 우리 생활 전반에 접목되어 삶의 질을 높이는 '사회의 시대'를 열어가고 있다. 밥솥과 내비게이션이 제한된 환경에서 한 가지의 목적으로 사용된다면 알고리즘이 다양한 분야의 정보를 유통하는 목적으로 사용되는 장소는 인터넷 포털사이트일 것이다. 구글Google의 설립자인 세르게이 브린과 래리 페이지는 1998년 「거대 스케일의 하이퍼텍스트 웹검색엔진의 해부(The anatomy of a large-scale hypertextual web search engine)」라는 제목의 논문을 발표하여 오늘날 구글 검색 기법의 핵심으로 작용하는 알고리즘을 제안했다. 구글의 프로토타입을 설명하는 이 논문에서 브린과 페이지는 1997년 당시의 검색엔진들은 필요한 정보를 쓰레기 정보junk results들이 가려버리는 오류를 범하고 있다고 지적하며 이 논문의 주요 목표는 검색엔진의 품질을 높이는 것이라고 설명한다. 따라서 웹페이지 간의 링크를 이용하여 더 유명한 사이트에 링크가 걸릴수록, 더 많은 페이지에 링크가 걸릴수록 해당 페이지에 높은 점수를 부여하고 웹페이지의 점수에 따라 순차적으로 검색 결과를 보여주는 알고리즘을 개발해 검색엔진 시장을 석권한다.

네이버의 경우 검색 결과가 이용자의 목적에 얼마나 부합하는가를 결정하는 척도로 세 가지 요소를 고려한다. 첫째, 이용자의 검색 단어가 웹페이지 안에서 얼마나 잦은 빈도로 검색되는지 '유사성'을 고려하고, 둘째, 웹페이지에 달린 링크의 수, 사이트의 업데이트 빈도 등을 고려한 '문서 품질'을 측정하며, 마지막으로, 해당 문서에 얼마나 많은 이용자가 방문하여 머물렀는지 '이용자 선호도'를 고려한다. 이를 뉴스, 블로그, 사이트 등 각각의 컬렉션별로 다른 가중치를 두어 최종적으로 검색 결과를 도출하게 된다. 이렇듯 검색엔진별로 고유의 검색알고리즘이 존재하며 대략의 규칙 이외의 세부적인 알고리즘은 공개하지 않다 보니 이용자가 사용하는 포털사이트에 따라 다른 정보가 제공된다. 검색알고리즘의 다른 특징은 이용자의 개인적인 특성과 기호에 맞춘 정보들을 제공하는 알고리즘 또한 적용되어 검색 결과에 반영된다는 점이다. 예를 들어, 유튜브youtube는 이용자의 동영상 시청 패턴을 분석해 각각의 이용자에게 맞춤의 동영상을 추천해준다.

문제는 각 사이트들이 자신만의 알고리즘을 개발하여 적용하고 있으며 적용된 알고리즘은 공개되지 않기 때문에 이용자들이 사이트에 접속하여 얻는 정보가 이용자들에게 가장 적합하게 구성되어 있는가를 확인할 수 없다는 점이다. 혹자들은 알고리즘에 대해 음식의 레시피와 같아서 입력하는 재료만 같으면 동일한 결과물이 나온다고 주장하나 알고리즘 그 자체가 편향되어 있을 수도 있으며 검색된 결과가 조작되어 제시되어도 이용자들은 이를 쉽게 인지하지 못한다. 예를 들어 영국의 ≪가디언≫은 2016년 미국 대선 상황에서 유튜브의 추천 동영상 알고리즘이 당시 트럼프 공화당 후보에게는 유리하게, 힐러리 민주당 후보에게는 불리하게 조작되었다고 보도했다. 이처럼 알고리즘에 적용된 연산방식에 따라 제시된 정보가 이용자를 편리하게 하고 생산성을 증가시킬 수도 있는 반면, 이용자들에게 편견을 주어 사회적 문제들을 야기할 수도 있다.

2. 알고리즘이 매개하는 사회는 바람직한가

알고리즘은 교통카드를 태그하면 목적지에서 거리별, 구간별 합산 요금을 표시하는 것에서부터 소셜미디어나 전자상거래상의 개인맞춤형 추천서비스, 네이버나 다음카카오의 연관검색어 기능 등 우리 일상생활 곳곳에서 작동하고 있다. 이렇게 본다면 알고리즘은 생활의 편리를 증진시키고 다양한 사회문제를 해결하는 고마운 문명의 이기인 셈이다. 그러나 모든 기술적 진보가 그러하듯, 알고리즘에도 어두운 면이 존재한다. 흔히 알고리즘은 자동화된 연산 체계 정도로 이해되기 때문에 알고리즘이 열심히 일해 뽑아내는 결과물은 객관적이고 불편부당하며 가치중립적일 것이라 여겨진다. 하지만 근래 들어 알고리즘의 '중립성'에 대한 이런 일반인의 인식은 오해라고 지적받고 있다. 알고리즘을 수행하는 컴퓨터는 계산 능력을 가지고 있지만, 스스로 판단하거나 해석할 수 없고, 데이터를 선택하고 문제를 푸는 절차나 방법을 제시하고 알고리즘을 설계하는 것은 사람의 몫이기 때문이다.

알고리즘 시스템이 작동하기 위해서는 기본적으로 외부에서 제공되는 데이터를 필요로 한다. GPS를 예로 들어보자 GPS의 알고리즘이 작동하려면 기본적으로 ① 현재 위치 ② 목적지 ③ 영역 지도 세 가지 데이터가 필요하고 이 세 가지 데이터를 바탕으로 GPS의 알고리즘은 가장 빠른 경로를 계산해낸다. 좀 더 진화된 형태의 GPS 알고리즘은 교통 정체 상황이나 사고 현황, 제한속도 등 더 다양한 데이터를 고려해서 더 정밀한 최단 경로를 계산해낼 수 있을 것이다. 여기서 문제는 알고리즘은 주어진 데이터를 계산할 뿐이지 어떤 데이터를 선택하고 판단하며 해석하는 것은 전적으로 사람의 몫이라는 점이고 이러한 과정 속에서 일종의 선택 편향selection bias이 개입할 여지가 있다는 점이다.

미국 백악관이 2016년 5월 발표한 「빅데이터: 알고리즘 시스템, 기회와 시민권」 보고서는 알고리즘이 편향된 결과를 내는 데이터 선택상의 요인 4가지를 밝혔다. 첫째, 잘못 고른 데이터. 둘째, 불완전·부정확하고 시기에 맞지 않는 데이터. 셋째, 편향적인 선택. 넷째, 역사적인 편향성 등이다. 이를 보면 편향적인 결과를 얻기 위해 의도하지 않더라도 데이터 자체의 문제점 때문에 공정하지 않고 편향된 결과가 나올 수 있음을 알 수 있다.

그렇다면 세심한 주의를 기울여 비교적 완전하고 정확한 데이터를 고르기만 하면 알고리즘의 중립성 문제는 해결될 수 있을까? 미국 비영리 인터넷 언론 프로퍼블리카Propublica의 "기계의 편향Machine Bias"이라는 제목의 기사는 꼭 그렇지만은 않음을 보여주고 있다. 프로퍼블리카는 컴퍼스Compas라고 불리는 미국 법원의 재범 위험 평가 공식 알고리즘을 문제 삼는다. 컴퍼스의 위험 평가 알고리즘에 따르면, 미래의 범죄자로 낙인찍힐 위험은 흑인 피고인이 백인 피고인에 비해 두 배에 달하고 백인 피고인은 흑인 피고인에 비해 낮은 위험을 가진 것으로 잘못 판정되고 있다는 것이다. 최근 데이터 사이언티스트 아베 공Abe Gong은 컴퍼스 알고리즘을 통계적으로 재검토한 후, 컴퍼스에서 나타나는 이러한 인종적 편향은 데이터 자체의 부정확성이나 컴퍼스 알고리즘 연산공식상 오류에서 기인하기보다는 단지 외부 현실에 존재하는 편견 혹은 편향(인종 편향)을 데이터와 알고리즘이 그대로 반영한 결과일 뿐이라고 지적한다. 이와 유사하게 2015년 카네기 멜론 대학 연구 결과, 구글의 온라인 광고시스템은 여성보다 남성에게 높은 임금의 직업 광고를 추천한다는 점이 드러나 논란이 되기도 했다. 이와 같은 사례는 표본통계와 달리 알고리즘에 사용되는 빅데이터는 모수를 그대로 반영하기 때문에 알고리즘이 데이터에 의해 학습된 현실 세계의 편견을 재강화하는 측면을 보여주고 있다. 구글의 광고가 남성에게 더 높은 임금의 구인광고를 내보낸 것은 구글이 데이터를 조작했기 때문이 아니라 기존의 축적된 데이터를 모아서 추천하다 보니 현실을 왜곡할 수 있다는 것이다.

이렇게 알고리즘은 현실의 편견을 보정 없이 그대로 드러내기도 하지만 때로는 의도치 않게 현실 세계의 편견과 편향을 직접적으로 유도할 수도 있다. 이러한 양상은 특히 소셜미디어의 개인 맞춤형 알고리즘 고도화에 따른 사회적 부산물로 나타나곤 하는 집단극화Group polarization 현상에서 찾아볼 수 있다. 집단극화는 사회심리학에서 집단의 의사결정이 구성원들 간의 상호작용 이후 개별적인 결정보다 더 극단적인 방향으로 흐르는 현상을 일컫는다. 인터넷 환경은 같은 생각을 가진 사람들이 좀 더 수월하게 자주 논의할 수 있는 공간을 제공하기 때문에 인터넷상 공간에서도 집단극화 현상은 흔히 발견된다. 소셜미디어의 맞춤형 알고리즘은 이러한 집단 구성원 간의 동조화Homophily를 더욱 촉진시켜 극단적인 정치적 대립각을 더욱 노골화시킬 수 있다. 일라이 퍼리서(Eli Pariser, 2012)는 페이스북과 구글의 맞춤형 검색 서비스가 개인의 의사와 상관없이 개인의 취향이나 정치적 지향과 맞지 않는 정보를 걸러내버림으로써Filtering out, 개인은 온전한 진실의 극히 일부분에 해당하는 정보에 둘러싸여 자신만의 세계에 갇혀버리게 되는 현상이 나타나는데 이를 '필터 버블Filter bubble'이라고 일컫는다. 알고리즘이 만들어낸 필터 버블에 갇힌 고립된 개인들 간의 편향적 의견은 극단적 정치적 대립과 분열을 야기할 수 있다는 것이다.

3. 검색알고리즘과 관련해서 어떤 이슈들이 있나

알고리즘은 여러 측면에서 현실 세계에 큰 영향을 끼칠 수 있다. 특히 검색알고리즘은 우리가 가장 빈번하게 노출되는 알고리즘인 만큼 영향력은 더 크다고 할 수 있는데 풍부한 정보에 접근 가능하도록 도와주는 고마운 검색알고리즘이 때로는 개인과 법인의 권리를 침해하는 경우가 있다. 실례로, 독일의 어느 건강보조식품업체는 회사명을 입력하면 사기 혹은 신흥 종교 단체로 연결된다며 소송을 제기했고 2013년 독일 대법원은 이에 대해 구글의 자동 완성 검색 기능의 사생활 침해를 인정하는 판결을 내렸다. 같은 해 일본의 도쿄지방법원도 한 남성이 자신의 이름을 입력하면 범죄를 연상시키는 단어가 표시된다며 소송을 제기한 사건에서 구글의 연관검색 서비스가 원고의 명예를 훼손하고 사생활을 침해한 점을 인정했다.

검색알고리즘은 개인과 법인의 권리 침해 수준을 넘어서 한 국가의 정치적 장래까지 바꿀 수 있는 힘이 있다. 미국 등 2개국에서 진행된 엡스타인과 로버트슨(Epstein and Robertson, 2015)의 검색엔진 알고리즘 조작 실험은 알고리즘이 심지어 선거 결과까지 뒤바꿀 수 있음을 암시하고 있다. 이들의 실험은 편향된 검색 결과 순위가 부동층의 투표 선호도를 20% 이상 이동시킴을 보여주는데 대부분의 피실험자들은 실험에서 검색 순위가 조작된 바를 인지하지 못했고, 더욱 충격적인 결과는 검색 순위 조작을 눈치챈 일부 피실험자들조차 검색 순위 조작의 영향력으로부터 자유롭지 않았다는 사실이다. "구글이 마음만 먹으면 조작이 가능하고 실무자 중 누군가가 아무도 모르게 알고리즘을 조작할 수도 있다(Epstein and Robertson, 2015)"는 것이 이들의 지적이다.

이러한 검색알고리즘이 독점적인 플랫폼을 만나게 되면 더욱 막강한 영향력을 갖게 될 것이고 국내의 경우 특히 검색과 여론 형성에서 압도적 시장지배력을 점유하고 있는 포털의 알고리즘은 이 점에서 우려를 불러일으킬 수 있다. 이러한 우려에서 최근 활발하게 논의되는 이슈가 바로 '플랫폼 중립성Platform Neutrality' 문제이다. 플랫폼 중립성 개념은 기본적으로 망 중립성Network Neutrality에 대한 논의 차원이 플랫폼의 기능 확대에 따라 플랫폼 차원으로 확대된 것으로 플랫폼 운영 주체가 하드웨어나 콘텐츠 사업자를 차별하지 못하도록 하는 것을 의미한다(홍대식, 2012). 이와 같은 플랫폼 중립성 개념은 플랫폼 사업자의 우월한 지위가 야기할 수 있는 불공정 경쟁을 규제하고 경쟁을 촉진하기 위한 이론적, 정책적 도구로서 최근에 도입한 개념으로 전체 인터넷 아키텍처의 어느 분야와 관련되어 이야기되냐에 따라 약간씩 그 의미를 달리한다. 검색 서비스 사업자의 경우, 검색알고리즘과 관련해서 검색 편향의 문제에 주목하여 사업자의 검색 결과가 포괄적이고 불편부당하며 오로지 관련성에 기초해야 한다는 원칙으로서 이해되며 검색중립성 Search Neutrality이라는 용어가 사용되기도 한다.

검색알고리즘과 관련한 플랫폼 중립성의 본질적 쟁점은 우선 검색알고리즘을 규제의 대상으로 볼 수 있는가이다. 이는 검색서비스 사업자의 알고리즘에 대한 법적 책임 귀속 여부를 어떻게 보느냐의 문제인데, 검색엔진이 단순히 기계적, 수동적으로 알고리즘에 의한 결과물을 전달한다고 보는 경우에는 검색서비스 사업자가 면책될 수 있으나, 비록 적극적인 인간의 개입은 없더라도 알고리즘 구성에 인간의 가치판단이나 우선순위가 적용된 것으로 본다면 검색서비스사업자는 단순한 전달자가 아닌 발행인으로서 책임을 면할 수 없기에 규제의 대상이 된다고 볼 수 있다. 오세욱(2016)은 하루가 다르게 진화하는 복잡한 알고리즘에 내재하는 불확실성을 완벽하게 통제하는 것이 불가능하다고 인정하면서도 알고리즘이 인간이 부여한 일정 수준의 지능을 토대로 특정 범위에서 인간을 대신하는 대리 행위자라는 점에서 알고리즘 처리 방식에 대한 일정 수준의 공개와 사회적 합의가 필요함을 강조하고 있다. 이러한 점에서 국내 양대 포털 플랫폼인 네이버와 다음의 움직임은 주목할 만하다. 네이버는 일찍이 기사 배열과 편집에 대한 자문위원회를 두고 포털 기사의 중립성에 신경을 써왔으며, 카카오는 2018년 1월 5개항의 '카카오 알고리즘 윤리 헌장'을 제정해 공표했는데 이러한 움직임은 플랫폼 중립성과 관련한 좀 더 진전된 논의를 위한 주춧돌이 될 것으로 기대된다.

4. 알고리즘에도 윤리가 필요한가

2012년의 어느 날, 미국의 한 여고생은 대규모 할인매장인 타깃Target으로부터 출산용품 할인쿠폰을 받았다. 부모는 즉시 매장을 찾아가 항의했고 타깃 측에서는 착오가 있었던 것 같다고 사과하며 사건은 마무리되는 듯 보였다. 그러나 몇 달 후 부모는 고등학생 딸이 임신한 사실을 알게 된다. 딸이 타깃에서 여성용 영양제와 무향 로션을 구입한 것을 토대로 알고리즘은 출산용품 할인쿠폰이 고등학생인 딸에게 가장 적합한 서비스라고 판단한 것이다. 우리가 인터넷이라는 사이버 공간에서 남긴 정보와 흔적을 취합하여 빅데이터 알고리즘은 우리의 가장 친한 친구들도 모르는 정보들을 예측할 수 있으며 이러한 개인 정보들은 상업적, 정치적 목적으로 충분히 악용될 수 있다. 이 장 서두에 언급했듯이 컴퓨터 알고리즘은 우리 생활 전반에 편재해 있으며 우리 생활 대부분의 결정은 알고리즘의 추천에 근거해 일어나기 때문이다. 만약 우리에게 최선의 정보와 판단 근거를 제공해주기 위해 개발된 알고리즘이 다른 목적으로 사용된다면, 혹은 다른 목적을 위해 알고리즘 자체가 변조된다면 이는 비단 윤리적이지 않을 뿐만 아니라 사회에 큰 혼란을 초래할 것이 명백하다.

그러나 현실에서는 종종 딜레마가 발생한다. 세계적인 빅데이터 업체 와쿠파Wakoopacom의 상무이사인 사이먼 판다위벤보르트Simon van. Duivenvoorde는 개인 정보의 상업적인 이용과 윤리적인 문제가 항상 대립하고 있음을 주장하며 둘 사이의 균형을 맞추는 것은 결코 쉽지 않은 일이라고 말한다. 이에 대해 최은창(2016)은 현재의 법체계에서는 오직 사람과 법인만이 권리 의무의 책무성을 가지므로 자율주행 자동차에 의해 교통사고가 발생하거나 의료용 로봇이 의료사고를 일으키더라도 종래의 법적 틀로 규범적 책임을 재단하는 데에 한계가 있음을 지적하고 있다. 그러나 자율주행 차량과 의료용 로봇이 아니더라도 알고리즘의 그릇된 판단과 편향은 누군가에게 치명적인 피해를 입힐 수 있다는 점에서 윤리적 논쟁으로부터 자유로울 수 없다.

인공지능과 알고리즘의 윤리성이 처음으로 대두된 것은 1942년 아이작 아시모프Issac Asimov가 그의 소설 「탑돌이(Runaround)」에서 로봇의 3원칙을 제안하면서부터이다. 그 세 가지 원칙은 다음과 같다.

- 1원칙: 로봇은 인간에게 해를 끼치거나 해가 가도록 해서는 안 된다.
- 2원칙: 로봇은 인간에게 복종해야 한다(단 1원칙에 위반돼서는 안 된다).
- 3원칙: 로봇은 스스로를 보호해야 한다(단 1, 2원칙에 위반돼서는 안 된다).

이는 비록 소설 속의 원칙이지만 실생활의 윤리연구에도 활용되고 있으며 인공지능은 인간의 복지를 위한 존재이며 인간에게 해가 돼서는 안 된다고 제안한다는 점에서 그 의미가 있다. 이후 2006년 유럽로봇연구연합(EURON: The European Robotics Research Network)은 로봇의 윤리문제를 다루기 위한 로드맵을 발표하고 로봇 윤리에 선행되는 원칙으로 인간의 존엄과 권리, 평등, 정의, 형평, 편익, 문화적 다양성, 차별과 낙인화의 금지, 자율성과 개인의 책무성, 프라이버시, 기밀성, 연대와 협동, 사회적 책무, 이익의 공유, 지구상의 생물에 대한 책무를 제시했다. 2016년 미국전기전자학회Institute of Electrical and Electronics Engineers는 인공지능의 네 가지 쟁점을 인권, 책임, 투명성, 교육으로 제시하면서 인공지능알고리즘의 투명성을 유지하고 인류의 보편적인 가치를 지향하며 위반 시 그에 따른 책임을 부과하고 이를 강조하는 교육을 실시해야 한다고 보고서를 통해 발표했다.

알고리즘은 우리가 접하는 정보를 설정하고 의사결정에 중요한 영향을 미친다는 점에서 미디어나 언론의 한 형태라고 주장하는 학자들도 있으며 이들은 알고리즘이 언론과 비슷한 정도의 공정성, 중립성, 객관성을 갖춰야 한다고 역설하기도 한다. 그럼에도 불구하고, 알고리즘의 공정성과 정확성은 다음과 같은 이유로 성취하기 어려운 과제이다.

첫째, 알고리즘의 기본 기능인 정보의 선택과 분류, 가공 단계에서 오류와 편향성을 내포할 가능성이 있다. 둘째, 알고리즘을 작동하게 하는 프로그램은 결국 개발자에 의해 작성되며 이 단계에서 개발자의 선입견과 편견이 개입될 소지가 다분하다. 셋째, 이용자와의 상호작용 속에서 특정 계층의 검색 조작 시도와 같은 오류가 반영될 가능성이 있다. 마지막으로, 알파고가 과거의 기보를 통해 바둑을 배웠듯이 역사적인 데이터를 학습하며 인종차별, 지역차별과 같은 역사적 편향성을 반영할 가능성이 있다는 점 등에서 어려움이 있다. 실제로 2016년 7월 온라인 국제미인대회의 심사를 인공지능 프로그램에 맡긴 뷰티닷에이아이(Beauty.AI)의 심사 결과 유색인종 참여자는 모두 입상하지 못한 사례를 볼 수 있다.

물론 모든 검색 결과 및 검색알고리즘에 문제가 있다고 주장하는 것은 아니다. 검색 결과로 보이는 웹페이지나 동영상 등의 디지털 파일들은 기계적인 연산결과에 의해 제시되는 단순 결과물에 불과하며 사업자들의 가치판단과 정치적 견해와는 무관하고 법적인 의무도 없다는 주장도 일견 타당하며, 검색 결과 역시 헌법에서 보장하는 표현의 자유Freedom of Expression의 한 형태로 보아야 한다는 주장 역시 그럴듯해 보인다. 그럼에도 오프라인에서 표현의 자유 또한 명예훼손이나 인격권과 같은 다른 법률과 상충하여 완벽히 보장되는 것이 아니라는 점과 왜곡된 검색 결과가 특정인에게 피해를 줄 수 있다는 점에서 법적인 책임은 면하더라도 윤리적 책무로부터 자유로울 수 없다는 점도 고려해보아야 한다.

박아란과 오세욱(2016)은 알고리즘의 편향성에 대해 크게 세 가지를 지적하고 있다. 첫째, 검색알고리즘은 지식, 객관성, 정확성이라는 일반적인 믿음으로 포장되어 있으나 많은 데이터는 캐리커처caricature와 같이 빠르게 그려낸 결과물에 불과하며 그 과정 또한 저작권법에 의해 공개되지 않고 있다는 점이다. 둘째, 검색엔진 조작효과search engine manipulation effect가 발생할 가능성이 매우 높다는 점이다. 검색엔진 조작효과에 관한 대표적인 연구인 엡스타인과 로버트슨(2015)의 연구 결과를 보면 미국과 인도에서 행해진 다섯 차례의 실험을 통해 선거에 등록된 후보에 긍정적이거나 부정적인 결과를 조작한 검색 결과를 보여주었을 때 상황에 따라 특정 후보의 지지도가 9.1~26.5% 증가한 것으로 조사되었으며 거의 대부분 피실험자들이 검색 결과가 조작되었다는 사실을 인지하지 못했다. 연구자들은 이에 대해 구글이 마음만 먹으면 알고리즘을 조작해 미국 대선에서 원하는 후보를 당선시킬 수 있는 능력이 있다고 지적한다. 셋째, 검색알고리즘이 상업적인 용도로 이용될 가능성이 매우 높다는 점이다. 국내의 포털사이트에서는 사이트 검색광고, 콘텐츠 검색광고, 키워드 광고 등의 이름으로 검색 결과와 광고를 혼합하여 제시하고 있으며 이는 가장 중요한 정보들을 먼저 제시한다는 검색알고리즘의 목표와는 맞지 않는 것이다.

다행히 최근 들어 기업과 정부는 지식정보사회에서 알고리즘의 윤리적 필요성을 인식하고 이를 알고리즘 책무성Algorithm Accountability이라 명명했다. 또한 알고리즘 책무성을 강화하기 위한 다양한 노력이 시도되고 있다. 카카오는 2018년 1월 31일 국내 기업 최초로 알고리즘 윤리헌장을 마련하고 알고리즘을 기반으로 하는 AI와 데이터를 개발하는 데에 적용하겠다고 밝혔다. 카카오 알고리즘 윤리헌장에 담긴 내용은 다음과 같다.

① 카카오 알고리즘의 기본원칙

카카오는 알고리즘과 관련된 모든 노력을 우리 사회 윤리 안에서 다하며, 이를 통해 인류의 편익과 행복을 추구한다.

② 차별에 대한 경계

알고리즘 결과에서 의도적인 사회적 차별이 일어나지 않도록 경계한다.

③ 학습 데이터 운영

알고리즘에 입력되는 학습 데이터를 사회 윤리에 근거하여 수집·분석·활용한다.

④ 알고리즘의 독립성

알고리즘이 누군가에 의해 자의적으로 훼손되거나 영향 받는 일이 없도록 엄정하게 관리한다.

⑤ 알고리즘에 대한 설명

이용자와의 신뢰 관계를 위해 기업 경쟁력을 훼손하지 않는 범위 내에서 알고리즘에 대해 성실하게 설명한다.

이에 더해 2018년 2월 8일 민주평화당 김경진 의원은 '포털 규제 법'을 대표 발의했다. 이 법안은 포털의 뉴스 편집이나 배열 알고리즘을 공개하고 이를 법으로 강제하게 하는 것을 골자로 하며 기업의 알고리즘 윤리규정이나 자율 규제self regulation에 비해 한층 강력한 규제 제도이다. 다만 기업의 자율성을 제한하고 권리를 침해할 수 있다는 점에서 논란의 여지가 있으나 알고리즘의 윤리적 자정 작용의 한 시도로 눈여겨볼 만하다.

해외의 경우, 유럽연합은 개인 정보 보호의 수집, 저장, 사용에 대한 규제를 담고 있는 개인 정보 보호 규정(GDPR: General Data Protection Regulation)을 2016년 발표하고 2018년 6월부터 시행을 앞두고 있다. 이 법안은 몇 가지 독특한 내용을 담고 있는데 이용자의 개인 정보가 동의 없이 사용되거나 목적에 부합하지 않는 경우 삭제를 요청할 수 있는 '잊힐 권리(Right to be forgotten)', 업무 시간 외에 업무와 관련된 연락을 받지 않도록 하는 '연결되지 않을 권리(Right to disconnect)'가 포함된다. 흥미로운 것은, 개인 정보 보호 규정에는 명시되지 않았으나 규정을 풀이한 논문에서 처음 언급된 '설명을 요구할 권리(Right to explain)'라는 개념이다. 브라이스 굿맨Bryce Goodman과 세스 플랙스먼Seth Flaxman이 작성한 논문에서 개인 정보 보호 규정을 풀이하면 정보의 주체는 알고리즘의 결정에 대해 질문하고 반박할 수 있으며, 기업은 정보 주체에게 언제, 어떤 이유로 정보를 모으고 처리하는지 공지해야 하며, 정보의 주체는 기업에게 투명한 정보의 유통과 손쉬운 의사소통을 요구할 수 있다고 밝혔다.

이와 같은 자율적, 법적 규제 제도를 통해 알고리즘은 더 이상 기술적인 용어가 아닌 사회의 영역으로 인식해야 하며 윤리적이고 공정한 사용을 위해 알고리즘은 사회 구성원 모두의 감시와 감독을 받아야 하는 장치라는 것을 명확히 하고 있다. 현대 사회에서 알고리즘의 폭넓은 사용과 알고리즘이 사회에 미치는 영향력을 감안해볼 때, '알고리즘의 사용에 윤리적 장치가 필요할까?'의 질문보다는 '어떤 장치와 제도를 통해 알고리즘의 윤리적 사용을 보장할까?'라는 고민이 더 적절해 보인다. 알고리즘의 사용 이래 인류에게 가져다 준 편의와 손실을 저울질하고 부작용을 막을 수 있는 장치를 고민한다면 이 새로운 기술은 분명 우리 사회에 많은 함의를 가져다줄 것이기 때문이다.

참고문헌

문화체육관광부. 2017.12.「콘텐츠산업 중장기 정책비전: 미래 콘텐츠산업 준비보고서」.

박아란·오세욱. 2016.「검색알고리즘과 인격권 침해」.≪미디어와 인격권 침해≫, 제2권 제1호, 3~62쪽.

스트라베이스. 2017. Trend Watch 및 Research Prism.

안영국. 2018.2.8. "국회, 네이버 뉴스편집·배열 알고리즘 사용법으로 강제한다...알고리즘도 공개". ≪전자신문≫.

양성봉. 2013.『알기 쉬운 알고리즘』. 파주: 생능출판사.

이원태. 2016.「EU의 알고리즘 규제 이슈와 정책적 시사점」. 정보통신정책연구원.

이충기. 2016.『알고리즘의 첫걸음』. 파주: 생능출판사.

전산용어사전편찬위원회. 2012.『컴퓨터 IT 용어대사전』. 서울: 일진사.

최은창. 2016.「인공지능 시대의 법적·윤리적 쟁점」. 과학기술정책연구원.

최수진. 2016.「기계의 영역에서 공공의 영역으로」. 한국언론학회 세미나.

카카오. 2018. "카카오 알고리즘 윤리 헌장". https://www.kakaocorp.com/kakao/ai/algorithm(검색일: 2018.2.9).

한국정보화진흥원. 2016. "ICT기반 국가미래전략 2015: BIG STEP".

황종성. 2016.「지능사회의 패러다임 변화 전망과 정책적 함의」. ≪한국정보화진흥원≫, 23권 2호, 3~18쪽.

Asimov, I. 1942. "Runaround." *Astounding Science-Fiction,* 29(1), pp.94~103.

Bell, D. 1976.「The coming of the post-industrial society」. *The Educational Forum* Vol. 40, No. 4, pp.574~579. Taylor & Francis Group.

Brin, S. and L. Page. 1998. "The anatomy of a large-scale hypertextual web search engine." *Computer networks and ISDN systems*, 30(1-7), pp.107~117.

Cormen, T. H. 2013. *Algorithms unlocked.* Mit Press.

Epstein, R. and R. E. Robertson. 2015. "The search engine manipulation effect(SEME) and its possible impact on the outcomes of elections." *Proceedings of the National Academy of Sciences*, 112(33), E4512-E4521.

GDPR. 2017. "GDPR Portal: Site Overview."

Goodman, B. and S. Flaxman. 2016. *EU regulations on algorithmic decision-making and a "right to explanation"*.

Hill, K. 2012. "How target figured out a teen girl was pregnant before her father did." *Forbes*.

Institute of Electrical and Electronics Engineers. 2016. "Ethically aligned Design: A vision for prioritizing human wellbeing with artificial intelligence and autonomous system." The IEEE Global Initiative for Ethical Cosiderations in Artificial Intelligence and Autonomous Systems.

Levin, S. 2016. "A beauty contest was judged by AI and the robot didn't like dark skin." *The Guardian*.

Lewis, P. 2018. "Fiction is outperforming reality: how YouTube's algorithm distorts truth." *The Guardian*.

Mazereeuw, R. 2017. "How does the Youtube algorithm work? A guide to getting more views."

Veruggio, G. 2007. "Euron Robothics Roadmap." European Robotics Research Network.

03

정보보안이란 무엇이고 왜 중요한가

권태경
연세대학교 정보대학원 교수

컴퓨터, 인터넷, 모바일을 포함한 정보통신기술의 비약적인 발전은 보다 편리한 정보화 사회 구현을 이루었으며, 최근에는 4차 산업혁명이라는 키워드와 함께 가상세계와 현실세계를 긴밀히 융합하고 인공적인 지능화와 초연결이라는 거대한 꿈을 실현해가고 있다. 그러나 이와 같은 정보통신기술 발전의 이면에는 정보의 불법적인 유출, 훼손 또는 위조와 같은 악의적 행위로 인한 우려와 위협이 늘 도사리고 있다. 특히 융합, 지능화, 초연결이 사회 각 분야에서 가속될 경우 정보 침해와 사이버 공격으로 인한 피해는 더욱 크게 늘어날 것이다. 따라서 이제는 인류 역사상 그 어느 때보다도 정보보안과 보호에 대한 요구가 커지게 되었다. 이 장에서는 정보보안 및 보호란 대체 무엇이고 왜 필요한지를 살펴보고, 이어서 암호화와 전자서명, 그리고 악성소프트웨어와 같은 주요 개념에 대해 알아본다. 마지막으로 미래의 정보보안은 어떤 것일지, 즉 4차 산업혁명시대에는 정보보안이 과연 어떻게 달라질지 살펴본다.

1. 정보보안이란 무엇인가

오늘날 우리는 컴퓨터나 스마트폰을 이용하여 신속하게 이메일, 메시지, 파일 등을 주고받을 수 있는 편리한 디지털 세상에 살고 있다. 그뿐만 아니라 쇼핑몰을 직접 방문하지 않고도 집에서 인터넷 쇼핑을 하고, 친구들과 함께 다양한 원격 게임을 즐기며, 언제든 새로운 정보가 필요할 때 웹브라우저를 통해 검색하고 이렇게 얻은 정보를 다시 다양한 매체를 통해 저장하며 다른 사람들과 함께 쉽게 공유할 수도 있다. 이것은 컴퓨터, 인터넷, 모바일을 포함한 정보통신기술ICT의 비약적인 발전으로 인해 현재 우리가 누리고 있는 큰 혜택이다.

조금 더 구체적으로 말하자면 정보통신기술의 발전으로 인해 정보에 대한 수집과 가공, 저장, 검색, 송수신 등 정보처리를 위한 많은 기능들이 이미 고속화, 자동화 및 소형화되었으며 나아가 많은 사람들에게 보편화되었다. 특히 최근에는 4차 산업혁명의 키워드를 필두로 더욱 지능화된 초연결 세상으로의 진입을 앞두고 있다. 그러나 이와 같은 정보화 사회의 구현 이면에는 정보처리 도중 소중한 정보를 불법적으로 유출하거나 훼손 또는 위조하려는 악의적인 시도가 행해질 수 있다는 우려와 부작용이 함께 한다. 예를 들어, 우리가 주고받는 이메일이나 메시지를 누군가 은밀히 볼 수 있다면, 또는 우리가 주고받고 저장한 파일이 소위 컴퓨터 바이러스를 포함한 악성 소프트웨어malware 기능에 감염되었다면, 우리가 저장한 소중한 데이터를 누군가 마음대로 수정하거나 지운다면, 항상 이용하던 인터넷 연결이 오늘은 전혀 이루어지지 않는다면, 우리는 잠시의 불편함을 넘어 여러 가지 큰 피해를 볼 수 있는 것이다. 따라서 이러한 우려를 예방하기 위해 정보를 안전하게 처리할 수 있도록 체계적으로 마련된 기술적 방법과 관리적 정책을 함께 일컬어 정보보안(또는 정보보호)이라고 한다.

개념적으로 정보보안Information Security이란 컴퓨터를 통해 처리되는 정보에 대해 읽기, 쓰기, 사용하기의 세 가지 관점에서 비밀성confidentiality, 무결성integrity, 가용성availability이라 불리는 세 가지 성질을 항상 보장할 수 있도록 하는 기능을 의미한다. 여기서 정보의 비밀성이란 허락하지 않은 누군가가 우리의 정보를 은밀히 획득하거나 유출할 수 없도록 정보에 대한 불법적인 읽기 접근을 기술적으로 방지하는 성질을 말하며, 정보의 무결성이란 허락하지 않은 누군가가 우리의 정보를 마음대로 수정하거나 훼손 또는 위변조할 수 없도록 정보에 대한 불법적인 쓰기 접근을 기술적으로 방지하는 성질을 말한다. 한편 정보의 가용성이란 우리가 필요로 하는 정보에 대해서는 허용된 범위 안에서 항상 사용할 수 있도록 정보에 대한 합법적인 접근을 보장하는 성질을 말한다. 예를 들어, 우리가 아이디와 패스워드를 이용해서 로그인하려고 할 때 정보보안을 위해서는, 입력한 패스워드를 허락하지 않은 누군가가 불법적으로 유출하거나 위변조할 수 없도록 해야 하며, 우리가 정확한 패스워드를 입력했을 때에는 즉각적인 로그인이 가능하도록 해야 한다.

구체적으로 정보의 비밀성을 보장하기 위해서는 정보를 암호화하거나 안전한 저장장치를 통해 보호하는 방법을 고려할 수 있다. 정보를 암호화하는 경우에는 이를 다시 복호화하는 데 필요한 비밀 키secret key 값이 없는 사용자에 대해서 정보에 대한 읽기 접근을 수행할 수 없도록 제어하며, 정보를 안전한 저장장치에 저장하는 경우에는 합법적인 접근 권한이 없는 사용자에 대해서 대상 하드웨어를 직접 분해하지 않고는 역시 정보에 대한 읽기 접근을 할 수 없도록 제어한다. 여기에는 경제성과 현실성의 논리가 적용되는데, 말하자면 복호화하기 위한 키 값을 찾거나 저장장치를 직접 분해하여 대상 정보를 획득하는 데 필요한 시간과 비용이 비현실적인 규모로 커지도록, 다시 말하자면 정보 획득이 불가능할 정도로 매우 어려워지도록 설계해 불법적인 읽기 접근을 미리 방지하는 것이다. 하지만 공격자가 이를 위해 구현된 소프트웨어나 하드웨어의 숨겨진 취약점을 발견할 가능성과, 이를 악용하고 우회한 후 결과적으로 대상 정보를 성공적으로 복원해내는 공격의 가능성과 우려는 여전히 남는다. 즉 완벽한 정보보안은 여전히 어려운 문제이다.

정보의 무결성을 보장하기 위해서는 수정된 정보에 대해 무결성 검증을 할 수 있는 검증값 또는 전자서명을 남기도록 하거나 불법적인 접근 행위를 정확히 기록, 추적하고 나아가 해당 정보를 복원하는 방식으로 정보에 대한 불법적인 쓰기 접근을 제어할 수 있다. 예를 들어 공격자가 정보를 훼손하거나 위변조할 경우 이에 대한 사실을 전자서명이나 해당 기록을 통해 검증하며 불법적인 행위, 즉 공격이 이루어졌다고 판단될 경우 별도로 저장된 원본을 이용해 복원토록 하는 것이다. 물론 별도로 저장된 원본이 없다면 결국에는 완전한 복원이 불가능할 수도 있지만 적어도 정보의 무결성 여부는 판단할 수 있게 된다. 무결성을 위해서도 마찬가지로 경제성과 현실성의 논리에 바탕을 두고 설계가 이루어지지만 구현된 소프트웨어나 하드웨어의 취약점을 이용한 우회 공격의 가능성과 우려는 여전히 남아 있다.

정보의 가용성을 보장하기 위해서는 컴퓨터와 인터넷 등 정보처리에 이용되는 시스템과 인프라를 항상 신뢰하는 가운데 기대했던 성능대로 사용할 수 있도록 하기 위한 안정적인 유지 기술이 필요하다. 예를 들어 공격자가 쉽게 공격에 성공하지 못하도록 공격과 침입 시도를 면밀히 탐지하고 조기에 판단·제어하는 기술이 필요하며, 서비스 거부가 발생하는 경우 이를 신속하게 복원할 수 있어야 한다. 이와 같은 기술을 실현함에 있어서, 기존에 기대했던 성능을 크게 저하시키지 않는 범위에서 가용성 보장 기능이 구현될 수 있도록 해야 하며 또한 정상적인 사용자로 하여금 허용된 범위 안에서 언제든 쉽게 사용할 수 있도록 사용자 경험을 중시하는 기능이 구현될 수 있도록 해야 한다.

마지막으로 소프트웨어나 하드웨어의 취약점을 이용하는 우회 공격 가능성을 최소화하기 위해서는 먼저 설계 구현 단계에서 오류와 취약점을 미리 방지할 수 있는 정형적인 방법이 마련되어야 한다. 하지만 전체적으로 매우 높은 복잡성을 가지며 다양한 버전으로 난립할 수밖에 없는 현재의 정보통신기술 환경을 고려할 때 이와 같은 방법을 마련하는 것은 아직 갈 길이 멀다고 할 수 있다. 따라서 이미 정보처리를 위해 활용되고 있는 각종 소프트웨어와 하드웨어의 취약성을 면밀히 분석하고 개선해 언제든 공격자가 취약성을 악용할 가능성을 미리 최소화할 수 있어야 한다. 또한 공격자가 먼저 취약성을 발견한 후 이를 이용하여 공격에 성공할 경우 이것을 최대한 빨리 탐지하고 대응하도록 하는 방어 기술도 매우 중요하다.

정보보안은 이와 같이 정보통신기술 사회를 지탱하는 데 필요한 정보의 비밀성, 무결성, 그리고 가용성을 보장하기 위한 종합적인 기술과 정책을 일컬으며, 4차 산업혁명을 통해 경험하게 될 초연결·초지능·정보화 사회를 실현할 초석이 될 것이다. 하지만 설계 초기부터 정보보안을 고려하지 않았던 컴퓨터와 인터넷의 실패 경험을 바탕으로, 앞으로 실현될 미래의 고도 정보화 시스템은 설계 단계부터 정보보안을 필수 요소로 삼아야 할 것이다.

2. 정보보안은 왜 필요한가

오늘날 우리는 컴퓨터와 인터넷 그리고 스마트폰을 이용한 정보통신기술 환경에 매우 익숙해져 있다. 우리가 매일 사용하는 장치나 인프라는 모두 세상의 각종 정보를 이진 단위인 비트(bit: binary digit의 약자) 형태로 변환해 처리하는 컴퓨터 장치에 기반하고 있으며, 궁극적으로 이와 같은 개념을 바탕으로 구축된 정보처리 자동화 시스템이다. 예를 들면, 문서나 그림, 동영상, 음악, 그리고 요즘 유행하는 암호화폐도 모두 비트 단위로 변환해 자동으로 처리하는 개념이다. 즉 정보를 비트 단위로 처리하기 위한 논리연산장치와 보관하기 위한 저장장치, 그리고 유통하기 위한 입출력/통신장치를 갖춘 여러 기기가 동시에 동작하는 거대한 체계 위에서 오늘날 많은 일들이 이루어지고 있는 것이다.

그렇다면 이미 우리의 삶을 크게 바꾸어놓은 주요 서비스 중 하나인 인터넷 뱅킹을 생각해보자. 우리는 인터넷 뱅킹을 하기 위해서 어김없이 컴퓨터를 켜고 웹브라우저를 실행시킨 후 원하는 인터넷 뱅킹 사이트 또는 은행 사이트에 접속할 것이다. 그러면 로그인 창을 통해 아이디와 패스워드를 입력한 후 자신의 계좌 정보를 보게 될 것이다. 인터넷 뱅킹의 주요 서비스 중 하나인 계좌이체를 하기 위해서는 상대방의 계좌번호를 입력한 후 원하는 금액을 지정해서 송금 버튼을 누르면 그만이다. 직접 은행에 가서 번호표를 뽑고 기다린 후 은행 직원에게 송금을 부탁하거나, ATM 기기 앞에 서서 추위에 떨며 웅크리고 송금할 필요가 없다. 하지만 이렇게 편리한 인터넷 뱅킹을 하기 위해서도 우리는 매우 세심한 주의를 기울여야 한다. 먼저 우리가 띄운 웹브라우저는 하나의 컴퓨터 프로그램일 뿐 마술상자가 아니라는 것이다. 우리가 사용하는 컴퓨터 하드웨어는 단지 전자기기에 해당하며 운영체제라 불리며 중요한 기반이 되어주는(예를 들면 마이크로소프트 윈도우와 같은) 시스템 프로그램, 즉 소프트웨어에 의해서 제어된다. 우리가 띄운 웹브라우저도 하나의 소프트웨어로서 바로 이 운영체제 위에서 실행되어 동작하는 응용 프로그램인 것이다. 그런데 이때 우리의 컴퓨터에서 그리고 그

운영체제 위에서 바로 이 웹브라우저만 단독으로 실행되고 있는 것이 아니라는 점을 주목할 필요가 있다. 이것을 전문용어로 멀티태스킹 혹은 멀티프로그래밍이라고 한다. 인터넷 뱅킹을 위한 은행 서버에 접속하기 위해서는 웹브라우저가 필요로 하는 여러 가지 기능을 운영체제에 의해 제공받으며, 이와 함께 웹브라우저가 직접 상태를 알지 못하는 여러 가지 프로그램이 함께 동작하고 있는 것이다. 특히 우리가 실행한 다른 응용 프로그램이나 웹브라우저를 통해 실행된 어떤 프로그램이 함께 동작하고 있을 수 있으며 경우에 따라서는 몰래 동작하고 있을 수도 있다. 무엇보다도 하드웨어, 즉 앞에서 언급한 논리연산장치, 저장장치, 그리고 입출력/통신장치를 함께 공유하면서 말이다.

이 점에서 우리는 과연 이렇게 다른 프로그램과의 공존에 별다른 문제가 없는지 한번 생각해볼 필요가 있다. 이미 언급한 바와 같이 이러한 프로그램들은 사실 우리가 인터넷 뱅킹을 위해서 사용하고 있는 웹브라우저와 동일한 컴퓨터 그리고 같은 운영체제 위에서 함께 동작하게 된다. 하지만 이 중 만일 어떤 프로그램이 공격자에 의해 은밀히 제어되고 있는 일종의 악성 소프트웨어라면 공유 자원과 웹브라우저, 그리고 다른 관련된 프로그램들이 갖는 어떠한 취약점을 이용해 우리의 인터넷 뱅킹에 직간접적인 위협을 가할 우려가 있다. 예를 들어 키보드 입력 처리 경로에 불법 접근한 후 우리가 입력한 아이디와 패스워드를 유출하거나 계좌번호와 이체금액을 위변조할 수 있으며, 허용된 메모리 영역을 넘어 불법 접근한 후 계좌번호와 이체금액을 은밀히 수정하는 방식으로도 조작할 수 있다. 또한 컴퓨터의 자원을 불법적으로 점유 또는 소진하여 실제로 이체 처리가 원활하게 이루어지지 않도록 만들 수도 있다. 즉 앞에서 설명한 정보의 비밀성, 무결성, 그리고 가용성을 위협하는 행위가 현재의 정보처리 환경에서는 얼마든지 일어날 수 있는 것이다. 따라서 우리는 안전하게 인터넷 뱅킹을 사용하기 위해서 우선

키보드로 입력되는 중요 정보를 암호화하고 위변조를 방지해야 하며, 실시간으로 악성소프트웨어가 설치되지 않도록 항상 주의를 기울여야 한다. 실제로 인터넷 뱅킹을 할 때 우리는 정보보안의 목적을 위해서 설치되는 다양한 프로그램들, 예를 들면 키보드 보안, 개인 방화벽, 백신, 보안로그 수집기 등의 보안 프로그램들을 경험하고 있다. 그러나 하드웨어, 예를 들면 중앙처리장치 내부나 칩셋에 어떤 취약점이 존재한다면 소프트웨어를 통한 방어는 무용지물이 될 수도 있음을 잊어서는 안 된다.

한편 우리가 사용하는 컴퓨터가 이제 안전해졌다고 가정해도 여전히 문제가 남아 있다. 우리가 접속한 인터넷 뱅킹 서버가 실제로 은행 서버가 맞는지 어떻게 확인할 수 있을까? 요즘은 다양한 피싱, 파밍, 스캐밍 공격이 사용자를 괴롭힌다. 또한 우리가 연결한 인터넷 뱅킹 서버와의 통신 구간이 안전하다고 어떻게 보장할 수 있을까? 우리는 동시에 여러 컴퓨터가 공유하는 근거리통신망이나 무선통신망을 거쳐 다양한 경로를 통해 인터넷 뱅킹 서버와 접속할 것이다. 따라서 전자를 위해서 공개키기반구조Public Key Infrastructure 등을 통해 개체 인증을 수행하며 후자를 위해서 SSL/TLSSecure Socket Layer/Transport Layer Security와 같은 보안 프로토콜, 즉 통신규약을 통해 통신구간을 암호화하고 인증하고 있다.

하지만 여기서 우리가 다시 생각해보아야 할 점이 크게 두 가지 있다. 먼저 이렇게 다양하게 구성되는 보안 프로그램도 결국은 프로그래머, 즉 사람이 개발했다는 사실이다. 아쉽지만 이렇게 철저히 개발되는 프로그램조차도 개발자의 프로그래밍 오류를 포함할 수 있으며, 따라서 공격자는 끊임없이 이것을 발견하여 해당 보안 기능을 무력화하려고 한다. 또한 아무리 뛰어난 보안 기능을 제공하더라도 사용자나 관리자의 부주의 또는 게으름으로 인해 원래 기대했던 보안 기능을 제대로 달성하지 못하는 경우도 많이 발생한다. 반면 공격자는 점점 다양한 도구와 방법을 동원하여 이러한 오류나 부주의를 최대한 악용하려는 시도를 반복하고 있다. 특히 공격 방법을 최대한 빨리 파악하여 정보보안 기법 마련과 대응을 신속히 하더라도, 공격자는 다시 이것을 우회하려는 시도를 한다. 즉, 끊임없는 시소게임이 반복되는 것이다. 따라서 정보보안 역시 끊임없이 필요하다고 할 수 있겠다.

결국 우리가 매일 사용하고 의존하는 정보통신기술 환경이 갖는 근본적인 문제점, 하드웨어나 소프트웨어 오류 및 사용자와 관리자의 부주의로 인한 취약점, 그리고 공격자의 동기와 방법이 어우러져 점점 더 고도화되고 다양한 위협이 발생하고 있는 것이다. 반면 이러한 정보통신기술 환경에서 처리되는 정보의 가치와 양은 점점 더 커지는 추세이다. 이와 같은 현실을 고려할 때 정보보안은 앞으로도 항상 필요할 것이다.

3. 암호화와 전자서명은 무엇인가

우리는 정보보안이 무엇인지 그리고 왜 필요한지를 간략히 알아보았다. 그렇다면 정보보안의 핵심 요소라고 할 수 있는 비밀성과 무결성을 보장하기 위한 기술로서 암호와 전자서명이란 무엇인지 간략히 알아보겠다. 먼저 우리가 서로 주고받고 저장하는 정보 중에서 비밀성과 무결성을 필요로 하는 정보가 있다면, 예를 들어 패스워드나 계좌정보, 개인 정보, 의료정보, 금융정보, 산업정보 등의 중요 정보를 다루는 신중한 처리 방법이 필요하다. 왜냐하면 이와 같은 정보를 송수신하거나 저장했을 때 제3자가 은밀히 정보를 획득하여 유출, 훼손, 위변조해서는 안 되기 때문이다. 이때 필요한 핵심적인 기술이 바로 암호와 전자서명이다.

암호는 제3자가 정보를 판독할 수 없는 기호나 부호로 변환해서, 즉 암호화하여 송수신 혹은 저장하고, 필요한 경우 인가된 사람들만 판독할 수 있는 형태로 재변환하는, 즉 복호화하는 기법을 일컫는다. 이것은 고대에 고안되어 로마시대에 이르러 널리 사용되기 시작했으며, 두 차례에 걸친 세계 대전을 겪으면서 현대 암호의 형태로 발전했다. 암호에서 인가된 자와 그렇지 않은 자를 구분하기 위한 방법으로서, 간단히 복호화하는 절차를 비밀로 숨기는 방법과 복호화하는 절차는 공개하되 이 때 반드시 필요한 복호화 키를 비밀로 하여 비밀성을 보장하는, 두 가지 방법이 있다. 먼저 전자가 주로 고대 암호의 형태에서 볼 수 있던 방법이라면 후자는 로마시대 이후 발전해온 근대 암호와 현대 암호에서 주로 사용되는 방법이다. 전자의 경우에는 역공학 기술을 통해 복호화하는 절차를 알아낸다면 암호화 기능이 쉽게 무효화되는 반면, 후자의 경우에는 복호화키를 별도로 잘 보관한다면 역공학 기술에 효과적으로 대응할 수 있다는 장점이 있다. 따라서 전쟁을 겪으면서 복호화키를 안전하게 숨기는 암호화 방식이 크게 발전하게 되었다.

실제로 평문을 같은 길이의 추측할 수 없는 난수와 결합시켜 암호문으로 변환한 후 바로 이 난수를 한 번만 사용할 수 있는 복호화키로 지정하여 안전하게 보관한다면, 이론적으로는 완전한 안전성perfect secrecy이라고 불리는 암호 기법을 확보할 수 있다. 하지만 이와 같은 좋은 품질의 난수를 평문과 같은 길이로 선택하여 안전하게 관리하고 한 번만 사용한 후 버리도록 하는 일회용패드onetime pad 개념은 추가 비용이 막대하기에 실용적인 암호가 되기 어렵다. 현대 암호는 이러한 개념을 바탕으로, 정보를 표현한 문자를 다른 문자로 대치substitution하는 방식과 치환permutation하는 방식을 골고루 이용하여 보다 안전하고 실용적인 기법을 마련해가는 방향으로 크게 발전하게 되었다. 특히 정보를 표현한 평문plaintext을 암호화한 암호문ciphertext이 임의의 난

수열random string과 통계적으로 구분되지 않도록 고도의 암호 기법을 설계하는 데 초점이 맞추어졌으며, 암호 기법의 효율성과 확장성을 함께 고려하도록 설계하여 21세기에 이르러서는 다양한 고도의 암호 기법을 개발하고 표준화하기에 이르렀다.

현대 암호의 암호문을 복호화하기 위해서는 알려진 복호화 절차에 따라 비밀로 지정한 복호화키를 적용하면 되는데, 여기서 실용적인 암호란 바로 제3자가 이 복호화키를 찾아내거나 복호화 절차를 우회하는 방법을 찾아낼 가능성이 현저히 낮아지도록 하는 방식을 일컫는다. 예를 들어 복호화키를 우연히 찾아낼 가능성이 코끼리가 바늘구멍에 들어갈 가능성 정도로 작다면 공격자의 입장에서는 이러한 암호기법을 공격할 엄두를 내지 못할 것이다. 하지만 여기서 우리가 다시 한번 세심히 살펴봐야 할 사항이 있다. 바로 이렇게 안전하고 실용적으로 설계된 암호기법도 결국은 사람에 의해서 설계된 것이며, 또한 사람에 의해 실제로 구현되어 사용된다는 사실이다.

다시 말하면, 설계 단계에 현재 우리가 전혀 알지 못하는 오류나 취약점이 포함되었을 수도 있으며, 특히 이것을 소프트웨어나 하드웨어로 구현하는 단계에서는 다양한 오류나 취약점이 포함될 수 있다. 실제로 설계 당시에는 안전하다고 알려졌던 암호기법들이 세월이 흐르면서 다양한 환경 변화와 함께 결국 안전하지 않다고 밝혀지는 사례가 상당히 많다. 따라서 현재 우리가 안전하다고 알고 있는 표준 기법들조차도 미래에는 안전하지 않은 기법으로 판명될 가능성이 전혀 없지는 않음을 반드시 기억해야 한다. 또한 현재 매우 안전하다고 알려진 암호기법을 사용하더라도, 앞에서 설명한 대로 복호화키를 안전하게 선택하거나 관리하지 않는다면 실제로 암호기법의 안전성이 문제가 되기 전에 이미 무력화될 수도 있다. 예를 들어 웹브라우저에서 우리가 주로 사용하고 있는 보안프로토콜인 SSL 프로토콜의 암호기법을 무력화시켰던 하트블리드 공격은, 암호기법이나 복호화키 선택을 아무리 안전하게 하더라도 전혀 소용없는 메모리 구현 오류를 악용한 사례이다. 즉 앞 절에서 언급했던 바와 같이 공격자가 메모리 영역을 불법적으로 침범하여 복호화키에 해당하는 값을 읽어낼 수 있는 사소한 구현 오류가 존재했던 것이다.

한편 암호기법은 비밀성 보장을 위해서 이와 같이 암호문을 복호화하는데 필요한 복호화키를 비밀로 유지하는 것이 매우 중요하다. 그러나 평문을 암호화할 때 사용하는 암호화키가 복호화키와 동일한 키로 사용되어야 한다면 암호화키도 반드시 비밀로 유지해야 한다. 따라서 암호화키를 전달함에 있어서도 반드시 비밀이 유지되어야 한다는 적잖은 부담이 따르는 것이다. 이것을 일반적으로 대칭키암호라고 일컬으며, 이미 앞에서 언급한 대부분의 암호기법이 이 범주에 속한다. 하지만 1970년대에 이르러 학자들은 복호화키를 비밀로 하는 대신 암호화키는 공개해도 무방한 비대칭키암호를 고안하게 되었다. 즉 평문을 암호화할 때 공개된 암호절차를 이용할 때 공개된 암호화키를 이용하여 암호문으로 변환하는 것이다. 반면 복호화할 때는 공개된 복호절차를 따르되 여전히 비밀로 지정한 복호화키를 이용해야 한다. 이와 같은 암호기법을 다른 말로 공개키암호라고 부르며 이것은 현대암호의 또 다른 축이 되기에 이르렀다. 왜냐하면 공개키암호를 이용할 경우 암호화키를 반드시 비밀로 유지할 필요가 없다는 큰 장점이 있으며, 따라서 공개키를 이용하여 대칭키암호의 비밀키를 암호화하는 방식으로 드디어 키 전달의 비밀 유지 문제를 해결하게 되는 것이다. 그러나 공개키가 결국 누구의 소유인지는 반드시 안전한 방법으로 확인할 수 있어야 하는데, 이것을 가능하게 하는 하나의 방법이 바로 공개키기반구조, 즉 PKI인 것이다. 이것은 비대칭키암호의 또 다른 용도인 전자서명을 바탕으로 공개키가 누구의 소유인지 안전하게 확인할 수 있도록 하는 개념이다.

전자서명이란 어떤 정보에 대해 서명을 하는 개념으로서 정보의 무결성을 보장하기 위한 기법을 일컬으며, 바로 비대칭키암호를 응용하는 방식이다. 즉 하나의 키를 서명키로 사용하고 이것을 비밀로 유지하며, 다른 하나의 키를 서명 검증키로 사용하고 이것을 공개하는 방식이다. 서명키를 이용해서 암호절차를 따르면 일종의 서명값이라 불리는 암호문이 생성되고, 타인이 검증키를 이용해서 이것을 검증하는 방식인 것이다. 마찬가지로 공개된 검증키의 소유자를 안전하게 확인할 수 있다면, 해당 전자서명을 누가 했는지도 역시 안전하게 확인할 수 있게 되는 것이다. 마지막으로 다시 한번 강조하지만 실용적인 현대암호도 결국 설계와 구현 오류 또는 환경 변화에서 자유롭지 못하다. 예를 들어 조만간 양자컴퓨터가 실용화된다면 그동안 안전하다고 믿어왔던 공개키암호를 지탱하는 여러 수학적 난제들이 쉽게 해결되어 현재의 공개키암호가 대부분 무력화되는 문제가 있다. 최근 캐나다 연구기관 GRIGlobal Risk Institute에서는 구체적으로 현재의 공개키 기반 암호체계가 양자 컴퓨터에 의해 붕괴될 가능성이 2026년 14%, 2031년 50%로 크게 급증할 것으로 전망한 바 있다.

물론 이와 같은 문제에 대해서도 능동적으로 대응하기 위하여 양자후암호(PQC: Post-Quantum Cryptography)라고 하는 분야를 미리 개척한 많은 연구자와 개발자들이 더 안전한 미래를 만들기 위해 노력하고 있으니 지나치게 걱정할 필요는 없다.

4. 악성코드 또는 악성소프트웨어란 무엇인가

컴퓨터는 하드웨어와 소프트웨어로 이루어진 집약체로서 특히 소프트웨어를 통해 다양한 기능을 실행하고 여러 가지 서비스를 제공하게 된다. 우리가 앞에서 살펴본 인터넷 뱅킹도 웹브라우저라고 불리는 소프트웨어 프로그램과 소프트웨어로 구현된 프로토콜, 서버 프로그램 등을 통해 구체적인 기능을 실현한 것이다. 소프트웨어는 주로 하드웨어를 제어하거나 다른 소프트웨어가 실행되는 환경을 제공하는 목적으로 만들어진 시스템 소프트웨어와, 다양한 목적과 서비스를 제공하고 실행하기 위해 만들어진 여러 응용 소프트웨어로 구분된다. 하지만 이와 같은 소프트웨어가 우리가 기대하던 바와 전혀 다른 어떤 기능을 실행한다면 이것은 단순히 무시하고 넘어갈 일이 아닐 것이다. 예를 들어 ① 인터넷 뱅킹 계좌이체를 위해 웹브라우저를 실행했는데 이때, 은밀하게 함께 실행된 어떤 프로그램이 키보드입력처리 경로에 불법 접근한 후 입력한 아이디와 패스워드를 유출하거나 계좌번호, 이체금액을 위변조한다. ② 허용된 메모리 영역을 넘어 불법 접근한 후 계좌번호와 이체금액을 은밀히 수정한다. ③ 컴퓨터의 자원을 불법적으로 점유, 소진하여 이체처리가 정상적으로 이루어지는 것을 방해한다. 위 세 항목은 정보보안을 위한 비밀성, 무결성, 가용성을 직접적으로 위협하는 상황이 될 것이다. 이와 같이 악의적인 목적으로 작성된 어떠한 프로그램이나 코드를 악성프로그램, 악성코드 또는 악성소프트웨어라고 부른다.

악성코드의 기원과 역사를 살펴보면, 우선 존 폰 노이만John von Neumann이 자기복제 프로그램의 가능성을 이론적으로 설명했던 1949년을 시작으로 자기복제를 통해 시스템 자원을 점유해가며 결국 전체 컴퓨터 시스템을 마비시키는 프로그램이 처음으로 등장했던 1970년대로 거슬러 올라갈 수 있다.

하지만 프레드 코언Fred Cohen이 컴퓨터 바이러스 용어와 개념을 처음으로 정의했던 1983년과, 전 세계에 걸쳐 IBM PC 호환 컴퓨터의 부트섹터를 폭넓게 감염시켰던 브레인 바이러스가 처음 등장했던 1986년을 악성코드의 시작으로 보는 견해가 많다. 더구나 1988년에는 로버트 모리스라는 학생이 개발한 최초의 인터넷 웜 프로그램이 자기복제를 통해 네트워크 통신 자원을 점유하며 당시 BSD UNIX 운영체제 기반 컴퓨터 10%의 인터넷 연결을 마비시키는 사건이 발생하기도 했다. 특히 이것은 기술적으로 버퍼오버런이라 불리는 메모리 침해의 위험성을 단적으로 보여준 사건이기도 했다. 그리고 이어진 미켈란젤로, CIH 바이러스 등의 등장은 향후 스턱스넷, 미라이봇넷, 크립토락커 등으로 이어지는 오늘날의 악성코드 시대를 예고했다.

악성코드의 종류를 살펴보면, 자기복제 기능을 통해 그 수를 기하급수적으로 늘려가며 시스템 자원을 점유하고 고갈시키는 형태의 악성코드인 바이러스와 웜이 대표적이라고 할 수 있다. 전자가 기존의 프로그램을 호스트로 하여 여기에 기생하는 미완전 코드의 형태를 지니고 있다면, 후자는 일반 응용 프로그램과 마찬가지로 단독으로 실행될 수 있는 완전 코드의 형태를 지니고 있다는 큰 차이가 있다. 이와 같은 악성코드는 주로 잠복기라 불리는 자기복제 단계를 통해 세를 확장하고, 일종의 논리적인 조건이 맞거나 공격서버의 명령이 주어졌을 때 실행되는 형식으로 자신을 숨기며 실행되는 것이 일반적이다. 따라서 이와 같은 악성코드를 탐지하고 대응하기 위해서는 먼저 컴퓨터에 저장된 실행 프로그램의 모양과 특징을 파악할 수 있어야 하며 또한 실행단계에서도 면밀히 모니터링해 공격적인 패턴이 발견되었을 때 대응할 수 있어야 한다. 이미 이러한 탐지 및 대응 방법이 백신이라고 일반적으로 불리는 보안 프로그램을 통해 적용되고 있으며, 따라서 악성코드 개발자들은 이미 알려진 탐지 방법을 우회하기 위한 방법을 개발하여 적용하고 있다. 따라서 고도의 악성코드에 대한 탐지 및 대응은 점점 더 어려워지는 추세이다. 실제로 악성코드의 종류와 변종은 훨씬 더 많으며, 특히 최근에 가장 많은 분포를 갖고 확산되는 악성코드의 종류는 트로이목마이다. 이것은 다른 기능을 갖는 프로그램이나 실행코드에 은밀히 포함되어 유포되는 악성코드로서 일반적으로 실행되기 전까지는 발견하기 어려운 형태와 구조를 갖는다. 특히 봇넷이라 불리는 공격네트워크를 구성하는 좀비 PC를 만드는 요소가 되기도 한다. 이것은 어찌 보면 APTadvanced persistent threat 공격이라 불리는 지속적인 공격이나 스파잉, 그리고 DDoS 공격과 같은 대량 공격 시도가 만연해 있음을 보여주는 것이다.

악성코드의 최근 추세를 살펴보면 폭발적인 증가와 신속하고 폭넓은 확산으로 가늠해볼 수 있다. 예를 들어, 1998년에는 매일 발견되었던 새로운 악성코드 샘플의 수가 100개 미만이었다면, 2004년에는 1369개로 약 130배 증가했으며, 2014년에 이르러서는 무려 20만 개로 약 2000배, 그리고 불과 2년 만인 2016년 기준으로는 다시 두 배가 증가해 이제는 매일 35만 개 이상의 새로운 공격코드 샘플이 발견되고 있다. 하지만 이렇게 양적인 증가만 이루어진 것이 아니다. 최근 이슈가 되었던 랜섬웨어 워너크라이wannacry의 경우 단 하루 만에 무려 150개국 이상의 나라에 있는 컴퓨터 30만 대 이상을 신속히 감염시켰다. 그렇다면 어떻게 이런 사고의 발생이 가능했을까? 여러 가지 이유가 있겠지만 양적인 증가에 대해서는 무엇보다도 자동화된 악성코드 생성 도구를 통해 과거보다 신종 악성코드의 개발이 더 쉬워졌다는 이유가 있겠다. 예를 들어 2015년에 등장한 새로운 랜섬웨어는 약 34만 개 정도로 추산되는데 이 중에서 새로운 종류의 랜섬웨어는 불과 30개에 불과했다는 사실을 주목해볼 필요가 있다. 또한 카스퍼스키랩 리포트에 따르면 전 세계적으로 악성코드에 감염된 카스퍼스키 백신 소프트웨어 사용자 분포를 볼 때 여러 지역에 걸쳐 악성코드 감염이 만연해 있음을 알 수 있다. 특히 감염도가 높은 상위 20개 국가에서는 무려 평균 37%에 달하는 사용자 기기에서 적어도 하나의 악성코드가 발견되고 있다. 이런 지역적·전역적 감염 상태는 새로운 악성코드를 신속하고 폭넓게 확산하는 인프라가 되고 있는 것이다. 따라서 악성코드로 인한 실질적인 피해 규모는 점점 더 커지고 있으며, 이것은 정보통신기술 발전으로 인한 매우 심각한 부작용이라고 할 수 있을 것이다. 또한 이미 언더그라운드 마켓에서는 저가의 악성코드 툴킷과 함께 유출된 사용자 정보가 활발히 거래되고 있으며 특히 랜섬웨어로 인한 금전적 피해 규모도 크게 증가하는 추세이다.

이렇게 매일 무려 35만 개가 넘는 새로운 공격코드 샘플이 다양한 플랫폼에서 발견되고 있지만, 보안회사의 대응은 늘 새로운 악성코드의 등장을 따라가며 진행해야만 하는 한계가 있다. 하지만 다행히 그 대응 방법도 고도화, 지능화되는 추세이다. 따라서 일반 사용자들은 좀 더 철저히 백신 소프트웨어 등 보안 소프트웨어를 설치하고 업데이트 또한 철저히 하는 습관을 가지도록 노력해야 할 것이다.

5. 미래의 정보보안은 어떤 모습일까

18세기 중엽 영국에서 시작된 최초의 산업혁명은 증기기관 발명을 기초로 한 기계화 동력 중심의 기술 혁신을 통하여, 그동안 매우 오랜 역사를 가진 농업 중심 사회를 순식간에 공업 중심 사회로 탈바꿈시키는 대변혁을 가져왔다. 이러한 큰 변화의 흐름은 19세기 중엽으로 꾸준히 이어져 유럽과 미국 전역에 걸친 2차 산업혁명을 통해 화학, 전기공업을 시대의 중심으로 부각시켰다. 그리고 마침내 20세기 중엽에 이르러서는 컴퓨터를 탄생시켰고, 이어지는 반도체, 인터넷, 통신 기술의 발전을 통해 거대한 정보혁명, 즉 정보화 중심의 디지털 기술 혁신을 통한 3차 산업혁명을 이룩하게 되었다. 우리가 앞에서 다룬 정보보안과 보호란 바로 이러한 시대의 흐름 속에서 주로 컴퓨터, 인터넷으로 대표되는 3차 산업혁명 시대의 중심 키워드이다. 하지만 이미 고대에도 존재했던 암호화 기술의 개념은 정보보안과 보호가 비단 정보혁명 속에서만 다루어지는 것이 아니었다는 것을 알려준다. 즉 정보보안과 보호는 다양한 형태로 존재하며 시대가 바뀌어도 항상 필요했고 현재도 그러할 뿐만 아니라 앞으로도 계속 필요한 기술이며, 최근 정보혁명 시대에 그 기술이 비약적으로 발전하면서 우리에게 큰 관심을 불러일으키게 된 것이다. 그렇다면 이와 같이 크고 작은 기술 혁신의 흐름이 끊임없이 지속되어 초지능super intelligence 그리고 초연결hyper connectivity로 대표되는 4차 산업혁명시대에 본격적으로 들어서게 된다면 정보보안과 보호 분야에는 어떠한 혁신적 변화가 나타나게 될 것인가?

최근 정보보안 및 보호 기술이 크게 조명 받는 까닭은 무엇보다도, 정보화된 자산의 가치가 과거와 달리 폭발적으로 증대되었을 뿐만 아니라 이에 대한(주로 해커라 불리는) 공격자의 위협 또한 크게 늘어났기 때문일 것이다. 즉 3차 산업혁명 시대의 정보보안 및 보호는 주로 정보 자산을 안전하게 지키고 유지하는 데 초점이 맞추어졌으며, 공격자 역시 정보 자산을 불법 유출하거나 훼손하는 데 집중했다. 예를 들어 21세기 초 세상을 떠들썩하게 했던 코드레드나 마이둠과 같은 악성코드의 등장이나 인터넷에 대한 다양한 유형의 서비스거부DDoS공격은 결과적으로 컴퓨터와 인터넷 사용을 잠시 망가뜨리는 수준에 머물렀을 뿐이다. 비록 이로 인한 금전적인 피해나 불편은 막대했지만 그래도 결국 정보시스템 안에서 벌어지는 사건이었다. 하지만 이제는 전혀 다른 국면으로 들어서고 있다. 왜냐하면 바로 4차 산업혁명이란 흔히 말하는 초고도화된 인공지능, 사물인터넷, 클라우드컴퓨팅, 빅데이터 등 최첨단 정보통신기술이 로봇, 나노, 바이오 등 다양한 분야의 첨단기술과 긴밀히 결합되고, 그리고 특히 우리가 살고 있는 사회와 산업, 경제 전반에 걸쳐 전방위적으로 융합되는 2차 정보혁명, 즉 지능정보혁명이라 일컬어지고 있는 미래적 현실이기 때문이다. 다른 예를 하나 들자면 2010년경 세상을 떠들썩하게 했던 스턱스넷이라 불리는 악성코드의 등장을 생각해볼 수 있다. 이것은 그야말로 사이버 무기라 불리며 미국 이스라엘 연합과 당시 핵개발을 하던 이란 사이에 사이버 전쟁을 야기했다고 추정되는 사건으로 유명하다. 스턱스넷이란 특별히 독일 지멘스사의 산업제어 소프트웨어와 장비를 공격하는 웜 바이러스로서, 해당 장비가 설치된 산업시설을 감시하고 파괴하는 기능을 갖춘 특수한 공격형 악성소프트웨어이다. 그런데 이것의 변종이 주로 감염을 일으킨 나라가 바로 이란이었던 것으로 밝혀졌다. 추후 알려진 사실에 따르면 스턱스넷에 감염된 전 세계 컴퓨터 중 무려 60%가 이란에 소재했으며, 그 공격 목표는 바로 이란의 우라늄 농축 시설이었던 것으로 추정되었다. 이것은 산업제어시스템의 주요 프로그램 일부를 몰래 변조하여 특정 조건이 만족되었을 때 모터에 과부하가 걸리도록 만들고 루트킷 기술을 사용해 이에 대한 정보를 모두 숨겨 발견이 매우 어렵도록 했다. 공교롭게도 이 시점에 이란 핵시설의 원심분리기 성능이 무려 30%나 감소하고 결국 파괴되어 우라늄 농축 시설이 여러 차례 정지되었다고 보고되었다. 이와 같은 사건이 시사하는 바는 매우 크다. 바로 4차 산업혁명 시대를 맞이하면서 정보보안 및 보호의 문제가 이제 더 이상 정보시스템 안에서만 다루어지는 컴퓨터 보안만의 문제가 아니라는 것이다. 이것은 핵시설을 멈추게 하거나 파괴할 수도 있으며, 달리는 자동차를 멈추지 못하도록 제어하거나, 순식간에 도시를 정전 상태에 빠뜨릴 우려도 있다. 바로 우리 사회와 산업, 경제 전반에 걸쳐 융합되어 있는 실세계의 문제로 직결되어 우리의 생명이나 자산에 큰 위협이 될 뿐만 아니라 국가 간 새로운 전쟁의 양상도 만들게 된다는 것이다.

이와 같은 관점에서 주요 강대국들의 사이버보안 정책 기조를 살펴보면 다음과 같다.

우선 미국은 2009년 오바마 정부가 선도적으로 사이버안보정책을 정부 정책의 최우선 과제로 선정하고 사이버보안국과 사이버보안조정관을 신설하여 국가 사이버안보정책을 총괄 지휘하는 사이버안보 거버넌스 체계를 정립했으며, 2015년 이후 '2015 국가안보전략', 'US DoD 사이버전략', '사이버보안 국가행동계획' 등 선진적인 정책을 추진하며 국가 사이버보안을 크게 강화하고 있다.

중국은 2000년 중국공산당 제15기 5중전회에서 '정보 네트워크의 안전 보장체계 강화' 발표 이후 본격적인 법 제정과 조직적 대응을 시작했으며, 2016년 7월 '국가정보화발전전략 강요'를 통해 기술자립, 산업육성, 인터넷 안보 확보, 국제 질서 재편이라는 종합 전략을 제시하며 체계적이고 강력한 사이버 보안 제도화에 본격 돌입했다.

한편 일본은 2014년 발의한 '사이버보안기본법'에 근거하여 '사이버 보안 전략본부'를 설치하고 내각 관방에 사이버보안센터(NISC: National center of Incident readiness and Strategy for Cybersecurity)를 설치 운영하며 적극적인 사이버보안 정책을 실현하려 하고 있다.

4차 산업혁명시대에 본격화될 여러 응용 기술들, 예를 들어 인공지능 기술을 활용해 자율주행하는 자동차와 드론, 인간의 직업을 대체하는 로봇, 인간의 몸속에 삽입되는 바이오 정보처리장치 등을 상상해보라. 여기에 활용되는 인공지능 기술은 대체적으로 기계학습에 기반한 지능적 자율적 처리를 위한 응용 기술로서 빅데이터 등 여러 유형의 정보에 기반할 것이다. 그런데 이러한 기계학습 모델은 소위 말하는 잘못된 학습 또는 나쁜 학습 공격에 대해 취약할 뿐만 아니라, 학습 모델에 대한 우회 공격이나 사고에도 무방비로 노출될 우려가 있다. 예를 들어 자율주행 자동차가 교통표지판을 잘못 읽도록 유도하거나 환자의 몸에 부착된 휴대형 의료기기가 오작동하도록 명령을 주입하는 공격 기술과 그 결과에 대한 우려들은 이미 최근 다양한 매체를 통해 공개되어 비교적 잘 알려져 있다. 하지만 이것은 단지 시작일 뿐 실제로 4차 산업혁명시대의 정보보안 기술은 훨씬 더 어려운 난국에 처하게 될 것이다. 그중 하나는 바로 인공지능 기술이 역이용되어, 우리가 공격자의 공격 의도와 기능을 미리 예측하고 판단 대응하듯 공격자들도 우리의 대응 방법과 기능을 미리 예측하고 우회할 수 있다는 역설적인 점이다. 다시 말하면 공격자의 능력이 우리가 상상하는 것보다 훨씬 더 지능화, 자율화되고 강해질 수 있다는 것이다. 그뿐만 아니라 아마존 알렉사와 같이 편의성 향상을 위해 인공지능을 활용하는 여러 가지 기술들이 오히려 개인 정보를 침해하는 감시 기술로 쉽게 활용될 수 있다는 점도 큰 우려 사항이다. 한편 우리가 의존하고 있는 현대 암호 기술 중 공개키 암호 기술은 양자 컴퓨터가 본격적으로 등장하면 현재와 같은 안전성을 제공할 수 없게 되는 기술적 역설도 문제이다. 양자 컴퓨터는 기존의 전자 기술에 바탕을 둔 컴퓨터와 정보처리 방식에 차이가 있는데 놀랍게도 공개키 암호 기술이 의존하는 수학적 난제가 쉽게 연산되는 특징이 있다. 따라서 수학적 난제가 쉽게 풀리게 되면서 더 이상 현재의 공개키 암호를 사용할 수 없게 되며, 전자화폐나 공개키기반구조 등 공개키 암호나 전자 서명에 의존하는 여러 분야에 치명적일 수 있다. 종합해보면 4차 산업혁명시대가 되면서 오히려 공격자의 능력은 더 없이 강해질 수 있는 반면, 정보보안과 보호를 위한 우리의 방어 능력은 더 없이 취약해질 수 있다는 것이다. 따라서 우리는 이와 같은 큰 패러다임 이동에 대처할 수 있는 정보보안 및 보호에 대한 기술 인력 양성과 배출에 더욱 박차를 가해야 할 것이다. 이것은 기존 기술의 학습과 현재 업무만을 목표로 하는 것이 아니라, 본격적으로 4차 산업혁명시대를 준비하는 미래지향적인 학습과 연구를 통해 철저히 대비할 수 있도록 해야 할 것이다.

참고문헌

정보통신기술진흥센터. 2016. 「일본 정보보안 정책 현황」. ≪해외 ICT R&D 정책동향≫, 2016-02.

최윤정·박근영·김수연. 2016.12. 「4차 산업혁명 시대를 준비하는 중국의 ICT융합 전략과 시사점」. KOTRA.

Anderson, R. 2008. *Security Engineering, 2nd ed.* Wiley.

Kaspersky Security Bulletin 2016. "Review of the year. Overall statistics for 2016."

McAfee Labs. "Threat Report, 2016-2017."

Mosca, M. 2016.9.5. "A quantum of prevention for our cybersecurity." Global Risk Institute.

National Security Agency. 2016.1. "Commercial National Security Algorithm Suite and Quantum Computing FAQ."

Stallings, W. and L. Brown. 2015. *Computer Security, 3rd ed.* Pearson.

Symantec. "ISTR(Internet Security Threat Report), 2016-2017."

White House. 2015.2.6. "The 2015 National Security Strategy."

2부

경제·사회·문화

04

디지털경제의 일자리는 충분한가

곽정호
호서대학교 글로벌창업학과 교수

4차 산업혁명이란 초연결성, 초지능성과 같은 기술적 특성을 지니는 지능정보기술에 의해 과거의 산업혁명과 유사하게 우리 사회가 혁명적 변화를 경험하는 것을 의미한다. 4차 산업혁명의 기술적 동인이 되는 지능정보기술이란 인간의 고차원적 정보처리를 인공지능으로 구현하는 '지능기술'과 데이터·네트워크 기술(ICBM)에 기초한 '정보기술'을 결합한 형태를 의미한다. 이처럼 4차 산업혁명은 지능정보기술 기반의 파괴적 혁신을 통하여 새로운 부가가치를 창출하면서, 기술진보가 가속화될수록 산업, 고용, 사회 등의 다양한 영역에서 혁신적 변화를 초래할 것으로 분석된다. 특히 여러 분야의 융복합 산업이 활성화되는 디지털경제에서 가장 우려되는 사회적 변혁은 자동화·지능화된 기계 설비가 머지않은 미래에 인간의 노동을 대체할 것이라는 소위 '성장과 고용의 디커플링'이 현실화될 가능성에 관한 것이다. 이에 따라 4차 산업혁명의 진전이 미래 일자리와 어떤 관계를 지니고 있는지를 정확히 이해하고, 새로운 고용 환경의 변화에 대한 사회적 준비에 대해 심도 있는 고민이 필요한 상황이다. 이 장에서는 4차 산업혁명과 지능정보기술(인공지능, 정보통신기술)이 어떤 관계인지를 파악하고, 지능정보기술의 진전으로 인한 자동화·지능화가 미래 일자리를 실제로 줄어들게 하는지, 그리고 변화하는 사회적 환경에서 고용의 질과 유망 직종 변화 등 고용시장에 미치는 영향에 대해서도 살펴보고자 한다. 마지막으로 논의한 내용을 종합적으로 고려하여, 4차 산업혁명 시대의 도래라는 혁명적 변화에 효과적으로 대응하기 위한 바람직한 정책방향도 생각해보고자 한다.

1. 4차 산업혁명과 정보통신기술은 어떤 관계인가

산업혁명Industrial Revolution이란 18세기 중엽에 영국에서 시작된 기술혁신과 그 결과로 나타난 사회·경제 구조의 변혁을 의미한다. 지금까지 인류 역사의 발전 과정에서 영국의 산업혁명과 같은 큰 사회·경제 구조의 변혁은 3차례 있었던 것으로 분석된다. 알다시피, 1차 산업혁명은 영국의 증기기관 발명으로 시작되었으며, 이러한 기술혁신은 기존 사회의 물리적 거리가 주는 제약을 극복하고 제조업의 생산성을 증대시킴으로써 유통혁명이라는 사회적 변화로 이어졌다. 2차 산업혁명은 전기라는 혁신적 기술 발명에 의해 촉발되었는데, 공장이 24시간 동안 쉬지 않고 가동되는 생산의 극대화를 가능하게 함으로써 대량 생산의 제조혁명으로 이어졌다. 3차 산업혁명은 전자기기, 컴퓨터기술의 개발로 시작되었으며, 생산 과정을 전자기기, 컴퓨터기술로 자동화하여 단순노동이 아닌 인간의 지적노동까지도 기계가 대체할 수 있음을 인지했고, 개인용 컴퓨터, 스마트폰 등을 비롯한 다양한 정보기기가 등장하는 정보화 혁명을 초래했다.

이런 배경하에, 2016년 1월 다보스포럼에서는 "새로운 기술혁명이 우리의 삶을 근본적으로 변화시키고 있다"며 4차 산업혁명을 새로운 의제로 제시했는데, 이에 대한 논의가 세계적으로 주목받고 있다. 즉, 전자기기와 컴퓨터 기술을 넘어서는 새로운 기술혁신으로 4차 산업혁명이라고 불릴 만한 패러다임 변화가 나타나고 있다는 것이다. 이러한 변화를 확인할 수 있는 사례로 디지털, 바이오영역 등 다양한 분야의 '기술융합'을 통한 사이버물리시스템(CPS: Cyber Physical System)이 구축되면서 출현하는 스마트공장을 들 수 있으며, 이 외에도 사물인터넷을 비롯한 디지털기술, 물리학기술, 생물학기술 등 다양한 분야의 기술들이 접목될 것으로 전망된다.

표 4-1 4차 산업혁명의 트렌드와 핵심 기술

구분	핵심 기술	설명
물리학	무인 운송 수단	센서·인공지능 발달로 드론, 항공기 등 무인 운송 수단 활성화
	3D 프린팅	기존의 절삭가공이 아닌 적층방식으로 제작 다품종 소량 생산에 적합하며 의료, 자동차, 항공우주 등 광범위한 범위에 적용 가능
	로봇 공학	센서 및 인공지능의 발달로 다양한 업무 수행 가능 사물인터넷 및 네트워킹 발달로 인간과 밀접한 협업 가능
	신소재	그래핀(graphene)과 같은 최첨단 나노 소재는 강철보다 200배 이상 강하며, 두께는 머리카락의 100만분의 1인 혁신적 신소재
디지털 기술	사물 인터넷	작고 저렴해진 센서 기술 발달로 제조공정, 물류, 집, 운송망 등 다양한 분야에서 사물인터넷 확산
	블록체인 시스템	서로 모르는 사용자들이 공동으로 만들어가는 시스템으로 모두에게 공유되기에 특정 사용자가 시스템을 통제하기 어려움 금융거래, 증명서, 의료기록 등에 적용 가능
생물학 기술	유전학	유전자 염기서열분석 비용은 줄고 절차는 간단해짐
	합성 생물학	DNA 데이터를 기록하여 유기체 제작 가능, 심장병, 암 등 난치병 치료에 적용 가능하며 농업 등에도 새로운 대안 제시
	유전자 편집	유전자 편집 기술을 통해 인간의 성체세포를 변형할 수 있고 유전자 변형 동식물도 만들어 낼 수 있음

자료: 클라우스 슈밥, 『제4차 산업혁명』, 송경진 옮김(서울: 새로운 현재, 2016).

새로운 기술혁신 패러다임에 다양한 혁신 기술들이 영향을 미칠 것으로 평가되는 가운데, 4차 산업혁명을 초래할 핵심 범용 기술이 무엇인지에 대한 논의가 심도 있게 진행되고 있다. 다수의 연구자들은 4차 산업혁명의 핵심 범용 기술로 지능정보기술을 주목하고 있다. 여기서 지능정보기술이란 지능기술과 정보기술을 통칭하여 부르는 용어인데, 지능기술은 인공지능(AI: Artificial Intelligence) 기술을 의미하며, 정보기술은 새로운 정보통신기술(ICT: Information Communication Technology)을 의미한다. 특히 4차 산업혁명의 핵심 범용 기술로 평가되는 정보통신기술은 4가지인데, 이를 대륙간 탄도미사일의 약자와 동일하게 ICBM이라고 통칭한다. 이 기술을 구체적으로 살펴보면 첫째, 사물인터넷Internet of Things은 모든 사물에 센서를 부착해 인터넷으로 연결하는 기술이다. 연결 대상이 모든 사물까지로 폭발적으로 증가함에 따라 장기적으로 기계 학습, 인공지능이 결합될 것으로 예측되고 있다. 둘째, 클라우드 컴퓨팅cloud computing은 데이터 저장·처리·가상화 기술이 발전함에 따라 방대한 데이터를 신속하고 정확하게 처리할 수 있는 기술이다. 셋째, 빅데이터big data는 대용량 데이터를 처리하는 기술을 의미하며, 과거부터 누적된 데이터를 처리할 수 있게 되면서 복잡한 의사결정을 지원하는 데 활용되고 있다. 넷째, 모바일mobile은 대용량 어플리케이션, 개인화된 서비스 등을 처리할 수 있는 고속의 네트워크 기술이며, 5G 통신망이 핵심적인 네트워크가 될 것으로 분석되고 있다. 이러한 결과를 종합하면, 4차 산업혁명의 기술적 혁신을 촉발하는 핵심 동인이 되는 기술이 바로 정보통신기술이라고 할 수 있다.

한편, 다양한 분야의 산업에서 4차 산업혁명의 핵심 기술로 거론되는 드론, 3D프린팅, 유전자가위, 로봇기술 등은 산업 전반에 활용될 수 있는 범용 기술이 아니라 제조, 의료, 금융, 생명공학 등 특정 분야에 사용되는 분야별 핵심 기술이라고 할 수 있다. 즉, 4차 산업혁명의 환경에서 특정 산업 분야의 혁신이 가능하려면 지능정보기술이라는 범용 기술과 해당 분야의 핵심 기술들이 적절하게 융복합되어야 이루어질 수 있다. 가령 지능형 금융 산업의 혁신은 인공지능, 정보통신기술ICBM을 기반으로 하고 금융 산업의 핵심 기술인 블록체인 기술이 결합되는 구조라고 할 수 있다. 4차 산업혁명과 연관된 분야별 핵심 기술 간의 계층구조는 〈그림 4-1〉처럼 도식화할 수 있다.

그림 4-1 4차 산업혁명의 기술적 계층구조

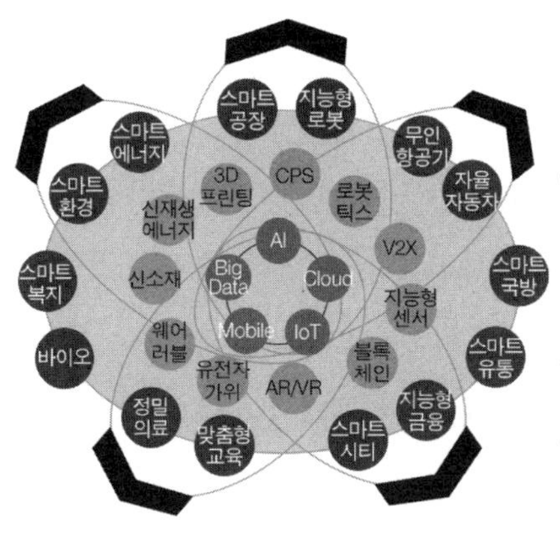

● 범용 기반기술
● 분야별 핵심기술
● 분야별 혁신 사례

● AI, Big Data, Cloud, IoT, Mobile 등은 여러 분야에 범용으로 영향을 미쳐 4차 산업혁명의 핵심동인으로 평가 받는 기술
* 전문가의 68.4%가 4차 산업혁명의 동인으로 AI, 데이터, 네트워크 기술 선정 (WEF, '16.1)

● 3D프린팅, 신재생에너지, 유전자가위 기술 등은 제조, 에너지, 의료 등 특정 분야 혁신에 주로 사용

● 범용기술은 기존 산업 및 서비스 분야와 융합하여 혁신을 유발
예) AI, Mobile + 자동차 -〉 무인자동차
AI, IoT + 공장 -〉 스마트 공장

자료: 관계부처 합동, 「혁신성장을 위한 사람 중심의 4차 산업혁명 대응계획」(2017).

2. 4차 산업혁명시대, 경제성장과 일자리의 관계는

4차 산업혁명 시대 경제정책의 핵심은 지능정보기술을 활용하여 전통적인 산업의 생산성을 개선하는 동시에 다양한 융복합 산업을 발굴하고 새로운 산업을 육성하는 것이다. 즉, 고도화된 지능정보기술에 기초한 기술 진보에 의해 동일한 노동과 자본으로 더 많은 재화를 생산해내는 것이다. 특히 인공지능, 사물인터넷, 클라우드 컴퓨팅, 빅데이터, 모바일 기술 등 지능정보기술은 초연결성hyper-connected, 초지능성hyper-intelligent이라는 기술적 특성을 지니며, 이러한 기술적 특성은 인간의 육체적, 지적 영역을 자동화·지능화된 기계가 대체하면서 광범위한 기술 진보를 유발할 것으로 예측된다. 이처럼 새로운 기술혁신에 의한 경제성장은 경제학 이론으로도 지지되는데, 창조적 파괴의 중요성을 강조한 슘페터(1912), 내생적 성장이론을 정립한 솔로우(1956), 지식 및 창조적 아이디어에 의한 혁신을 제기한 폴 로머(1986) 등이 기술 진보에 의한 승수효과를 강조하고 있다.

하지만 급속한 기술 진보에 의한 생산성 향상 및 효율화가 항상 긍정적인 효과만을 유발하는 것은 아니다. 지능정보기술에 의해 초래될 사회경제적 변화 중에서 가장 심각한 사회문제는 일자리가 감소할 것이라는 전망이다. 즉, 기술 진보에 의해 지속적으로 경제가 성장해도 일자리가 증가하지 않는 이른바 '고용 없는 성장'이 현실화될 것이라는 우려이다. 대표적으로 2017년 다보스 세계경제포럼에서는 4차 산업혁명으로 요소생산성이 크게 증가하는 반면에 고용에서는 일자리 510만 개가 감소할 것이라고 전망했다. 이러한 내용을 구체적으로 살펴보면, 4차 산업혁명은 디지털 기기와 인간, 물리적 환경의 융합을 통해 전체 산업에서 생산, 분배, 소비의 방식을 빠르게 변화시킬 것이며, 로봇과 인공지능으로 생산방식이 지능화·자동화되면서 인간의 일자리가 줄어들고 부의 불평등을 심화시킬 가능성이 있다고 분석했다. 이러한 결과, 로봇과 인공지능으로 인해 향후 5년 동안 선진국과 신흥 시장 15개 국가에서 710만 개의 일자리가 사라질 것으로 예상되며, 특히 사무관리직군에서만 470만 개 일자리가 줄어들 것으로 전망된다. 이에 비해 신규 일자리는 200만 개 정도 증가에 불과할 것으로 보인다. 또한 맥킨지(2017. 11)에서도 4차 산업혁명으로 인한 생산 공정의 자동화로 일자리 감소와 급격한 직종의 변동을 예상하고 있다. 즉, 4차 산업혁명의 기술적 기반인 지능정보기술이 본격적으로 활용되면 전체 공정의 60%, 전체 작업량의 3분의 1 정도까지 자동화가 가능해져, 2030년까지 4억 명(자동화율 15%)에서 최대 8억 명(자동화율 30%)의 사람이 일자리를 잃을 가능성이 있다고 전망한다.

그림 4-2 2015~2020년 직업군별 고용자 수 증감

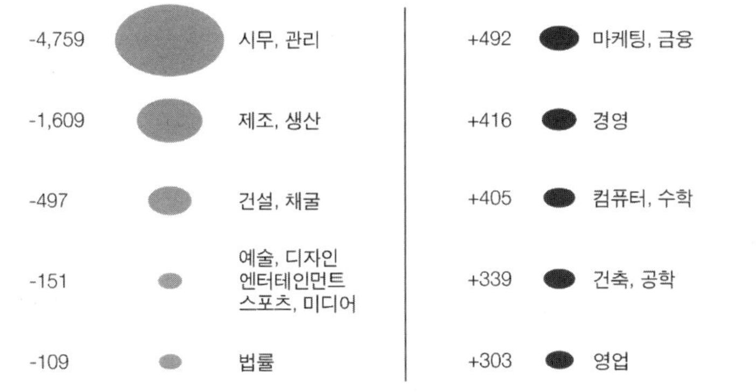

자료: 세계경제포럼, 『The Future of Jobs』(2016).

그러나 4차 산업혁명의 급속한 기술 진보가 오히려 일자리에서도 긍정적일 수 있다는 반론도 다수 제기되고 있다. 반대론의 핵심 논거는 주로 경험적인 근거에 기인하는데, 16세기 이후에 500년 이상 자동화로 인한 일자리 상실을 우려했으나 이는 현실화된 적이 없었으며 오히려 새로운 일자리가 더 많이 생겼다는 것이다. 대표적으로 마이크로소프트의 창업자인 빌 게이츠는 지금까지 기술의 진보는 인간 사회에 해악을 미치기보다는 좋은 영향을 주어왔다고 낙관하고 있으며, 미래학자 토머스 프레이(2015)도 미래 일자리 중에서 60%는 아직 만들어지지도 않았다고 주장하고 있다. 이론적으로도 갈리(1999), 울릭(2004) 등과 같은 학자들은 미국의 경우에 기술혁신으로 인한 생산성 향상이 단기적으로는 고용 감소를 가져왔으나 장기 고용에는 영향이 없었다고 분석하고 있다. 이 외에도 OECD(2016)에서는 개인형, 맞춤형 서비스 등과 같은 서비스 사회의 진전으로 신규 일자리가 증가하고 있기 때문에 최소한 10년 이상은 지능정보기술로 인한 기술혁신이 노동시장

에 실질적인 영향력을 미치지 못한다는 현실론적 시각도 있다.

이처럼 4차 산업혁명 환경하의 경제성장과 일자리 사이의 상관관계에 대한 낙관론과 비관론이 대립하는 가운데, 국내 실증 자료에서는 성장과 고용의 디커플링de-coupling이 통계적으로 확인되고 있다. 구체적으로 한국고용정보원(2016)에서 한국은행 통계를 이용하여 GDP 성장률과 취업자 증가율의 상관계수 변화를 분석해보았는데, 2001~2008년의 상관관계는 0.84였으나 2009~2015년에는 0.50으로 급속히 하락한 것으로 나타났다. 즉, 이러한 수치는 경제성장을 통한 고용창출 능력이 현저히 저하되고 있음을 보여주는 결과이다. 최근 통계에서도 이러한 경향이 나타나고 있는데, 〈그림 4-3〉은 경기가 완만한 속도로 회복되고 있음에도 불구하고 취업자 수의 증가세는 오히려 감소하고 있음을 보여주고 있다.

이러한 논란의 배경하에, 모든 일자리 감소의 원인이 지능정보기술에 의한 자동화·기계화의 영향이라고 단언하기는 어려우나, 4차 산업혁명의 진전에 따른 일자리 감소 현상이 점차 현실화됨에 따라, 미국·일본·프랑스를 비롯한 주요 국가에서는 일자리 감소를 사회적 문제로 인식하기 시작했고, 이를 해결하기 위한 다양한 정책 방안을 모색하는 상황이다. 예를 들어 EU 의회에서는 2017년 2월에 기계로 인한 일자리 손실에 대한 대가로 로봇세robot tax 도입을 표결했으나 아직까지는 로봇산업의 경쟁력과 새롭게 창출하는 생산성에 악영향을 미칠 수 있다는 이유로 부결된 바 있다. 또한 프랑스는 로봇 소유자에게 세금을 부과하는 정책이 대선공약으로 제기되었고, 핀란드에서는 전 국민에게 기본소득을 지급하여 일자리 문제를 해결하려고 한다. 이러한 맥락에서 최근 들어 한국에서도 일자리 문제를 해결하기 위해 소득 주도 성장을 비롯하여 성장의 과실을 일자리를 늘리는 방향으로 연계하는 정책을 적극적으로 추진하고 있다.

그림 4-3 경제성장률과 취업자 증가율 추이(2000~2015년)(단위: %)

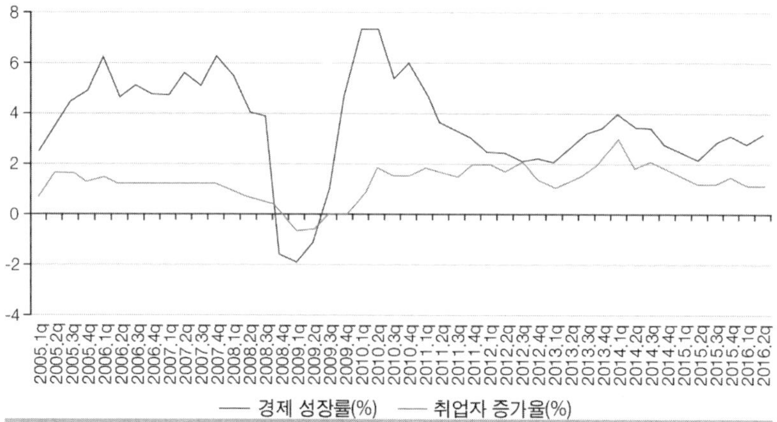

자료: 한국고용정보원, 『통계로 본 노동동향』(2016).

지금까지의 분석 결과를 종합할 때, 4차 산업혁명이 진전될수록 자동화·지능화된 기계로 인해 일자리가 감소하는 현상은 불가피한 측면이 있으나, 반대로 새로운 재화와 서비스를 생산하기 위해 요구되는 일자리 수요도 동시에 증가할 것으로 분석된다. 즉, 기존 일자리가 사라지고 새로운 직종과 사업, 산업 분야가 창출되는 자본화 효과가 동반될 것이다. 따라서 4차 산업혁명은 아직까지는 진행형이므로 경제가 성장해도 일자리가 감소할 것이라고 단언할 수는 없으며, 경험적으로 인류는 1, 2, 3차 산업혁명의 진행 과정에서도 일자리 감소에 대한 우려를 극복했기 때문에 성급한 두려움을 가질 필요는 없어 보인다. 다만, 4차 산업혁명의 진행 과정에서 성장과 분배의 선순환효과 약화, 새로운 직무의 등장 및 재교육 필요성 증대, 기술 수요와 교육의 불일치 강화 등과 같은 새로운 형태의 문제점들이 계속 등장하고 있어, 기존과 같은 성장 위주의 정책만으로는 제기된 어려움을 해결하기 어렵다는 의견이 공감대를 얻고 있다.

3. 선진국과 비교해서 지능정보기술의 격차는 어느 정도인가

4차 산업혁명과 같은 혁명적 변화 과정은 정확한 이해와 대응 여부에 따라 개인·기업뿐 아니라 국가경쟁력에 근본적 차이가 발생하며, 이는 국가의 명운을 결정할 수도 있다. 과거 한국을 포함하여 산업화에 늦었던 많은 국가들이 선진국의 식민지로 전락하거나 체제 붕괴를 경험한 사례가 그 결과를 잘 보여준다. 이러한 역사적 배경에 따라, 해외 주요 선진국은 지능정보기술의 고도화가 궁극적으로 경제·사회 전반의 대변혁인 4차 산업혁명으로 이어질 것이라는 전망하에, 자국의 강점을 기반으로 4차 산업혁명에 뒤처지지 않기 위한 차별화된 대응정책을 적극적으로 추진하고 있다. 예를 들어 미국, 독일 등은 기술 기반의 혁신 주도 성장을, 일본은 제반 사회문제를 해결하기 위한 종합 정책 방안을 추진 중이다.

표 4-2 주요 국가의 4차 산업혁명 정책 방향

구분	미국	독일	일본	중국
핵심 전략	AMP 2.0 (2013.9월)	Industry 4.0 (2011.4월)	4차 산업혁명 선도전략(2016.4월)	중국제조 2025(2015.5월) 인터넷 플러스(2015.7월)
특징	◦ 기술과 자금 보유한 기업 주도 ◦ 제조업 중심	◦제조업과 ICT융합 ◦국제표준화 선도	◦ 기술, 인재육성, 금융, 고용, 지역 경제 등 종합 대응	◦ 제조업 발전을 통한 경쟁력 제고 ◦ 규모의 경제가 가능한 내수시장
핵심 내용	최고 기술력을 갖춘 자국 ICT·SW 기업이 혁신 서비스를 지속 창출할 수 있도록 AI 원천기술 개발, 공공시장 활용 등 직간접적 지원	2011년 인더스트리 4.0을 수립해 자국이 경쟁력을 가진 제조업 분야의 혁신을 전략적으로 추진	'15년 로봇신전략을 통해 인공지능 기반의 지능형 로봇을 농업·의료·제조업 등 각 분야에 활용해 저출산·고령화 대응	'15년 인터넷 플러스 전략을 통해 전 산업과 인터넷을 연결해 새로운 경제생태계 창조 추진, AI 기술력 확보를 위한 국가연구소 설립 추진

자료: 관계부처 합동(2017), 이재원(2016), 조윤정(2017) 재정리.

표 4-3 4차 산업혁명을 준비하기 위한 5대 요소별 국가 순위

순위	국가	노동시장 유연성	기술 수준	교육 수준	인프라 수준	법적 보호
1	스위스	1	4	1	4.0	6.75
2	싱가포르	2	1	9	3.5	9.0
3	네덜란드	17	3	8	6.5	12.50
4	핀란드	26	2	2	19.0	1.25
5	미국	4	6	4	14.0	23.00
6	영국	5	18	12	6.0	10.00
7	홍콩	3	13	27	4.5	10.00
8	노르웨이	9	7	13	19.0	11.50
9	덴마크	10	9	10	15.5	17.75
10	뉴질랜드	6	10	24	21.5	6.25
11	스웨덴	20	12	7	12.0	19.75
12	일본	21	21	5	12.0	18.00
13	독일	28	17	6	0.5	18.75
14	아일랜드	13	15	21	19.0	11.50
15	캐나다	7	19	22	16.0	20.50
25	한국	83	23	19	20.0	62.25
28	중국	37	68	31	56.5	64.25

자료: 현대경제연구원, 『4차 산업혁명의 등장과 시사점』(2016).

이러한 가운데, 한국도 주력 산업 침체, 보호무역주의 확산 등으로 대내외적 경제성장의 위협 요인이 가중되고 저출산·고령화로 인해 고착화된 저성장을 탈피하기 위해 4차 산업혁명을 활용하기 위한 정책 방안을 적극적으로 모색하고 있다. 하지만 아직까지 4차 산업혁명을 적절히 준비하고 있는지 평가하는 준비지수에서는 국제적·사회적 위치, 상대적인 경쟁력 등에서 선진국과 상당한 격차가 있다. 현대경제연구원(2016)에서는 스위스금융그룹 유비에스UBS의 국가별 4차 산업혁명 준비지수를 발표했는데, 한국의 종합 순위는 25위로 평가되었다. 이 자료에서 한국은 원천 기술 측면에서는 선진국에 비해 상당히 뒤처진 상태이나, 우수한 ICT인프라, 제조업경쟁력 등은 상대적인 강점으로 조사되었다.

국가 간의 종합적인 준비지수와 더불어 핵심 범용 기술인 지능정보기술 수준에서도 4차 산업혁명을 선도하고 있는 미국과 독일을 비롯한 선진국과 상당한 격차를 보이는 것으로 나타났다. 구체적으로 정보통신진흥기술센터(2017)의 자료에서 국가 간의 기술 수준 차이를 확인할 수 있다. 이에 따르면, 첫째, 사물인터넷은 미국을 100%로 볼 때, 한국은 기술 수준 80.9%, 기술 격차 1.2년으로 나타났다. 해당 기술의 파급 효과가 높은 IoT 플랫폼, 서버 등에서 향상 노력이 필요한 것으로 분석되었고, 특히 스마트공장의 핵심 기술인 CPS기술이 75.5%로 다른 나라에 비해 기술 수준이 가장 낮은 것으로 나타났다. 둘째, 클라우드 컴퓨팅에서도 기술 수준 77.0%, 기술 격차 1.8년으로 조사되었고, 클라우드 컴퓨팅을 공공 및 민간 부문에 적극 적용함으로써 기술력을 향상하는 노력이 요구되었다. 셋째, 빅데이터 기술도 기술 수준 76.3%, 기술 격차 1.6년으로 나타나서, 국가적으로 적극적인 데이터 공개 방안을 마련해 오픈 소스 기반의 플랫폼 진화를 활발히 전개할 필요성이 있는 것으로 나타났다. 넷째, 모바일 기술은 기술 수준 90.6%, 기술 격차 0.8년으로 상당한 경쟁력을 갖추고 있으나, 지속적 기술 우위를 위해서 5G 통신망의 고도화가 시급한 것으로 조사되었다. 마지막으로 인공지능·인지컴퓨팅은 기술 수준 70.5%, 기술 격차 2.4년으로 가장 격차가 큰 분야로 조사되었는데 국가 사회적·경제적으로 전략적인 R&D 투자가 필요한 것으로 분석되었다. 기계학습 70.4%, 인공지능 69.5%, 휴먼컴퓨팅·마인드웨어 68.5% 등 전반적으로 기술력이 낮은 것으로 나타났다.

이러한 연구 결과를 종합해볼 때, 한국의 지능정보기술은 경쟁 관계의 주요 국가와 비교해서 상당히 뒤처져 있는 실정이며 신흥국들의 추격도 급속히 진행되고 있는 상황이라고 할 수 있다. 중국이 자본을 바탕으로 빠른 속도로 추격하면서, 이미 주요 첨단 기술 분야에서 한국을 앞지르거나 기술 격차를 상당히 좁힌 상황으로 평가되기도 한다. 예를 들어 국제무역연구원(2018)은 중국의 인공지능 기술 수준이 한국과 0.1년 차이에 불과하여 거의 동일한 기술 수준으로 보아야 한다는 연구 결과를 내놓았다. 더욱 우려되는 것은 4차 산업혁명의 핵심 범용 기술인 지능정보기술의 기술 격차가 새로운 융복합 산업의 발굴을 지연시킴으로써 국가 차원의 성장 동력 마련 및 산업 전반의 혁신을 저해할 가능성이 있다는 것이다. 이에 따라 4차 산업혁명 시대에 중장기적인 국가 산업 경쟁력을 회복하기 위해 핵심 범용 기술인 지능정보기술의 기술 격차를 획기적으로 해소하기 위한 체계적인 국가 R&D 정책 방안을 조속히 마련해야 한다.

4. 4차 산업혁명 시대 유망한 일자리는 무엇인가

이처럼 4차 산업혁명 환경에서는 전통적 고용시장에서 유지되던 일자리의 특성이 불확실해지면서, 미래에도 유망한 직업이 무엇인지, 새롭게 대두되는 유망 직업을 갖기 위해 개인에게 요구되는 역량은 무엇인지에 대해 다양한 논의가 진행되고 있다. 이와 관련, 2017년 세계경제포럼(WEF: World Economy Forum)은 「직업의 미래(The Future of Jobs)」라는 보고서를 통해 급변하는 4차 산업혁명의 환경에 적합한 새로운 인재에게 요구되는 역량과 미래 사회의 유망 직업이 무엇인지를 전망했다. 이에 따르면, 4차 산업혁명의 인재에게 요구되는 역량은 일상생활에서 핵심기술을 적용시키는 기초 문해의 능력, 복잡한 도전 사항에 대처하는 역량, 변화하는 환경에 어떻게 대

표 4-4 WEF에서 제시한 2020 인재 역량 순위

중요도 순위	내용	순위 변동(2015 비교)
1	복잡한 문제 해결 능력	변동 없음
2	비판적 사고력	2단계 상승
3	창의력	7단계 상승
4	인간관계 관리 능력	1단계 하락
5	타인과의 협업 능력	3단계 하락
6	감정/정서 지능	새로 진입
7	판단 및 결정 능력	1단계 상승
8	서비스 기반 능력	1단계 하락
9	협상 능력	4단계 하락
10	인지 유연성	새로 진입

자료: WEF, *The Future of Jobs*(2017).

처할지를 판단하는 인성 자질이 중요하다고 분석되었으며, 세부 역량 요소는 〈표 4-4〉와 같이 조사되었다. 또한 데이터 분석가, 컴퓨터·수학 관련 직업, 건축·엔지니어링 관련 직업, 전문화된 세일즈, 전환 기간의 수석 매니저, 제품 디자이너, 인사·인력개발 전문가, 대관업무 전문가 등을 미래에도 가장 유망한 8개의 직업군으로 제시했다.

한편 국내에서도 4차 산업혁명 환경에 부합하는 새로운 인재에 필요한 역량과 미래의 유망 직종에 대한 분석이 다양하게 모색되고 있다. 구체적으로 한국고용정보원(2017)은 4차 산업혁명으로 인해 한국에서도 미래 직업의 세계가 크게 변화할 것으로 전망하며, 단순 반복적, 저숙련적 직업, 정교하지 않은 동작을 하거나 사람과의 소통이 적은 직업은 사라질 가능성이 높은 반면 중요한 의사결정을 하거나 인간의 감성에 기초한 예술 관련 직업군은 인공지능과 로봇으로 대체될 가능성이 낮은 것으로 분석했다. 미래 직업 환경

표 4-5 WEF에서 제시한 2020 인재 역량 순위

첨단 과학기술 사업 분야		삶의 질·복지·공공안전 분야
인공지능 전문가	착용로봇 개발자	사이버포렌식 전문가
빅데이터 분석가	드론운항 관리사	범죄예방환경 전문가
가상현실 전문가	스마트도로 설계자	동물매개 치료사
사물인터넷 전문가	개인간 대출 전문가	도그워크
공유경제 컨설턴트	의료정보 분석사	크루즈 승무원
로봇 윤리학자	스마트팜 구축가	메이커스랩 코디네이터
스마트의류 개발자	엑셀러레이터 매니저	감정노동 상담사

자료: 김한준, 『4차 산업혁명이 미래 직업세계에 미치는 영향』(2017).

의 변화를 고려하여 인공지능 전문가, 로봇 윤리학자, 동물매개 치유사, 감정노동 상담사 등이 유망 직종으로 선정되었으며, 분야별 세부 유망 직종은 〈표 4-5〉와 같이 도출되었다. 세부 유망 직종에서도 지능정보기술과 연관된 첨단 과학기술 분야이거나 반대로 인간만이 할 수 있는 분야의 직업들이 유망한 것으로 나타났다.

결과적으로 4차 산업혁명이 진전될 미래에는 유망 직업의 변화 속도와 깊이를 정확하게 예측하기 힘들 것이며, 어떤 직업이 유망 직업이 될 것인지에 대해서도 극심한 변동이 불가피할 전망이다. 실제로 주요 기관 및 연구자들도 제각기 다른 예측 결과를 내놓기 때문에 유망 직종에 대해 뚜렷한 결론을 내기는 어렵다. 하지만, 최소한 인간의 지적·육체적 업무의 대체가 지속적으로 일어난다는 것과 단순 반복 업무나 매뉴얼에 기초한 업무의 상당 비율이 대체될 것이라는 점은 공통적으로 예측되고 있다.

이러한 연구 결과에 비추어볼 때, 지능정보사회가 도래할 미래에는 텔레마케터·콜센터 상담원 등 매뉴얼로 이루어지는 직종이나 의료, 법률 상담가와 기자 등의 일부 전문 서비스 직종, 운송업자나 노동 생산직 등의 직종은 대체될 가능성이 높은 반면에, 사람을 직접 돕고 보살피거나 다른 사람을 설득하고 협상하는 등의 면대면 위주의 직종, 예술적·감성적 특성이 강한 분야의 직종, 혹은 기존의 방식과는 다른 참신한 방법으로 여러 아이디어를 조합하거나 창조적 사고 방식을 필요로 하는 일들은 새로운 유망 직업으로 부각될 가능성이 높다고 하겠다.

5. 4차 산업혁명에서 앞서가기 위한 한국의 정책적 대응은

과거 한국은 산업화에 늦어 다른 나라의 식민통치를 받기도 했으나, 3차 산업혁명인 정보화 혁명에 성공하여 정보통신기술 강국으로 선진국 도약의 기반을 마련했다. 이제 새로운 패러다임 변화를 맞이하는 상황에서, 경쟁 관계의 다른 선진국보다 4차 산업혁명에서 앞서가기 위해 체계적이고 효과적인 정책 대응 노력이 절실한 상황이다. 하지만 4차 산업혁명을 주도하기 위해 정부가 정책적으로 어떻게 대응하는 것이 효과적인지는 관련 이슈별로 다양한 이견이 제기되고 있다. 즉, 국가 주도와 민간 주도, 규제개혁의 방식(예: 개인 정보 보호 강화 vs 신산업 육성), 핵심 육성 산업의 선별, R&D 예산 집행 방식 등에서의 논란이 대표적인 사례이다.

이러한 가운데, 2017년 정부는 4차 산업혁명을 준비하기 위해 4차 산업혁명위원회를 구성하고 종합적인 대응 전략을 발표했다. 이 전략의 핵심 기조는 '혁신을 지향하는 따뜻한 성장'으로 요약할 수 있다. 즉, 새로운 미래의 흐름Mega Trend을 앞두고 신산업과 수요를 창출하는 국가의 성장 동력을 발굴하는 동시에, 성장의 결실이 소득·일자리 등과 같은 분배로 원활히 연계되는 혁신 전략을 의미한다. 다시 말해 정부는 성장과 고용 디커플링에서 알 수 있듯이 성장과 분배의 선순환이 단절된 상황에서 기존과 같은 성장 위주의 정책만으로는 한계가 있다는 점을 인식하고 성장과 분배를 연계하는 방식을 기본적인 정책 방향으로 설정했다.

4차 산업혁명위원회에서 수립한 정책 방안을 중심으로 국가 차원의 정책 대응을 구체적으로 살펴보면 다음과 같다. 첫째, 4차 산업혁명의 핵심인 지능정보기술에 기초하여 선진국과의 기술경쟁력에서 경쟁 우위를 확보하고 새로운 성장산업을 만들어내야 한다. 다시 말해 과거 산업혁명의 진화 과정을 고려할 때, 4차 산업혁명도 기술적 쇼크 → 산업·경제 변화 → 사회 제반의 변화로 이어질 것으로 예측되므로, 초기에는 기술적 쇼크를 유발할 기술 혁신이 매우 중요하며, 이처럼 기술적 기반이 만들어지면 모든 분야의 융복합에 접목될 범용 기술인 인공지능, 정보통신기술ICBM을 다양한 분야의 응용 기술과 결합하여 관련 사업의 제품·서비스 혁신을 모색해야 한다는 것이다. 특히 초기에는 핵심 범용 기술을 중심으로 기술 주도technology push의 공급정책이 요구되므로 핵심 인프라인 5G 네트워크, 사물인터넷IoT 전용망을 다른 나라보다 먼저 선점하는 것이 중요하며, 지능정보기술 기반의 정보통신망과 분야별 핵심 산업을 연계해 조기에 융복합 산업을 발전시키는 전략이 효과적일 것으로 분석된다. 따라서 핵심 융복합 산업인 전기자동차, 자율주행차, 신재생에너지, 인공지능, 3D프린팅, 빅데이터, 산업로봇 등을 전략적 우선순위에 따라 선별적으로 집중하여 육성할 필요가 있다. 둘째, 기술 혁신으로 인한 융복합 산업 발전 및 성장의 결실이 소득, 일자리 등으로 연

그림 4-4 지능정보기술과 융복합 활성화 모델

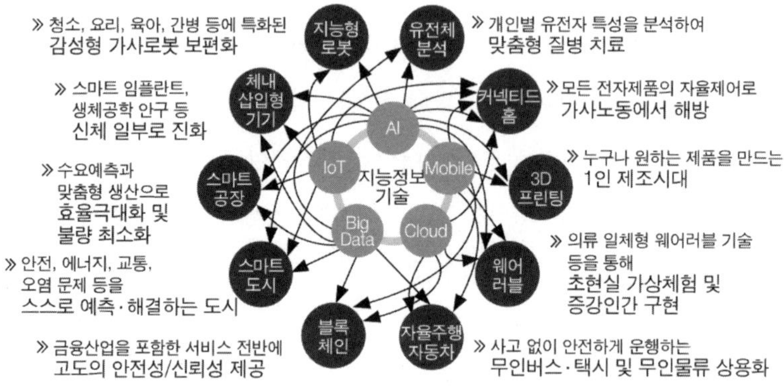

자료: 관계부처 합동, 「혁신성장을 위한 사람중심의 4차 산업혁명 대응계획」(2017).

계될 수 있도록 사회적 경제와 연관된 정책을 도입, 활용하는 방안을 적극 고려할 필요성이 있다. 대표적인 사례로 과거 스웨덴의 총리 한손은 1930년대 대공황의 어려운 상황을 '국민의 집'이라고 불리는 사회적 대타협을 통해 새로운 복지국가의 성공모델을 제시했고, 미국 민주당의 대선 후보였던 버니 샌더스도 미국 벌링턴 주에서 소상공인을 육성하여 경제성장과 일자리 나누기 정책을 추진한 경험이 있다. 또한 EU 의회에서도 2017년 2월에 자동화로 인한 일자리 손실의 대가로 로봇세 도입을 표결한 바 있다. 같은 맥락에서 국내에서도 4차 산업혁명으로 인한 고용 불확실성과 양극화 발생이 우려되는 상황이므로, 한국도 혁신성장 정책과 함께 기본소득 보장, 사회적 안전망 강화 등을 비롯한 사회적 경제 정책을 병행하는 것이 효과적이라고 생각된다. 또한 안전·편의성 증대, 노약자 보호 등 사회문제 해결에 지능정보기술을 직접적으로 활용하는 방안에 대해서도 고민이 필요하다. 가령 지

표 4-6 스웨덴의 '국민의 집' 정책 사례

국민의 집
1930년대 스웨덴은 대공황의 어려움을 극복하기 위해 총리 한손, 재무 장관 비그포르스를 중심으로 노사정 대타협, 여야 대연정에 기반해서 기존의 성장정책과 더불어 최저임금제 등 다양한 사회적 경제정책을 병행하여 유럽의 복지국가 성공 모델을 제시한 바 있음.

자료: 최원혁, 『스웨덴 복지제도의 변화와 도전』(2011).

능정보기술을 활용한 지능형교통시스템을 개발한다면 혁신 성장을 달성하면서도 기술 자체가 교통 정체 감소, 에너지 절약 등과 같이 실질적인 사회문제를 해결하는 데에도 기여할 수 있을 것이다. 셋째, 4차 산업혁명에 효과적으로 대응하기 위해 혁신성장을 제한하는 법제도적 애로사항이 있다면, 새로운 산업 육성을 위한 시의성time-to-market을 보장할 수 있도록 적시의 선제적인 규제제도 개선이 추진되어야 한다. 보다 구체적으로 살펴보면, 4차 산업혁명 환경에서 다양한 분야의 융복합 산업 육성 및 벤처 창업 활성화를 위해 신규 서비스의 도입에 대해서는 원칙적으로 허용하는 관점으로 규제체계를 정비해야 한다. 즉, 처음으로 시도되는 혁신적인 아이디어가 추진조차 안 된 상태로 사장되지 않도록 일단 사업 시행을 허용하고 문제점이 발생하면 사후적으로 규제하는 방식을 고민해야 한다. 또한 모든 산업의 지능정보화를 효과적으로 추진하기 위해서 해당 분야별로 적용되는 칸막이 규제(silo 규제)를 지양하고 핵심 범용 기술인 지능정보기술과 연관 산업의 시스템·플랫폼을 연계할 수 있도록 규제체계를 정비해야 한다. 급속히 변화하는 융복합 산업 환경의 변화에 대응할 수 있는 인력 양성 체계를 마련하는 것도 중요하다. 이를 위해 평생교육이 가능한 입시제도, 근로자의 직무 재교육을 위한 산업과 교육의 연관 강화, 초중고의 소프트웨어 필수과목 지정 등과 같은 교육시스템의 획기적인 제도 개선도 준비해야 한다. 이러한 제도 개선의 필요성과 관련해, 최근 국회에서도 기본적인 지능정보화의 추진 방향을 규율하고 제반 규제 체계를 정립할 지능정보사회기본법의 제정에 대한 논의가 본격적으로 진행되고 있다.

4차 산업혁명에서 앞서나가기 위해 어떠한 정책 대응이 효과적인지에 대해 여러 논란들이 있으나, 한국의 4차 산업혁명 추진 전략을 정리하면 기술진보에 의한 혁신 성장을 정책적으로 과감히 추진하는 동시에 성장과 분배의 선순환을 달성하기 위해 성장 위주의 정책을 보완하는 분배정책을 병행하며, 급변하는 패러다임에 부합할 수 있도록 적시에 제도를 개선하는 정책 방향이 핵심이라고 할 수 있다.

참고문헌

관계부처 합동. 2017.11. 「혁신성장을 위한 사람 중심의 4차 산업혁명 대응계획」.

김한준. 2017. 「4차 산업혁명이 미래 직업세계에 미치는 영향」. 직업연구 특별세미나 발표자료. 한국고용정보원.

박진희·김두순·양수경. 2016. 「통계로 본 노동동향」. 기본연구 2016-03. 한국고용정보원.

슈밥, 클라우스(klaus Schwab). 2016. 『제4차 산업혁명』. 송경진 옮김. 서울: 새로운현재.

심혜정·김건우. 2018. 「우리 기업의 인공지능(AI)을 활용한 비즈니스 모델」. ≪Trade Focus≫. 국제무역연구원.

이원태. 2017.6. 「4차 산업혁명과 지능정보사회의 규범 재정립」. ≪KISDI 프리미엄리포트≫, 17-10. 정보통신정책연구원.

이재원. 2016. 「제4차 산업혁명: 주요국의 대응현황을 중심으로」. ≪해외경제포커스≫, 2016-32호. 한국은행.

정보통신진흥기술센터. 2017. 「ICT R&D 중장기 기술로드맵 2022」. 미래창조과학부.

조은정. 2017. 「한국형 4차 산업혁명 대응전략」. KDB산업은행.

최원혁. 2011. 「스웨덴 복지제도의 변화와 도전」. 한국보건사회연구원.

현대경제연구원. 2016. 「4차 산업혁명의 등장과 시사점」. ≪경제주평≫, 16-32(통권 705호).

Gali, J. 1999. "Technology, Employment, and the Business Cycle: Do Technology Shocks Explain Aggregate Fluctuations?" *American Economic Review*, Vol.89.

Mckinsey and Company. 2017.11. "What the future of work will mean for jobs, skills, and wages." Seattle, USA.

OECD Report. 2016. "The Risk of Automation for Jobs." OECD, Paris, France.

Romer, P. M. 1986. "Increasing Returns and Long-Run Growth." *Journal of Political Economy*, Vol. 94.

Schumpeter, J. 1912. *Theorie der Wirtschaftlichen Entwicklung*(The Theory of Economic Development). Leibzig: Dunker and Humblot.

Solow, R. M. 1956. "A contribution to the theory of economic growth." *Quaterly journal of economics*. Vol.70.

Thomas, F. 2015. The Lecture of Future Job.

Uhlig, H. 2004. "Do Technology Shocks Lead to a Fall in Total Hours Worked?". *Journal of te European Economic Association*, Vol.2.

World Economic Forum. 2016. "The Future of Jobs." Davos, Swiss.

05

4차 산업혁명은 사회적 소통을 어떻게 변화시키는가

윤석민
서울대학교 언론정보학과 교수

사회적 소통은 수많은 사회 구성원들이 개인 내지 집단 단위로 수행하는 한없이 복잡한 상호작용의 매트릭스이다. 사회적 소통은 기술적 요소만큼이나 소통의 주체인 사회 성원의 시민성, 정치 시스템, 미디어체계, 미디어정책 시스템과 그것이 생산하는 정책이 어우러져 진전되는 현상이다. 그중에서도 사회적 소통의 시발자이자 궁극적 대상은 역사적 실체로서의 소통자이다. 실제로 4차 산업혁명으로 통칭되는 기술 및 산업 발전이 평균적인 사회적 소통자의 상태를 근본적으로 변화시킨다고 믿을 이유는 없다. 따라서 4차 산업혁명의 가능성을 실현하기 위해서는 새로운 미디어 기술이 확장시키는 소통행위의 다양성, 공정성, 완성도를 제고하기 위한 노력들이 지속되어야 한다. 일반인의 미디어 리터러시를 제고하기 위한 노력과 함께 양질의 저널리즘 발전을 선도할 미디어 전문인력 양성교육 역시 강화되어야 한다. 이러한 노력이 모아질 때 4차 산업혁명은 사회적 소통의 양적 확대를 넘어 질적 개선을 가져다주는 축복이 될 것이다.

1. 4차 산업혁명에 대한 논의를 어떻게 시작할 것인가

이 장은 4차 산업혁명 내지 디지털 전환digital transformation이라고 불리는 기술 변화가 사회적 소통을 어떻게 변화시킬 것인가라는 주제를 다룬다. 딱딱하고 거창한 주제에서 오는 독자들의 막막한 느낌을 조금이나마 덜어보고자, 본격적인 논의를 시작하기에 앞서 이 장의 논의와 연관된 소소한 사례를 소개해보려 한다. 개인적으로 지난 연말 연초, 인기몰이를 한 두 편의 영화를 관람하며 필자가 느꼈던 소감이 그것이다.

첫 번째 영화는 〈신과 함께〉였다. 영화가 제작된 전후 맥락에 대한 지식 없이 영화의 내용 자체만을 두고 볼 때 전형적인 신파극처럼 보였다. 하지만 스피디한 주인공들의 액션이며 상상력을 총동원한 다양한 지옥도 영상이 영화를 살렸다. 영화의 기술적 요소가 진부한 스토리텔링을 극복하게 하고 새로운 리얼리티를 창조했다.

두 번째 영화는 〈1987〉이었다. 영화는 시계를 정확히 30년 전으로 되돌려 1987년 1월 연초 치안본부 남영동 별관 조사실에서 박종철 군에게 있었던 일 그리고 그해 5월 이한열 군의 희생으로 잘 알려진 연대 정문 앞 시위 장면을 생생하게 재현했다. 특히 필자의 눈길을 사로잡았던 것은 자욱하게 깔린 최루탄 연기, 헬멧과 방패 등으로 완전 무장한 전경부대, 이에 학생들이 투석으로 맞서는 전쟁 같은 시위 현장, 그리고 그곳에서 직사한 최루탄을 머리에 맞고 쓰러지는 이한열 군의 모습이었다. 사진을 통해 이미 잘 알고 있는 장면이었지만 새로웠다. 영화는 그 시위 현장에서 어떤 일이 있었는지에 관한 디테일들, 특히 이한열 군에게 어떤 일이 발생했는지를 생생하게 재연했다. 당시 시위 현장에 있었던 이들조차 그런 디테일은 보지 못했을 것이다. 다른 영화 관람객들과 마찬가지로 필자는 1987년의 그 역사적 현장

앞에 호출되는 느낌을 받았다. 사실보다 더 사실 같은 극대현실hyper reality의 재연이었다.

이 두 영화를 포함해, 최근 영화에서 사용되는 컴퓨터 그래픽이며 촬영, 편집기술 등의 눈부신 발전에 대해선 굳이 강조할 필요가 없을 것이다. 이제 영화에서 사용되는 기술은 그 장면이 과거건, 미래건, 사후세계건, 영화 속 현실을 실제 현실보다 생생하게 재연 내지 창출하고 있다. 이러한 사례들은 4차 산업혁명이 사회적 소통을 어떻게 변화시킬지에 대해 백 마디 말보다 생생한 느낌을 전달한다.

이제 첨단 디지털 기술을 빼고는 어떠한 의미 있는 사회적 소통도 가능하지 않다 해도 과언이 아니다. 하지만 기술이 그 자체의 힘만으로 우리가 꿈꾸는 모든 사회적 소통을 가능하게 해줄 것이라는 믿음은 잘못된 것이다. 필자가 이 장 전체를 통해 강조하고 싶은 내용은 다음 문장으로 요약된다. "기술은 사회적 소통을 만들어내는 수많은 요소들 중 하나일 뿐이다."

위의 영화 사례로 다시 돌아가보자. 〈신과 함께〉의 경우 동명의 유명 웹툰을 영화화한 것이다. 이는 국내 단행본, 일본판으로도 나왔고, 라디오 드라마, 연극, 뮤지컬, 게임, 특별 전시전, 카카오톡 유료 이모티콘 등으로 이미 여러 차례 재활용된 작품을 영화로 만든 것이다. 현시대 한국 사회 대중들의 문화적 취향을 성공적으로 저격해 흥행성이 검증된 콘텐츠에 고도의 영상 그래픽 기술을 더해 부가가치를 창출한 경우다. 〈1987〉은 지금으로부터 30년 전, 권위주의 군사독재 체제가 시퍼렇게 살아 있던 정치적 상황, 그 안에서 일상적으로 자행된 권력 집단에 의한 불심검문, 무단 연행, 고문 및 살인, 이에 맞선 학생운동, 민주화 시위, 그 맥락에서 희생된 박종철과 이한열 열사의 죽음이란 우리 현대사의 역사적 콘텐츠를 기반으로 한다. 이러한 콘텐츠를 영화로 기획한 이들, 이에 투자한 이들, 시나리오를 구성하고 촬영하고 편집하고 상영하는 과정을 주도한 이들, 영화의 메시지를 전달하기 위해 기꺼이 캐스팅에 응한 것으로 알려진 최고 수준의 출연진들, 섬세한 로케이션·세팅·소품·음악들, 그리고 그 시대의 역사를 집합적으로 기억 내지 공감하며 눈물 흘린 수용자들 등이 앙상블로 어우러져 탄생한 수작이다.

영화 제작에서 기술은 점점 더 중요한 요소가 되어가고 있다. 하지만 기술에 앞서 사회와 역사가 있고 그 안에서 삶을 사는 사람들, 이들이 만들고 소비하는 문화, 그리고 자체의 역사와 구조를 갖춘 문화적 장르로서의 영화와 그에 종사하는 전문인력들이 있다. 우리가 영화에 적용되는 디지털 그래픽 기술의 의의를 보다 온당하게 평가하는 관점은 이처럼 영화 콘텐츠를 기획하고, 제작하고, 유통시키는 요소들의 총체로서의 영화 현상 내에서 기술적 요소가 구체적으로 어떤 역할을 하는지 검토하는 것이다.

이 글이 다루는 4차 산업혁명이 사회적 소통에 초래하는 변화라는 주제와 관련해서도 마찬가지다. 사회적 소통은 뒤에서 보다 구체적으로 논의하겠지만 수많은 사회 구성원들이 개인 내지 집단 단위로 수행하는 한없이 크고 복잡한 상호작용의 매트릭스이다. 이는 사회가 구성되고 그 안에서 일체의 정치, 경제, 사회, 문화 활동이 수행되는 기반이다. 사회적 소통에는 수없이 다양한 역사적, 정치적, 경제적, 그리고 문화적 요소들이 영향을 미친다.

이러한 요소들의 총체로서 사회적 소통의 시발점이자 궁극적인 도달점이 되는 존재가 소통자communicator다. 역사적 실체로서의 소통자의 모습은 시대적 상황의 전개 속에서 지속적으로 변화하며 이에 따라 사회적 소통 역시 끊임없이 새롭게 구조화되는 모습을 보인다. 이러한 맥락에서, 이 장은 디지털 커뮤니케이션 기술에 앞서 사회적 소통자 그리고 이들이 집합적으로 형성하는 사회적 소통의 구조 및 역사적 발전 양상을 살피는 데서 4차 산업혁명이 사회적 소통에 미치는 영향에 관한 논의를 시작하고자 한다.

2. 사회적 소통이란 무엇인가[1]

1) 사회적 소통의 의미와 유형

소통은 인간이 자신을 둘러싼 환경을 인식하여 이에 대한 의식을 형성하고 이를 타인과 공유하는 상호작용이다. 공식적·비공식적 대화, 표정, 몸짓, 메일 주고받기, 전화 통화, 책 읽기, 신문 읽기, TV 시청, 영화 관람, 인터넷 글 읽기·글 쓰기, 페이스북 소식 읽기·소식 올리기 같은 활동 모두가 이에 해당한다. 인간의 모든 행위는 소통을 수반하기에 사회적 소통의 범위와 크기는 말 그대로 무한하다. 이러한 사회적 소통은 어떠한 구조적 특성을 지니는가? 이를테면 사회적으로 발생하는 소통에는 어떤 것들이 있으며 각 유형별 소통량은 어느 정도 되는 것일까? 누구에 의한 어떤 유형의 사회적 소통이 현시대 우리 사회를 주도하고 있는가? 사회적 소통에 대한 관심이 증대하면서 이와 같은 질문들에 대한 궁금증이 높아지고 있다.

이러한 궁금증에 답하기 위해서는 우선적으로 소통을 구성하는 기본 유형들은 무엇인지 살펴볼 필요가 있다. 전체적인 소통 구조는 이러한 유형들의 집합체이기 때문이다. 가장 일반적인 구분은 소통자의 수, 소통상황, 매체의 유형, 소통의 방향 등과 같은 기준을 복합적으로 고려한 대인 커뮤니케이션, 집단 커뮤니케이션, 매스 커뮤니케이션의 구분이다. 이는 이론적으로 일관성이 없고 모든 소통의 유형을 망라하지 않는다는 방법론적 한계를 드러낸다. 대인, 소집단, 그리고 대집단 커뮤니케이션까지는 범주의 이론적 일관성이 명료하다. 하지만 대집단에서 왜 갑자기 '매스'라는 집단으로 넘어가

---

1 이 항에 대한 논의는 윤석민(2007, 2011)의 논의를 주로 참고했다.

표 5-1 개인, 집단, 사회의 구분

	개인	집단	사회
기본 단위	생물학적 개체	집단(의 일원)	국민(의 일원)
상호작용 영역	사적 공간	공동 삶, 문화, 관습의 영역	정치, 법제도의 영역
상호작용의 원칙/동력	본능, 욕구, 이기심	전문성, 경험, 조직의 목표	이념, 도덕성, 국익
제도적 공간	시장	시민사회	국가

자료: 윤석민, 『한국사회 소통위기와 미디어』(서울: 커뮤니케이션북스, 2011), 50쪽.

는 것인지 분명치 않다. 또한 이러한 종래의 유형들은 다수의 소통현상을 빠뜨리거나 제대로 구분하지 못한다. 예를 들어 익명의 투서, 도로의 신호등 표시, 공원 잔디밭의 출입금지 표지, 정보기관의 감청행위, 고해성사, 인터넷 글쓰기, 댓글 달기 및 좋아요 표시하기, 구글 정보검색, 블로깅, 트윗 및 리트윗 등은 대인, 집단, 매스 커뮤니케이션 중 어디에 해당하는가? 부모와의 말다툼, 애인과의 속닥거림부터, 대통령과 야당 대표의 독대, 국가 수반들 간의 통화 등은 종래의 소통 유형 구분에 따르면 모두 대인 커뮤니케이션이다.

이처럼 기존의 소통유형 구분 방식은 한계가 자명하다. 그렇다면 사회적으로 존재하는 다양한 소통 현상을 보다 타당하고도 빠뜨림 없이 잘 구분하는 유형범주를 어떻게 하면 만들 수 있을까? 이를 위해서는 다음의 두 가지 점을 고려할 필요가 있다. 첫째, 소통의 최소 단위는 화자와 청자를 구성하는 두 소통자dyad 간에 이루어지는 상호작용이다. 둘째, 이 때 각 소통자의 정체성은 개인, 집단의 성원, 그리고 사회적 구성원에 걸쳐 있다.

이러한 가정을 적용할 때 우리는 소통자 A(개인, 집단, 사회) 및 소통자 B(개인, 집단, 사회)의 양자 간 상호작용의 결과로 총 9개의 소통유형을 얻게 된다. 이러한 소통의 유형들을 화자를 중심으로 정리해보면 아래와 같다.

첫째, 개인이 말하기의 주체인 소통행위이다. 개인이란 육체적, 사회적으로 나와 타인들의 차이를 만드는 요소들의 총체를 의미한다. **개인과 개인의 소통**은 사적 영역에서 이루어지는 순수한 의미의 사적 소통을 의미한다. **개인적 주체가 집단에게 말 거는 행위**는 사적 욕망의 주체인 개인이 집단규범, 관습, 문화에 도전하는 것을 의미한다. **개인이 사회에 대해 말 거는 행위**란 한 개체가 사회를 상대로 욕망을 표출하거나 문제를 제기하는 것을 의미한다.

둘째, 집단이 주체가 된 소통행위이다. 집단적 주체란 집단의 일원으로서 사고하고 행동하는 나를 의미한다. 우리는 집단 속의 존재로 태어나 그 안에서 태도, 가치관, 문화적 취향을 형성하며 따라서 집단은 우리의 존재적 출발점이다. **집단적 주체가 개인에게 말 거는 행위**는 집단이 개인을 포섭inclusion 하는 소통행위로서 집단압력, 집단동조 등 집단역학적 소통행위가 포함된다. **집단적 주체가 다른 집단적 주체와 소통하는 행위**는 다양한 집단 간에 이루어지는 상호작용을 나타낸다. **집단이 사회를 대상으로 말 거는 행위**는 궁극적 주체들을 대상으로 한 집단적 소통행위로 정당 등 정치집단들의 국민 대상 소통 행위가 그 예다.

셋째, 사회가 주체가 된 소통행위다. 사회란 한 주체가 내면화하는 가장 큰 집단 정체성으로 국민 내지 세계시민이라고 부를 수 있는 우리의 또 다른 모습이다. **사회가 개인에게 말 거는 행위**는 사적 개인들을 대상으로 한 국가의 소통 행위, 즉 국가적 결정이나 명령, 교육을 의미한다. **사회가 집단을 대상으로 소통하는 행위**는 사사로운 집단을 대상으로 한 각종 공적 의사소통행위, 예를 들어 정치집단을 대상으로 한 국민들의 여론평가 또는 정당들에 대한 정치적 평가(투표)를 들 수 있다. **사회적 주체와 사회적 주체 간의 소통행위**는 최상위 공적 주체들 간의 소통으로서 국회에서의 국정토론이 그 예라 할 것이다. 하지만 이는 국가적 현안을 주제로 논쟁하는 두 대학생 간의 진지한 대화일 수도 있다.

2) 사회적 소통의 구조

사회적 소통행위의 각 영역들은 상호 긴밀하게 연결된 하나의 통합적 체계, 이른바 사회적 소통의 구조를 형성한다. 이는 사회구성원의 정체성을 개인, 집단, 사회의 3차원으로 구분하고, 소통의 기본 단위인 2자 관계dyad의 모든 조합(3×3)을 도출함으로써 얻어진 것이다. 이는 한 주체가 수행하는 소통활동의 전체상이자 동시에 사회 내의 수많은 개인, 집단, 조직들이 수행하는 소통행위의 전체상을 나타낸다.

그림 5-1 사회적 소통 행위의 종합적 구조

발신자⇩ \ 수용자⇨	개 인	집 단	사 회
개 인	1	2	3
집 단	4	5	6
사 회	7	8	9

자료: 윤석민, 『커뮤니케이션의 이해』(서울: 커뮤니케이션북스, 2007), 134쪽.

그림 5-2 사회적 커뮤니케이션 매트릭스

	A	B	…	N	AB	AC	…	ABC	…	ABCD	…	Gi…	$G_{(n-1)}$	Gn
A	Caa	Cab		Can	Ca.ab	Ca.ac		Ca.abc		Ca.abcd		Ca.gi	$Ca.g_{(n-1)}$	Ca.gn
B	Cba	Cbb		Cbn	Cb,ab	Cb,ac		Cb,abc		Cb,abcd		Cb,gi	$Cb,g_{(n-1)}$	Cb,gn
…	…	…	…	…	…	…	…	…		…	…	…	…	…
N	Cna	Cnb		Cnn	Cn.ab	Cn.ac		Cn.abc		Cn.abcd		Cn.gi	$Cn.g_{(n-1)}$	Cn.gn
AB	Cab.a	Cab.b		Cab.n	Cab.ab	Cab.ac		Cab.abc		Cab.abcd		Cab.gi	$Cab.g_{(n-1)}$	Cab.gn
AC	Cac.a	Cac.b	…	Cac.n	Cac.ab	Cac.ac	…	Cac.abc		Cac.abcd	…	Cac.gi	$Cac.g_{(n-1)}$	Cac.gn
…	…	…		…	…	…		…		…		…	…	…
ABC	Cabc.a	Cabc.b		Cabc.n	Cabc.ab	Cabc.ac		Cabc.abc		Cabc.abcd		Cabc.gi	$Cabc.g_{(n-1)}$	Cabc.gn
…	…													
ABCD	Cabcd.a	Cabcd.b	…	Cabcd.n	Cabcd.ab	Cabcd.ac	…	Cabcd.abc		Cabcd.abcd	…	Cabcd.gi	$Cabcd.g_{(n-1)}$	Cabcd.gn
…	…	…		…	…	…		…		…		…	…	…
Gi	Cgi.a	Cgi.b		Cgi.n	Cgi.ab	Cgi.ac		Cgi.abc		Cgi.abcd		Cgi.gi	$Cgi.g_{(n-1)}$	Cgi.gn
…	…	…	…	…	…	…	…	…		…	…	…	…	…
Gn-1	$Cg_{(n-1)}.a$	$Cg_{(n-1)}.b$		$Cg_{(n-1)}.n$	$Cg_{(n-1)}.ab$	$Cg_{(n-1)}.ac$		$Cg_{(n-1)}.abc$		$Cg_{(n-1)}.abcd$		$Cg_{(n-1)}.gi$	$Cg_{(n-1)}.g_{(n-1)}$	$Cg_{(n-1)}.gn$
Gn	Cgn.a	Cgn.b	…	Cgn.n	Cgn.ab	Cgn.ac		Cgn.abc		Cgn.abcd		Cgn.gi	$Cgn.g_{(n-1)}$	Cgn.gn

자료: 윤석민, 『커뮤니케이션의 이해』(서울: 커뮤니케이션북스, 2007), 287쪽.

그림 5-3 사회적 소통의 양적 변화

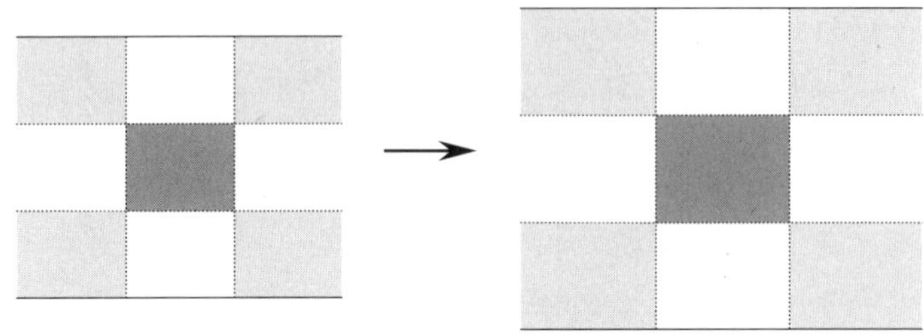

자료: 윤석민, 『한국사회 소통위기와 미디어』(서울: 커뮤니케이션북스, 2011), 64쪽.

사회적 소통구조의 각 셀들은 소통의 유형들에 대한 이론적 구분을 넘어 실질적인 크기를 뜻한다. 예를 들어 사회 내에 N명의 사람들이 존재하고, 개개의 성원으로부터 전 사회성원들로 구성된 대집단에 이르기까지 모두 소통자가 될 수 있다고 가정할 경우($={}_nC_i$), 총 소통자의 수는 $\Sigma {}_nC_i(={}_nC_1 + {}_nC_2 \cdots + {}_nC_n)=2N-1$개가 된다. A(발신자)가 B(수용자)에게 행하는 소통적 상호작용을 C_{ab}로 나타낼 경우 $\Sigma {}_nC_i$개의 행과 열로 구성된 의사소통행렬표(이 때 전체 셀의 수는 $\Sigma(2^n-1)^2$)를 통해 이론적으로 발생가능한 모든 소통행위의 유형을 이론적으로 망라할 수 있다(〈그림 5-2〉 참조).

또한 개체적으로 사고하고 행위하는 순수한 개인은 A, B, C…, 집단은 AB, ABC, ABCD…, 대집단은 G_i, G'_i, G''_i … $G_{(n-1)}$, $G'_{(n-1)}$, $G''_{(n-1)}$ … G_n(G_i, G'_i, G''_i는 i의 크기를 지닌 다른 종류의 대집단)으로 표시할 경우, 의사소통행렬표의 영역을 앞서 논의했던 9개의 소통 영역으로 구분해볼 수 있다. 〈그림 5-2〉는 이러한 방식으로 N명의 성원으로 구성된 의사소통행렬표를 구성해

그림 5-4 사회적 소통의 질적 변화

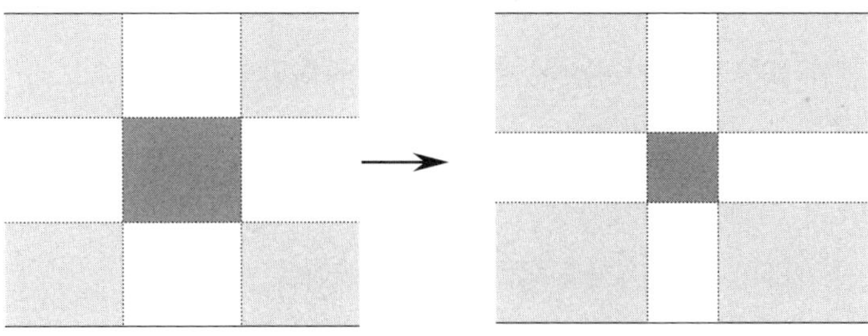

자료: 윤석민, 『한국사회 소통위기와 미디어』(서울: 커뮤니케이션북스, 2011), 64쪽.

본 것이다. 다양한 소통의 유형을 나타내는 이러한 셀 값이 어떻게 분포되어 있는가를 분석함으로써 어떤 소통자들 간에 소통행위가 활발하게 이루어지고 있는지, 각 소통자별로 소통행위의 특성은 어떠한지, 더 나아가 전체 소통구조가 어떠한 특성을 지니는지 알 수 있다.

〈그림 5-3〉과 〈그림 5-4〉는 사회적 소통구조에서 나타나는 두 가지 차원의 변화 가능성을 나타낸다. 〈그림 5-3〉은 전체적인 소통구조의 양적 변화로서 이는 사회적 소통의 활성화에 따라 사회성원들 간의 소통 유형의 다양성과 총량이 증진됨을 의미한다. 〈그림 5-4〉는 사회적 소통구조의 질적 변화로서 9개의 소통영역들의 상대적 크기 등 전체적인 소통구조의 질적 특성이 달라짐을 나타낸다. 4차 산업혁명이 사회적 소통에 미치는 영향은 이러한 이론적 개념들을 토대로 논의해볼 수 있다.

3. 사회적 소통의 맥락에서 4차 산업혁명이란 무엇인가

4차 산업혁명이 무엇인지는 이 책 전반부에서 자세히 논의되었으므로 여기서 같은 논의를 반복할 필요는 없을 것이다. 이 장에서는 최근 필자가 살펴본 관련 서적들, 특히 이 장에서 다루는 사회적 소통과 관련성이 큰 세권의 책을 소개하는 것으로 4차 산업혁명 논의에 갈음하고자 한다.

그 첫 번째 책은 매커피와 브리뇰프슨의 『기계, 플랫폼, 크라우드: 디지털 미래 장착하기(Machine, platform, crowd: Harnessing our digital future)』이다. 두 저자는 컴퓨터와 인터넷은 최근 들어 세 가지 변화를 만들어낸다고 본다. 첫째는 인공지능의 등장이다. 업무에 컴퓨터를 도입하면서 사람들의 업무 능력이 신장되었다. 이른바 '일반적인 협력관계'모형이다. 하지만 컴퓨터의 성능이 보다 향상되고 큰 통제력을 지니게 되면서 이러한 모형이 파괴되고 있다. 그 사례가 자율주행 자동차, 온라인 언어 번역, 그리고 아마존이 시범적으로 선보인 점원 없는 점포이다. 디지털 기술은 처음에 숫자와 텍스트, 후에는 음악과 영상에 적용되더니 이제 실제 세계를 침범하고 있다. 둘째는, 제품에서 플랫폼으로의 변화이다. 우리는 최근 일상에서 이러한 변화를 목격한다. 가장 큰 택시 서비스가 차량을 소유하지 않고(우버), 가장 큰 숙박업체가 부동산을 소유하지 않으며(에어비앤비), 가장 크고 종합적인 소매업체가 재고를 보유하지 않을뿐더러(알리바바), 가장 높은 가치를 지닌 미디어기업이 극히 소소한 수준의 자체 콘텐츠를 생산할 뿐이다(페이스북). 앱스토어에는 220만 개의 제품이 존재하지만 자체적으로 개발한 것은 거의 없다. 플랫폼을 성공시키기는 쉽지 않지만 일단 작동하기 시작하면 디지털 상황에서 규모를 비약적으로 키울 수 있다. 셋째는, 코어core에서 크라우드crowd로의 변화이다. 코어는 중앙은행이나 브리태니커 백과사전처럼 집중화된 기관, 크라우드는 비트코인 노드나 위키피디아 기고자처럼 탈 집중화되고 자율적인 참가자들을 의미한다. 거래비용이 높을 때 기업은 업무를 내부적으로 처리한다. 하지만 디지털기술은 상호작용 비용을 낮춤으로써 보다 많은 일들이 비공식적 집단에 의해 외부적으로 수행될 수 있게 해준다. 이는 보다 많은 실험과 혁신으로 이어진다. 코어는 새로운 기회에 적절히 대응하지 못하는 경우가 종종 있지만, 크라우드는 그 수가 막대해서 이런 기회를 놓치는 법이 없다. 이 책이 제시하는 세 가지 변화인 인공지능, 플랫폼, 크라우드는 사회적 소통의 변화와 관련해서도 직접적인 함의를 지닌다. 이에 대해서는 뒤에 다시 논의할 것이다.

두 번째 책은 포드의 『로봇의 부상: 기술과 직업이 사라진 미래(Rise of the Robots: Technology and the Threat of a Jobless Future)』이다. 20세기 후반까지 세계화 및 자동화에 따라 주로 블루칼라 노동자들이 일자리를 잃었다. 이에 대한 해법은 교육이었다. 하지만 저자는 이제 기술 발전이 가장 높은 수준의 교육을 받은 변호사, 방사선기사 및 소프트웨어 디자이너까지 위협한다는 것을 보여준다. 대학입학시험 답안 채점처럼 섬세한 인간 감각을 요구했던 일들이 점차 알고리즘으로 대체되고 있다. 저자는 새로운 기술이 새로운 고용을 창출할 것인가에 대해 비관적이다. 기술 발전은 점차 완전한 비고용unemployment을 향해 나아가고 있다. 유튜브나 인스타그램 같은 새로운 산업은 노동을 거의 필요로 하지 않는다. 저자는 교육의 역할에 대해서도 비관적이다. 숙련 사다리의 문제점은 이것이 실제로 사다리가 아니라는 점이다. 이는 피라미드이고 상층부에는 극히 작은 공간만이 존재할 뿐이다. 이에 따라 저자는 기본수입 보장제도와 같은 근본적인 정책 변화를 주장한다. 종합적으로 이 책은 4차 산업혁명의 실질적 의미, 특히 알고리즘 내지 AI의 부상에 대해 깊이 생각하게 한다. AI는 모든 영역에서 인간 노동을 대체하고 있으며 미디어 영역 역시 그러할 것이다. 문제는 이렇게 대체되는 인간을 위한 새로운 대안이 존재하지 않는다는 것이다. 이 장이 다루는 주제와 관련해 우리가 저널리즘이라고 불러온 미디어 전문직은 알고리즘으로부터 어떤 영향을 받을 것인가? 여기서 한걸음 더 나아가 AI가 인간의 자리를 대체할 때, 섬세한 상호작용으로서 인간 소통의 필요성 자체가 점차 사라질 가능성도 있다. 소통하지 않는 인간은 과연 무엇을 하는가? 노동과 소통의 중압에서 벗어나 자유와 여유를 만끽할 것인가? 그러한 상태를 과연 자유라고 부를 수 있는가?

세 번째 책은 켈리의 『피할 수 없는 것: 우리의 미래를 만드는 12가지 기술(The inevitable: understanding the 12 technological forces that will shape our future)』이다. 저자는 향후 30년간 우리가 일하고 학습하며 소통하는 방식을 근본적으로 바꿀 12개의 기술 트렌드를 다음과 같이 제시한다.

① 상시적 업그레이드(Becoming): 고정된 제품으로부터 항상 업그레이드되는 서비스 내지 처방으로.
② 스마트화(Cognifying): 클라우드로부터 얻게 되는 값싸고 강력한 AI를 활용해 모든 것을 훨씬 스마트하게 만듦.
③ 데이터의 흐름(Flowing): 모든 일이 실시간의 멈춤 없는 데이터 스트림에 의존.
④ 스크린화(Screening): 모든 표면을 스크린으로 바꿈.
⑤ 접근(Accessing): 우리가 자산을 소유한 곳에서 언제든 서비스에 접근할 수 있는 곳으로 사회를 변화시킴.
⑥ 협업(Sharing): 서로가 서로를 돕는 협업노동의 증가(현재 우리의 협업 수준은 10점 만점에 2점에 불과).

⑦ 필터링(Filtering): 우리의 욕구를 알아내고 충족시키기 위한 고도화된 장치의 작동.

⑧ 재조합(Remixing): 기존의 제품들을 가장 기초적인 부품들로 해체해서 가능한 모든 방식으로 재조합.

⑨ 상호결합(Interacting): 우리 자신을 컴퓨터와 최대한 결합시켜 효과를 극대화시킴.

⑩ 트래킹(Tracking): 시민 내지 소비자로서 누릴 수 있는 권리나 혜택에 대해 완전한 트래킹 시스템 작동.

⑪ 질문능력(Questioning): 좋은 답변보다 좋은 질문을 할 수 있는 능력을 키움.

⑫ 네트워크화(Beginning): 모든 인간과 기계를 하나의 매트릭스로 연결하는 전 지구적 시스템의 구축.

해가 바뀔 때 서점에 등장하곤 하는 이러한 부류의 책에 담긴 미래 예측의 한계는 자명하지만 저자가 제시하는 추세에는 사회적 소통의 변화와 관련해 몇 가지 주목할 만한 점이 있다. 미래는 방대한 데이터의 흐름 내지 소통에 바탕을 둔 사회이고 이는 촘촘하며 무한한 용량을 지니는 전 지구적 네트워크를 통해 가능해진다는 것이다. 우리 손길이 닿는 모든 것이 스크린화되고 지능화되며 연결된다. 우리는 끊임없이 축적되고 유통되며 분석되는 데이터를 통해 욕망을 보다 섬세하게 확인하고 충족한다. 동시에 우리는 효율적 연결을 통해 보다 광범위한 협업을 수행한다.

이상에서 살펴본 세 책의 내용, 특히 미래의 기술 발전과 관련한 논의들은 많은 부분에서 중첩된다. 네트워크와 플랫폼의 발전이 한층 고도화되고 알고리즘 내지 인공지능AI의 중요성이 부상하리라는 예측이 그것이다. 하지만 근본적인 관점의 차이도 발견된다. 이를테면 인공지능과 관련하여 포드는 인간과 기계(기술)를 상호 대체되는 관계로 설정한다. 궁극적으로 기계가 인간을 완전히 대체할 수 있으리라 가정한다. 켈리의 경우 인간을 중심에 둔 모형이다. 인간이 주체가 되어 기술을 활용한다는 전제가 깔려 있다. 매커피와 브리뇰프슨의 논의는 그 중간 정도에 위치한다고 할 수 있다. 이러한 관점들 중 무엇이 타당한지는 현재로서는 속단하기 어렵다. 이는 이어지는 절에서 다룰 주제 중 하나이다.

4. 4차 산업혁명이 사회적 소통에 초래하는 변화는 무엇인가

4차 산업혁명의 진전에 따라 우리의 미래가 어떻게 전개될 것인가를 예측하는 논의들은 대개 이 세 권의 책 내용을 크게 벗어나지 않으리라는 것이 필자의 예상이다. 이러한 논의들을 접했을 때 우리가 경계해야 할 점이 해묵은 기술결정론의 함정이다. 그것이 컴퓨터건, AI건, 네트워크건, 플랫폼이건, 기술은 비약적으로 발전해왔고 앞으로도 계속 발전할 것이다. 하지만 기술이 단기간에 사회를 구성하는 성원들의 상태 및 사회가 작동하는 방식을 근본적으로 변화시킬 것이라는 주장은 조심해서 받아들여야 한다. 이 글을 통해 지속적으로 강조한 바대로, 기술의 사회적 전개 방식에는 수많은 역사적, 제도적, 문화적 요인들이 작용하기 때문이다.

4차 산업혁명이 사회적 소통에 미치는 영향도 마찬가지다. 4차 산업혁명의 핵심은 데이터 혁명, 단말기 혁명, 네트워크 혁명이기에, 이는 다른 어떤 분야보다도 사회적 소통 영역에 우선적이고도 직접적인 영향을 미친다. 우리는 이미 일상에서 디지털 전환에 따른 소통의 변화를 당연한 것으로 받아들이며 살고 있다. 언제 어디서건 카톡이나 페이스북을 통해 일대일, 일대다, 다대다로 메시지를 주고받고, 지상파TV로 집에서 드라마를 시청하던 사람들이 장소를 불문하고 PC나 스마트폰으로 넷플릭스, 유튜브 등 각종 OTT를 통해 드라마를 시청하는 일 등은 이미 상당 기간 일상화된 현실이다.

하지만 4차 산업혁명의 핵심 기술들이 기술 자체의 내재적 원리에 따라 평균적인 사회적 소통자들을 완전히 새로운 관심과 가치관, 새로운 지식과 능력을 갖춘 강력한 소통자로 변화시킨다든지, 인간 소통자를 대체하는 AI 소통자가 등장한다고 주장하는 것은 별개의 문제이다. 이러한 주장의 현실적 타당성은 사회적 소통자 및 이들이 만들어내는 사회적 소통 구조에 대한 논의를 토대로 조심스럽게 검토되어야 한다. 앞서 살펴본 소통자 및 소통 매트릭스에 대한 논의에 기반할 때, 4차 산업혁명이 사회적 소통에 미치는 영향은 대략 다음과 같이 정리해볼 수 있다.

첫째, 사회적 소통구조의 절대적 크기가 증대한다. 기술혁명은 소통의 기술적 연결을 손쉽게 함으로써 사회구성원들이 언제 어디서든 다양한 사회적 소통과정에 참여할 가능성을 증진시킨다. 앞서 살펴본 사회적 소통 매트릭스에 따르면 10명의 사회구성원들이 만들어 낼 수 있는 소통의 유형은 $(2^{10}-1)^2$=1,046,529개에 달한다. 수백, 수천만에 달하는 사회구성원들이 만들어내는 소통의 유형은 계산을 해보지 않더라도 거의 무한에 가깝다는 것을 알 수 있다. 한마디로 우리가 실천할 수 있는 소통의 가능성은 무한한 것이다. 하지만 우리가 실질적으로 수행하는 소통 행위는 이 중 극히 제한된 일부에 불과하다. 앞서 살펴본 사회적 소통 매트릭스 내의 대다수 셀들이 0값을 보이는 상황이다. 4차 산업혁명은 소통이 발생할 수 있는 물리적 연결성의 한계를 사실상 제거함으로써 이러한 사회적 소통행렬상의 보다 많은 셀들이 0이 아닌 실질적인 수치들로 채워질 수 있게 해준다. 이는 평균적인 소통자

그림 5-5 소통구조 1

수용자 ⇨		개인	집단	사회
발신자 ⇩	개인	1	2	3
	집단	4	5	6
	사회	7	8	9

자료: 윤석민, 『한국사회 소통위기와 미디어』(서울: 커뮤니케이션북스, 2011), 65쪽.

의 소통량 증가, 더 나아가 사회적 차원에서 발생하는 소통의 총량 증가, 즉 소통 구조의 양적 확대를 의미한다.

둘째, 하지만 사회적 소통의 질적 구조가 달라진다고 볼 이유는 없다. 오히려 최소한 단기적으로 현재의 구조가 유지 혹은 강화된다고 보는 것이 타당하다. 이에 대해서는 조금 더 복잡한 논의가 필요하다. 소통의 질적 구조는 사회적 소통자들이 집합적으로 만들어내는 소통의 특성으로 한 시대의 사회구성원들이 놓여 있는 역사적이고 제도적이며 사회문화적인 존재 양태 내지 정체성의 상태를 반영한다.

〈그림 5-5〉는 전근대적 성원들이 만들어내는 소통구조를 나타낸다. 집단 대 집단의 소통영역이 확장되어 있는 반면 개인 및 사회적 소통영역이 미성숙한 상태이다. 사회 구성원 대다수가 집단적 정체성을 강하게 내재한 반면 개인성과 사회성은 아직 발전하지 못한 전통사회에서 발견되는 사회적 소통구조이다. 이른바 근대화 과정이 진전되면서 이러한 전근대적 소통구조는 양적, 질적으로 변화하기 시작한다. 우선, 양적 차원에서 전체 소통구조의 크기가 확대된다. 질적 차원에서 가장 두드러진 변화는 전통사회에서

그림 5-6 소통구조 2

발신자 ⇩ / 수용자 ⇨	개인	집단	사회
개인	1	2	3
집단	4	5	6
사회	7	8	9

자료: 윤석민, 『한국사회 소통위기와 미디어』(서울: 커뮤니케이션북스, 2011), 67쪽.

그림 5-7 소통구조 3

발신자 ⇩ / 수용자 ⇨	개인	집단	사회
개인	1	2	3
집단	4	5	6
사회	7	8	9

자료: 윤석민, 『한국사회 소통위기와 미디어』(서울: 커뮤니케이션북스, 2011), 68쪽.

지배적이던 공동체적 집단성이 약화되는 것이다. 여기에는 두 가지 가능성이 존재한다.

〈그림 5-6〉은 이러한 과도기적 상황에서 나타나는 변화 중 하나를 보여준다. 이 그림에서 가장 두드러지는 점은 개인 대 개인의 생활 및 소통이 이

그림 5-8 소통구조 4

발신자⇩ / 수용자⇨	개인	집단	사회
개인	1	2	3
집단	4	5	6
사회	7	8	9

자료: 윤석민, 『한국사회 소통위기와 미디어』(서울: 커뮤니케이션북스, 2011), 69쪽.

루어지는 1영역이 과잉 활성화되어 있다는 것이다. 반면 앞서 〈그림 5-5〉에서 지배적이던 5영역이 위축된 양상을 보이게 된다. 사회적 소통에 해당하는 9영역은 여전히 미성숙한 상태다. 변화의 또 다른 방향은 사적 정체성이 성장 못한 가운데 집단 정체성이 사회적 정체성으로 대체되는 것이다. 자율적 의지를 발현하지 못하면서 국민, 시청자, 대중, 소비자로 동원되는 수동적 소통자들이 형성하는 소통구조이다. 〈그림 5-7〉에서 9영역이 확장되는 반면 1영역이 위축되어 있는 것은 사회 성원에게 개체성이나 자발성이 아닌 전체주의 내지 국가주의적 특성이 강화됨을 의미한다.

세 번째 변화의 시나리오는 이러한 두 가지 변화가 동시에 진행되어 사회 전체적으로 개체성 및 사회성이 과잉 활성화되는 반면 집단 정체성이 약화되는 경우이다. 〈그림 5-8〉은 이 같은 복합적 변화를 나타낸다. 집단 소통영역(5)는 극히 위축되어 있는 반면 사적 소통영역(1)과 국가적 소통영역(9)이 부풀려져 있다. 또한 정상적인 상·하향적 소통을 매개하는 2, 4, 6, 8의 영역이 상대적으로 약화된 반면 급진적 상호작용에 해당하는 3의 영역과 강제적 지배행위의 영역에 해당하는 7의 영역이 확장된다. 국가와 시장이 활성화되어 있는 반면 그에 상응하는 시민사회가 발전하지 못한 상황이다. 공동체적 관계가 붕괴한 가운데 사회 성원 다수가 사생활에 칩잠하거나 국가주의 또는 애국주의에 경도되어 과잉 정치화 양상을 보이며, 정상적인 상향적 및 하향적 소통행위들이 약화된 가운데 기존 질서에 일탈적, 체제 파괴적으로 도전하고 그 반작용으로 이를 규제, 억압하려는 소통행위가 동시에 일상화되는 불안정한 사회적 소통상황이다.

필자는 연전에 수행한 한국 사회의 소통위기 분석 작업에서 한국 사회의 사회적 소통이 〈그림 5-8〉의 소통구조 4와 같은 모양새를 보이고 있음을 밝힌 바 있다(윤석민, 2011, 2장과 3장의 내용). 굳이 복잡한 이론적 개념을 거론할 필요 없이 우리 주변만 둘러보아도 한국 사회 성원들은 개인적 영역과 국가적 영역이 과잉된 반면 집단적(시민적) 영역이 위축되어 있음을 쉽게 확인할 수 있다. 불륜공화국·명품소비로 대표되는 육체와 소비 욕구의 과잉 분출, 신도 수가 수십 만에 달하는 거대 교회, 거대 사찰, 두 집 걸러 한 집꼴의 교회, 그 안에서 기원되는 개인적 행복과 안녕, 어떤 정부도 어떤 수단으로도 잡지 못하는 사교육 열기, 옆집에 누가 사는지 모르는 아파트 공동생활, 국가 대항 운동 경기에 넘쳐나는 뜨거운 응원 열기, 국가 현안에 대해 촛불이나 태극기를 들고 거리로 쏟아져 나오지만 정작 자신이 몸담은 지역사회 또는 공동체에 대해서는 철저한 무관심으로 일관하는 군중들, 때와 장소를 불문하고 가해지는 사회적 약자에 대한 폭력, 층간 소음이나 타인의 거슬리는 운전 등 작은 일에도 감정을 통제하지 못하는 분노조절 장애, 화장시설·쓰레기 소각장 등 혐오시설 건설은 물론 무릎 꿇고 눈물로 장애우 학교 건설을 호소하는 장애우 부모들에게조차 냉소를 보내는 극한의 님비현상 등 사례는 끝없이 이어질 수 있다. 종합적으로 우리의 모습은 유능한 개인, 열정적인 국민인지는 모르지만 성숙한 시민과는 분명 거리가 있다. 이는 보수나 진보의 이념을 초월하여 한국 사회 구성원들에게서 보편적으로 관찰되는 현상이다.

정리하면 사회적 소통자의 상태는 역사적, 제도적, 문화적으로 형성된다. 4차 산업혁명으로 통칭되는 기술 및 산업 발전이, 이러한 평균적인 사회적 소통자의 상태 및 이들이 집합적으로 만들어내는 사회적 소통의 질적 구조를 근본적으로 변화(그것도 발전적인 방향으로)시킨다고 믿을 이유는 어디에도 없다. 4차 산업혁명은 이러한 사회적 소통자의 상태나 사회적 소통구조를 제도적 토대 또는 시장으로 삼아 진전되고 있다고 보아야 한다.

셋째, 위의 두 논의를 결합하면 4차 산업혁명이 사회적 소통에 미치는 영향은 다음과 같이 정리해볼 수 있다. **평균적인 개인 단위에서 수행하는 소통이 증가하고 전 사회적 차원에서도 소통의 총량이 폭발적으로 증가하고 활성화되지만 그 구조적 특성에 본질적인 변화가 오지는 않는다.** 한국 사회를 예로 들 경우 이는 위의 〈그림 5-8〉에서 나타났던 사회적 소통의 특성들, 즉 현시대 한국 사회가 안고 있는 소통의 문제들이 증폭될 가능성을 의미한다. 이런 변화의 함의에 대해서는 뒤에서 보다 구체적으로 논의할 것이다.

넷째, 4차 산업혁명의 영향에 대한 논의에서 필자가 유보적 입장을 취해온 가능성 중 하나는 알고리즘 내지 AI의 발전에 따른 지능을 갖춘 비인간 소통자의 등장이다. 앞서 살펴본 4차 산업혁명 관련 논자들 중 포드의 경우 궁극적으로 기계가 인간이 하던 일을 대체하게 될 것이라고 주장한다. 이러한 논의의 연장선상에서, 기계가 소통자가 되어 사회적 소통과정에 들어온다는 것 역시 충분히 가능한 일이다. 실제로 인간과 기계의 소통은 오래된 토픽이다. 최근의 사례로 영화 〈그녀(Her)〉에서 주인공과 깊은 감정을 교감하는 인공지능 소통자 '사만다'라든지 댄 브라운의 신작 소설 『오리진(The Origin)』에 나오는 인공지능 '윈스턴'은 지속적인 학습 과정을 통해 인간에 버금가거나 평균의 인간을 훌쩍 뛰어넘는 소통자 역할을 수행한다. 비록 이 수준은 아니지만 소소한 쌍방향 소통을 지원하는 아마존의 '알렉사'와 같은 제품들이 일반 가정에 빠르게 보급되는 추세이다.

하지만 조금 더 생각해보면 기계적 소통자의 존재 및 이들이 사회적 소통에 미치는 영향은 결코 단순한 문제가 아니다. 이러한 소통자는 과연 어떠한 존재이며, 이때 인간 중심의 사회적 소통 구조에는 어떤 변화가 발생할 것인가? 인간-컴퓨터 상호작용(HCI: Human-Computer Interaction)은 이미 상당 기간 연구가 축적되어온 주제이다. 현재까지의 연구는 인간을 중심에 둔 컴퓨터 인터페이스 차원에서 컴퓨터에 인간과 유사한 감정, 인격, 정서 요소를 부여했을 때, 인간 입장에서 이러한 인터페이스를 어떻게 받아들이는지에 집중되어 있다. 하지만 컴퓨터가 독자적으로 사고하고 행위하는 사회적 주체, 그것도 인간보다 월등한 지식과 판단 능력을 지닌 존재가 된다면 어떻게 될 것인가? 앞선 논의에 따르면 컴퓨터는 사회적 소통 매트릭스의 주체로 포함되어야 하고 이 때 종래의 9가지 유형의 소통적 상호작용은 최소한 16가지의 상호작용 형태로 복잡하게 전개되면서 전체적인 사회적 소통구조가 완전히 바뀔 가능성도 있다.[2]

인공지능이 본격적인 소통의 주체로 부상할 때 사회적 소통구조의 모습이 어떻게 달라지고, 어떻게 작동하며, 그 역사적 및 문화적 함의가 무엇이

---

2 독자적인 인공지능까지는 아니지만 가상세계, 심지어 현실세계에서 우리의 또다른 실체로 기능하는 '아바타(avatar)'는 현실세계에서 이루어지는 인간-인간 간의 소통적 상호작용을 현실과 비현실 세계를 넘나드는 아바타-아바타, 인간-아바타 간의 소통적 상호작용으로 복잡하게 확장시킨다. 스티븐 스필버그의 신작 영화 〈레디 플레이어 원〉을 이러한 관점에서 관람해볼 것을 강추한다.

될지는 이 장의 논의 범위를 벗어난다. 그것은 인간이 꿈꿔온 이상적 소통 상황을 실현시켜줄 것인가? 영화 〈터미네이터〉에서 그려진 파괴적 결말을 초래할 것인가? 인간적 주체 너머에 존재하는 비인격적, 초월적 주체는 흔히 '신'으로 분류되고 이들과의 소통은 종교의 영역으로 간주되어왔다. 이러한 맥락에서 인간과 컴퓨터의 소통은 궁극적으로 새로운 종교로 귀결될 가능성도 있다. 이러한 논의는 아직은 미래학적 공상에 가깝기 때문에 본격적인 학술적 논의의 주제로 삼기에 섣부른 감이 있지만, 사회적 소통 연구자들은 향후 이 현상을 예의 주시해야 할 것이다.

5. 사회적 소통 차원에서 필요한 사회적 노력은 무엇인가

이 장을 마무리하면서, 새로운 소통주체로서 AI의 등장에 대한 논의는 일단 유보하고 보다 현실적인 사회적 소통의 변동 가능성, 즉 사회적 소통의 질적 구조는 그대로인 채 전체 크기가 확대되는 상황에 논의를 집중해보고자 한다. 소통의 총량이 폭발적으로 증가하지만 그 구조적 특성에 본질적인 변화가 오지 않는 상황이란 구체적으로 무엇이며 어떠한 함의를 지니는가?

앞서 논의한 대로 4차 산업혁명으로 통칭되는 기술 발전, 특히 사회적 소통 영역에서의 기술 발전이 사회구성원들의 소통량을 증대시킨다는 것은 굳이 길게 설명할 필요가 없다. 이제 우리는 마음만 먹으면 누구와도 연결이 가능하다. 트윗을 통해 전 세계 유명인들의 메시지를 실시간으로 팔로우한다든지, 블로그나 페이스북 글쓰기를 통해 연결-연결을 거쳐 자신의 주장을 다수의 사람들에게 확산시키는 일은 많은 사람들의 일상이 되고 있다. 시공간적 제약도 이제는 더 이상 문제가 되지 않는다. 사람들은 어디서건 잠시의 짬이 날 때마다 휴대폰을 꺼내들어 뉴스를 읽고 드라마를 시청하며 카톡을 주고받는다. 4차 산업혁명은 이 같은 추세를 고도화함으로써 사회적 소통 과정에 참여하는 소통자의 수, 이들이 수행하는 소통의 다양성 및 절대적인 소통량을 비약적으로 증가시킨다.

사회적 소통의 확대는 이러한 다양한 사회적 소통을 매개하는 실체인 미디어에 의해 추동되며 역으로 이러한 과정을 통해 미디어는 지속적으로 발전한다. 특히 4차 산업혁명 논의와 관련해 주목할 만한 것은 플랫폼의 발전이다. 4차 산업혁명 시대를 선도하는 새로운 미디어라고 할 수 있는 플랫폼은 앞서 살펴본 사회적 소통 매트릭스상의 이론적 소통 가능성을 실제 소통으로 실현 가능하게 해준다. 플랫폼이 열어주는 새로운 소통의 가능성은 이를 종래의 이동통신 서비스와 비교해보면 알 수 있다. 이동통신은 시공을 초월해 개인 대 개인의 연결을 가능하게 해주었다. 하지만 이는 개인들 간 점대점point-to-point 연결 가능성을 신장시켰을 뿐, 집단 및 사회적 주체들 간의 다양한 소통을 매개하는 데 명백한 한계를 지닌다. 물리적으로 사회 모든 성원들의 연결 가능성을 제공하는 이동통신서비스를 덤파이프dumb pipe라고 통칭하는 이유가 여기 있다. 플랫폼은 기존 통신네트워크의 토대 위에서 1대다, 다대다 등 사회적으로 존재하는 모든 개인, 집단, 사회적 주체들 간의 다양한 소통적 연결을 가능하게 해줌으로써 이러한 덤파이프를 클레버 파이프clever pipe로 변화시킨다.[3]

이처럼 기술 발전은 눈부실 지경이다. 하지만 이러한 기술 및 미디어의 발전을 통해 확장된 소통의 가능성이 실제로 어떠한 소통으로 구현되는가는

3 예를 들어 카카오톡은 1대1 소통만이 가능한 종래의 이동통신을 수많은 조합의 소통수단으로 확대시켜준다.

결국 소통자의 특성과 그가 놓여 있는 사회적 맥락에 의존한다. 예를 들어 소통의 주체가 공공문제에 대한 관심·정보·지식으로 무장된 식견 있는 시민informed citizen일 때와, 이와는 정반대로 극히 좁은 개인적 삶의 범주 내에 갇혀 있는 존재일 때 이처럼 확장된 소통의 가능성을 활용하는 방식에는 차이가 있을 수밖에 없다. 사회적으로도 마찬가지이다. 사회구성원들 대다수가 합리성, 절제, 신중성, 사심 없는 자세, 평정, 관용, 공동체의식 등 시민적 덕성civic virtue을 갖춘 존재일 때와, 과도하게 개인화되어 있으면서 동시에 과도하게 정치화되어 거친 욕망과 충동을 직설적으로 투사하는 존재일 때 이러한 4차 산업혁명이 가져다주는 소통의 확장가능성이 의미하는 바는 근본적 차이를 지니게 될 것이다.

한국 사회의 구성원이 이 중 어디에 해당하는지는 길게 언급할 필요가 없을 것이다. 실제로 한국 사회에 새로운 미디어 기술이 도입될 때마다 사회적 소통은 끊임없이 요동치며 혼선을 겪어왔다. 소통의 준비가 되지 않은 이들에게 그 수단이 잔뜩 주어진 것에 진배없는 상황이었다. 한 사례로 모든 소통영역을 매개하는 메타미디어의 속성을 지닌 인터넷, 그리고 개인적 소통과 사회적 소통영역이 섞여 있는 특성을 지닌 소셜 미디어가 야기한 문제를 들 수 있다. 이러한 미디어들이 개인과 사회를 직접 연결하는 급진적 소통행위의 가능성을 급속히 확대시켰음에도 이에 상응하는 규범이 정비되지 못해 야기된 혼선과 갈등은 지금도 지속되고 있다. 소통량이 폭발적으로 증가했지만 가치 있는 양질의 소통은 오히려 찾아보기 어렵고, 연결성의 확장은 필터버블filter bubble로 표현되는 소통의 폐쇄성을 강화하고 있다.

신문과 방송 같은 사회적 소통영역의 미디어, 이른바 언론 내지 저널리즘 영역에도 근본적인 변화가 진행되고 있다. 종래 소수의 지상파 방송사가 지배하던 방송은 이제 한국의 경우 지상파에 버금가는 다양한 종합 편성 채널,

전문 채널, 1인 크리에이터 방송, 유튜브, 넷플릭스 등으로 끝없이 확장되고 있다. 신문의 경우 진입장벽이 사실상 사라진 가운데 수를 헤아릴 수 없는 인터넷 신문 및 다양한 큐레이션 미디어들이 명멸하고 있다. 종래의 레거시 저널리즘 미디어들의 위상이 약화되는 상황에서 작지만 강한 고품질 미디어 스타트업(예를 들어 미국의 고품질 인터넷 탐사보도 및 데이터 저널리즘 미디어인 프로퍼블리카와 FiveThirtyEight)들이 등장하기도 한다.

하지만 논의를 한국 사회로 한정할 때 지배적인 추세는 미디어의 질적 저하이다. 이제 사회적 소통을 매개하는 공정하고 책임 있는 언론은 찾아보기 어렵다. 이념적 진영논리가 저널리즘의 기본 원리를 대체하고, 독자의 눈길을 끌기 위한 선정성과 어뷰징abusing이 기승을 부리며 가짜뉴스fake news가 횡행한다. 저널리즘의 신뢰 위기를 극복하기 위해 팩트체크가 사회적 키워드로 등장했고, 정부 차원의 연구 기구로 뉴스트러스트위원회가 만들어지고, 서울대 언론정보연구소가 주도하는 SNU 팩트체크가 활동을 시작했지만 무너진 저널리즘의 신뢰 회복 차원에서는 턱없이 부족한 실정이다. 4차 산업혁명의 진전으로 알고리즘이나 로봇이 기사를 쓰고, 기사 배열을 담당한다고 해서 이런 상황이 달라질 것인가? 뉴스 서비스의 최강자인 포털 뉴스 배열 알고리즘 및 뉴스 검색 알고리즘의 투명성과 공정성을 둘러싸고 지난 수년간 지속되어온 시비(윤석민·홍종윤·정영주, 2017)는 4차 산업혁명의 진전에 따라 알고리즘이 저널리즘 영역에 보다 넓고 깊게 들어올 때 어떤 일이 생겨날지 짐작하게 해준다.

종합적으로 4차 산업혁명으로 통칭되는 디지털 전환이 사회적 소통에 미치는 가능성을 꽃피우기 위해서는 신중한 접근이 필요하다. 글의 서두에서 언급했듯 영화 기술이 자동으로 양질의 영화 제작으로 이어지지 않는 것처럼, 4차 산업혁명은 절로 이상적 소통 상황을 만들어주지 않는다. 사회적 소통은 기술적 요소만큼이나, 소통을 실천하는 주체인 사회 성원의 시민적 덕성, 정치 시스템, 미디어체계, 미디어정책이 함께 어우러져 진전되는 현상이다. 끝없이 확장되고 변화하는 미디어, 이를 통해 나타나는 새로운 소통행위들을 사회적 소통의 공적 가치, 이를테면 다양성, 공정성, 완성도 차원에서 과학적으로 평가하고 성과를 제고하고자 하는 노력들은 여전히 중요하다(여론집중도조사위원회, 2016). 일반 시민들의 미디어 리터러시를 끌어올리기 위한 노력은 지속되어야 하며, 대학에서의 소통교육도 한층 강화되어야 한다(윤석민·한수연, 2016; 윤석민, 2018). 4차 산업혁명 시대의 새로운 미디어 생태계에서 양질의 저널리즘 실천을 선도할 미디어 전문 인력 양성 교육 역시 내실 있게 지속되어야 한다(윤석민·배진아, 2017). 제2, 제3의 팩트체크 센터 설립을 통해 미세먼지를 걸러내듯 가짜뉴스를 필터링해야 한다(최순욱·윤석민, 2017). 이러한 노력이 더해질 때 4차 산업혁명은 사회적 소통의 양적 확대를 넘어 질적 개선을 가져다주는 진정한 소통혁명의 계기가 될 수 있을 것이다.

참고문헌

강태진 외. 2018.『코리아 아젠다 2018』. 서울: 나녹출판사.

여론집중도조사위원회. 2016.「여론집중도 조사보고서」.

윤석민. 2007.『커뮤니케이션의 이해』. 서울: 커뮤니케이션북스.

______. 2011.『한국사회 소통위기와 미디어』. 서울: 커뮤니케이션북스.

______. 2015.『미디어 공정성 연구』. 파주: 나남출판사.

윤석민·한수연. 2016.『불통의 아이콘 서울대생들이 소통을 한다?』. 서울: 서울대학교 출판문화원.

윤석민·홍종윤·정영주. 2017.「뉴스유통 플랫폼과 언론사 간 상생방안」. 한국언론진흥재단.

윤석민·배진아. 2017.「디지털 시대, 학부 미디어 전공 교육의 개선방안」. ≪방송통신연구≫, 통권 101호, 90~119쪽.

최순욱·윤석민. 2017.「협업형 사실검증 서비스의 의의와 과제」. ≪사이버커뮤니케이션 학보≫, 제34권 제2호, 173~205쪽.

Ford, M. 2015. *Rise of the Robots: Technology and the Threat of a Jobless Future.* Basic Books.

Kelly, K. 2017. *The inevitable: understanding the 12 technological forces that will shape our future.* Viking.

McAfee, A. and E. Brynjolfsson. 2017. *Machine, platform, crowd: Harnessing our digital future.* New York: W.W. Norton.

Reeves, B. and C. I. Nass. 1996. *The media equation: How people treat computers, television, and new media like real people and places.* Cambridge, Mass: Cambridge University Press.

06

지능정보시대의 콘텐츠는 어떻게 진화하는가

곽규태
순천향대학교 글로벌문화산업학과 교수

인간의 창의력과 상상력이 주요 경쟁 원천이라 인공지능의 위협이 상대적으로 덜 하다고 알려진 콘텐츠 분야에서도 지능정보기술의 파상적 공세에 의한 변화는 적지 않게 감지된다. 지능정보기술은 이미 콘텐츠산업의 가치사슬 각 단계마다 깊숙이 개입해 콘텐츠 장르, 전송수단 및 산업의 경계를 붕괴시킴과 동시에 이종사업자 간의 협업과 융합을 촉진하며 콘텐츠 소비 영역을 지속적으로 확장시키고 있다. 무엇보다 인간 고유의 영역이라 자부했던 콘텐츠 기획과 창작 분야에서 인공지능이 보여주는 성과는 실로 놀라운 수준이다. 따라서 지능정보기술이 콘텐츠산업에 미치는 영향력과 변화방향을 제대로 살피고, 이에 대처하는 혜안을 마련하는 것이 시급하다. 이 장에서는 지능정보시대에 콘텐츠산업이 가지는 의미를 정리해보고, 지능정보기술로 인해 촉발되는 콘텐츠산업의 다양한 변화 이슈와 사례들을 살펴본다. 그리고 이를 근거로 미래 콘텐츠 정책의 나아갈 바를 생각해 보고자 한다.

1. 콘텐츠란 무엇인가

'콘텐츠content'란 무엇일까? '컨텐츠', '콘텐트', '문화콘텐츠', '디지털콘텐츠', '미디어콘텐츠' 등과 같이 유사 명칭으로 다양하게 불리는 이 개념의 정의는 생각보다 쉽지 않다. 용어가 내포하는 범위가 방대하고 활용 맥락에 따라 의미의 확장 가능성이 다분하기 때문이다. 2000년대 초반부터 회자되기 시작해 어느 정도 우리의 대화 속에 보편화된 이 용어는 현재까지도 국가별, 학문 분야별, 이용 맥락별로 다양한 이견과 용례가 존재하는 상황이다. 일례로 영어를 모국어로 사용하는 국가에서도 콘텐츠에 대한 상이한 개념적 이해는 40여 가지 이상 존재하는 것으로 알려져 있다.[1] 그러니 논의에 앞서 콘텐츠가 무엇인지 그 개념을 정리하고 이를 토대로 논의를 전개할 필요가 있다.

법률적 정의와 사전적 정의를 통해 콘텐츠의 의미에 다가가 보자. 먼저 한국에서 콘텐츠와 관련한 개념을 언급하고 있는 다양한 법률 중 가장 직접적으로 콘텐츠를 규정하는 모법(母法)은 2010년에 유관 법을 통합해 제정된 '콘텐츠산업진흥법'(법률 제12844호, 이하 콘산법)이라 할 수 있다. 이 법 제2조에 따르면 콘텐츠는 '부호, 문자, 도형, 색채, 음성, 음향, 이미지 및 영상 등의 자료 또는 정보'로 정의된다. 이는 일정한 상징체계의 표현물을 담고 있는 자료 혹은 정보라는 의미 외에도, 인간이 생산한 제반의 유·무형 문화산물을 모두 포괄할 수 있는 개념적 특성을 가지고 있다. 디지털화된 실체 외에도, 모든 문화적 상징체계를 포괄한다. 하지만 법률상의 개념은 다소 포

1 이와 관련해 리 오든의 블로그 기사(http://www.toprankblog.com/2013/03/what is content/)를 참고할 것

괄적이고 추상적인 측면이 있어, 콘텐츠의 보편적 의미와 활용적 의미 이해에 적잖은 모호성을 제공하는 것도 사실이다.

콘텐츠의 개념을 보편적 수준에서 이해하기 위해서는 해당 개념과 동의어 또는 유사한 의미로 활용되고 있는 문화상품culduct이라는 개념에 대해 주목할 필요가 있다. '콘산법'보다 상위 법률인 '문화산업진흥기본법' 제2조(법률 제13448호, 이하 문산법)에 의하면, 문화상품은 '예술성, 창의성, 오락성, 여가성, 대중성이 체화되어 경제적 부가가치를 창출하는 유·무형의 재화와 그 서비스 및 이들의 복합체'로 정의된다. 여기에 콘텐츠의 개념 이해를 돕는 중요한 단서 두 가지가 등장하는데, 하나는 '예술성, 창의성, 오락성' 등 문화상품이 지닌 내용적 속성이고, 다른 하나는 '부가가치'와 같이 문화상품이 창출하는 경제적 속성이다. 먼저 전자는 문화상품의 개념에 '인간의 문화활동과 연관된 창작과 이를 즐기기 위한 엔터테인먼트적인 속성이 체화되어 있음'을 강조한다. 따라서 문화상품은 예술성 혹은 창의성의 속성이 발현되는 산물이어야 함과 동시에, 대중들이 즐길 수 있도록 오락과 휴식 등의 심미적 가치를 제공하는 대상물로서의 성격을 지녀야 한다. 이와 함께 '경제적 부가가치'라는 개념은 '화폐로 환산할 수 있고 교환과 거래의 대상이 되는 의도된 상품'이라는 의미를 담고 있다. 즉, 인간이 생산한 모든 유·무형의 문화 산물이 문화상품이 될 수 있는 것은 아니며, 어떠한 목적을 가지고 만들어졌으되 시장을 통한 거래 및 유통이 가능한 유·무형의 문화적 산물을 문화상품으로 규정하고 있는 것이다. 사실 '콘산법'에서 언급하는 '콘텐츠'와 '문산법'에서 규정하는 '문화상품'의 개념 정의가 100% 일치한다고 볼 수는 없다. 다만 법률에서 규정한 두 개념은 국가 정책 수립의 차원과 일선 산업 현장에서 동일시되는 개념으로 많이 활용되고 있으므로, 문화상품의 법률적 개념을 기반으로 콘텐츠의 의미를 구체화하는 작업이 큰 무리는 없으리라

판단한다. 일례로 콘텐츠의 문화상품적 속성을 강조하기 위해 문화콘텐츠cultural content라는 용어를 만들고 이를 적극적으로 활용해온 국내의 정황은 이러한 논의를 뒷받침해준다.

그렇다면 콘텐츠의 사전적 개념은 무엇일까? 대표적인 백과사전으로 집단지성을 통해 지식을 형성하고 검증하는 위키피디아(https://en.wikipedia.org)에 따르면 콘텐츠는 '미디어를 통해 표현되고 이용자에게 전달될 수 있는 정보 혹은 경험(information or experience provided to audience or end-users by publishers or media producers)'으로 정의되고 있다. 앞서 법률적 차원의 개념 접근이 정보와 문화 자체의 상품적 속성과 생산적 특징을 강조한 개념에 가깝다면, 백과사전의 정의는 보다 정보(혹은 미디어상품)의 이용과 전파use and diffusion의 측면을 부각하는 특징을 보인다.

논의를 종합해보면, 콘텐츠의 개념적 정의는 다음의 세 가지 특징에 의해 보다 구체화될 수 있다. 첫째, 콘텐츠는 인간의 창조적인 문화 활동을 통해 도출된 산물이다. 따라서 그 창작물에는 인간의 창의와 고뇌가 녹아 있어야 하며, 또 다른 누군가는 이를 이용하며 즐거움과 심미적aesthetic 만족을 획득할 수 있어야 한다. 둘째, 콘텐츠는 전파로 유통이 가능한 형태여야 한다. 그 때문에 일반적으로 콘텐츠의 전달 메커니즘으로 미디어가 활용되며, 이를 통해 확산과 공유가 가능해지는 양상을 보인다. 셋째, 콘텐츠는 목적 지향적 산물로 경제적 가치를 지녀야 한다. 이는 심미적 가치와 더불어 거래적·교환적 가치를 보유하고 비즈니스의 대상물로 활용될 수 있어야 한다는 의미이다.

한편 한국은 '콘텐츠의 기획, 제작, 유통, 활용을 통해 부가가치가 파생되는 산업'을 콘텐츠산업content industry으로 정의하는데, 이때의 콘텐츠 개념과 범주는 앞서 법률적, 사전적 관점에서 살펴본 개념 정의보다 실체적이고 구체적이다. 그 이유는 산업이라는 관점이 보다 경제적이고 정책적인 측면에서 이용되는 속성이 강하기 때문이다. 예컨대 특정 국가, 특정 기업, 그리고 특정 이용자들은 해당 산업에 대해 공유된 정보의 수집, 작성, 공유를 원하기 때문에, 해당 정보들을 수집하고 활용하려면 사회적 합의에 따라 산업의 경계를 임의로 정할 수밖에 없다. 그렇지 않으면 사람마다 이해가 다르고 혼선이 생길 수 있기 때문이다. 한국의 경우 한국표준산업분류체계(KSIC: Korean Standard Industrial Classification)에 기반을 두고 통계청장의 고시로 제정된 '콘텐츠산업 특수분류체계'가 콘텐츠산업의 영역과 경계를 구분한다.

그림 6-1 대한민국 콘텐츠산업의 범위

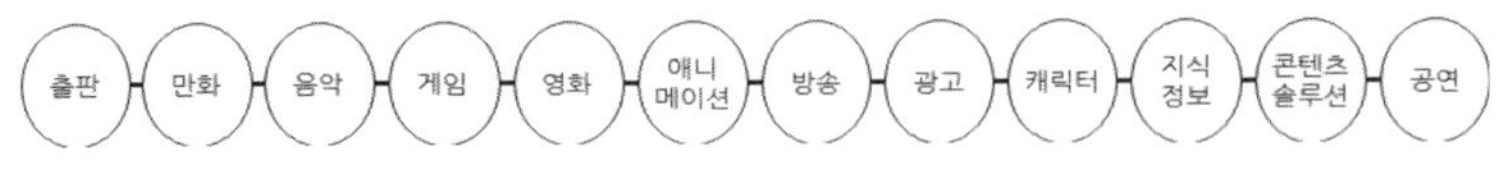

자료: 통계청, 『콘텐츠산업 특수분류』(2010).

콘텐츠산업 특수분류체계에 따르면 〈그림 6-1〉과 같이 방송, 출판, 영화, 게임, 캐릭터, 음악, 광고 등 12개의 업종 혹은 장르sector 산업이 콘텐츠산업을 구성하는 요소로 나타난다. 따라서 혹자는 산업적 관점에서 콘텐츠산업 특수분류체계에 포함된 12가지 문화상품을 콘텐츠의 범주와 영역으로 정의하기도 한다. 그러나 콘텐츠산업의 범주는 시대적 상황과 정책적 여건에 따라 변화될 수 있는 동태적 개념이므로, 현재의 콘텐츠산업 특수분류체계를 확정적 기준으로 생각할 필요는 없다.

2. 콘텐츠산업은 왜 중요한가

고성장·고부가가치 서비스산업으로 주목받고 있는 콘텐츠산업의 글로벌 시장 규모는 2016년 12월 기준 약 2조억 달러(한화로 약 2,120조원)에 이른다. 이는 1조 3천 억 달러 규모의 자동차산업, 9천 억 달러 규모의 IT산업을 훨씬 능가하는 시장 규모다(문화체육관광부, 2017). 그 때문에 저성장 기조의 글로벌 경제 환경에서 세계 각국은 미래 먹거리인 콘텐츠산업의 우위를 점하기 위해 지금까지도 치열한 경쟁을 펼치고 있다. 무엇보다 콘텐츠산업은 인간의 창의력과 상상력을 기반으로 경쟁하기 때문에, 부존자원이 적고 내수 시장이 협소한 한국의 여건에서도 전략산업으로 안성맞춤이다.

한국은 1990년대 중후반 이후부터 현재까지 계속해서 국가경제 발전을 위한 초석으로 콘텐츠산업에 주목하고 이를 체계적으로 육성하기 위해 노력해왔다. 그렇다면 콘텐츠산업이 국가경제에서 중요한 이유는 무엇일까? 첫째, 콘텐츠산업의 성장 규모이다. 알려진 바와 같이 2012년 이후 최근까지 한국의 실질경제성장률은 2%대에 머물며 저성장 기조를 보이고 있다. 그러나 콘텐츠산업의 매출 규모는 이와 달리 5개년 평균 5%대에 이를 정도로 뚜렷한 성장세를 보이고 있다. 둘째, 콘텐츠산업은 고용 창출 효과가 탁월하다. 국내 일반 산업의 평균 고용유발계수가 8.7명(2014년 기준)인 데 반해 콘텐츠산업의 고용유발계수는 13.7명에 이른다. 셋째, 콘텐츠산업은 서비스 산업 분야 중 지속적으로 무역수지 흑자를 기록 중이다. 따라서 콘텐츠산업의 수출성장성은 국가 경제의 희망이자 미래일 수밖에 없다. 참고로 한국의 대외 무역의존도는 70% 수준이며, 국가경제의 수출의존도 또한 40% 수준으로 G20 국가 중 2위에 해당한다. 넷째, 콘텐츠산업은 관광, 교육, 의료, 제조업 등 다양한 국내 산업에 직간접 파급효과를 유발한다. 제조업의 약

1.5배에 달하는 부가가치 유발 효과를 지니고 있는 것으로 알려져 있으며, 수출 100달러 증가 시 소비재 수출 230달러 증가를 견인하는 간접효과를 파생시킨다. '한류'라는 팬덤을 형성하며 국가의 소프트 파워인 이미지와 브랜드 인지도를 향상시키고 있는 점은 더 말할 필요가 없을 정도이다(한국콘텐츠진흥원, 2018). 2016년 기준, 한국 콘텐츠산업은 세계 7위의 위상을 확보하고 있는 것으로 알려져 있으며, 방송과 게임, 인터넷산업 등의 성장세에 힘입어 〈그림 6-2〉와 같이 매출 규모가 110.4조 원, 수출액이 67.4억 달러에 이르는 것으로 나타나고 관련 산업 종사자수도 63.3만 명에 이르는 것으로 추산된다.

그림 6-2 2017 국내 콘텐츠산업 주요 통계(매출, 수출, 종사자 수)

자료: 한국콘텐츠진흥원, 『2017 콘텐츠산업 결산과 2018년 콘텐츠산업 전망』(2018).

한편 한국 콘텐츠산업은 세계시장에서 매출 비중이 상대적으로 미미하고 내수시장 위주로 성장해온 한계점도 지니고 있다. 2016년 기준 세계시장 점유율이 2.7% 내외이고(미국 30.4%, 중국 11.7%, 일본 7.0%), 콘텐츠산업 매출액에서 수출이 차지하는 비중도 7% 미만이다. 더불어 콘텐츠 수출 지역이 대체로 아시아 국가(수출액의 76%)에만 한정되어 있고, 수출 업종도 게임콘텐츠에 지나치게 편중되어(전체 콘텐츠 수출액의 50%이상) 있는 점은 현재 국내 콘텐츠산업이 가지고 있는 고질적인 문제점으로 지적된다. 최근 상황은 더욱 점입가경이다. 규모가 크고 경쟁우위에 있는 글로벌 콘텐츠기업들이 국내 시장에 속속 진입해 내수시장의 불안정성이 더욱 높아지고 있고, 국내 우수 창작 인력의 해외 유출 및 해외 대기업의 자본 공세도 심화되고 있다. 더불어 두터운 수요시장을 확보한 신흥 콘텐츠 강대국인 중국 등의 추격도 맹렬하다. 무엇보다 이러한 시기에 인공지능을 비롯한 지능정보기술의 등장은 여타의 산업보다 콘텐츠산업의 불확실성을 더욱 증가시키고 있다. 지능정보기술이 빠르게 시장에 파고들며 기존의 비즈니스 판도를 흔들고 있어 과거의 성공 방식과 핵심 역량을 순식간에 흔드는 와해적 혁신disruptive innovation을 부추기기 때문이다.

따라서 콘텐츠산업의 미래를 밝게 하려면 다양한 환경 변화 요인에 적절하게 대처해야 하며, 특히 인공지능으로 대변되는 지능정보기술이 유발하는 산업의 변화를 제대로 읽고, 이를 전략적으로 활용하는 역량의 배양이 필요한 상황이다.

여타의 국가와 마찬가지로 한국도 4차 산업혁명 시대를 선도하기 위한 다양한 정책을 구상하는 데 많은 국가적 자원을 결집하고 있다. 기술 급변의 시대에 이러한 혁신적 기술의 역량 함양은 본질적으로 매우 중요하며, 특히 지능정보기술의 개발과 고도화는 국가 경쟁력, 기업 경쟁력과도 직결되는 이슈이다. 다만 새로운 기술을 연마하는 것 외에도 그러한 기술이 구현되는 최종 소비상품, 즉 창의성과 상상력이 체화된 다양한 미래형 콘텐츠 상품 개발에 대한 일련의 논의들도 수평적으로 진행될 필요가 있다. 콘텐츠는 기술의 형상물로 미래 기술의 상상력과 진보를 도울 수 있고, 또한 일상생활에서 소비자에게 기술의 실체를 체감할 수 있도록 하는 상품 역할을 수행함으로써,

안정적으로 수요시장을 형성하고 이를 지속적으로 넓혀주는 기능을 지닌다.

역사적으로 보면 우월한 기술이나 서비스가 개발되어도 그 기술을 담아낼 콘텐츠가 부재한, 즉 창의적 상상력이 빈곤한 차가운 기술은 대중에게 확산되지 못했다. 대중에게 외면당한 3DTV 기술이 그랬고, 국산 소셜 미디어 등이 글로벌화에 실패한 것도 같은 이유에 기인한다고 본다. 이는 문화의 장벽을 넘어 다수의 이용자에게 소구할 수 있는 스토리텔링 포인트가 부족했기 때문이며, 기술의 기능적 효용성이 결국 기술의 이용자인 인간의 감정을 효과적으로 주도하지 못한 결과로 해석할 수 있다. 따라서 지능정보시대에 대비한 국가 미래 정책과 사회 관심의 대부분을 기술 그 자체의 육성과 개발에만 치중하는 것은 자칫 위험할 수도 있어 보인다. 사실 현 수준에서 인공지능 선진국과 우리나라의 기술 격차는 상당히 큰 상황이라 기술 자체에 모든 것을 집중한다 해도 선도자 추격이 불가하거나 어려울 것이라는 전망들이 많다. 더불어 시장의 불확실성을 걷어내고 빠른 기술 추격을 돕는 기제는 결국 콘텐츠, 즉 '소비자의 감성'과 '상품으로서의 문화'인데 이에 대한 논의가 국내에서는 상대적으로 미약하게 취급되는 상황이다. 콘텐츠는 제조품과 같이 단시간에 규격화되어 만들어지지 않고 소비자의 감정에 민감한 불확실성이 큰 상품이다. 따라서 효과적인 4차 산업혁명시대 대비를 위해서는 더 늦기 전에 핵심적인 기술 육성에 대한 논의와 더불어 이를 실현할 수 있도록 콘텐츠에 대한 논의도 병행될 필요가 있다. 사물인터넷과 로봇, 자동화를 위한 센서 등이 넘쳐나는 '옴니 프레젠스(omnipresence: 언제 어디서나 문화콘텐츠의 소비가 가능한 사회)' 공간에서 개인들의 경험을 더욱 만족시켜주기 위한 문화적 요소인 콘텐츠는 지능정보기술의 성공적 확산을 위해 반드시 필요하기 때문이다.

3. 지능정보기술은 콘텐츠산업에 어떤 변화를 불러오는가

콘텐츠산업은 산업구조적 관점에서 콘텐츠의 '기획과 창작'→'제작 및 가공'→'유통 및 배급'→'이용 및 공유'라는 4단계의 '콘텐츠 가치사슬value chain'을 형성하고 있는 것으로 알려져 있는데, 지능정보기술의 유입은 이미 가치사슬 각각의 단계에서 적지 않은 변화를 유발하는 것으로 확인된다. 특히 이러한 변화의 동인은 지능정보기술이 가지고 있는 초연결, 초지능적 특성에 기인해 ① 콘텐츠 장르, 전송수단, 산업 간의 경계를 붕괴시키고, ② 콘텐츠산업 내의 다양한 사업자 간 결합과 협업, 이종산업의 융합을 촉진하며, ③ 콘텐츠 소비 영역을 확장시켜 이용자 경험의 중요성을 부각시키는 효과를 파생하게 된다. 콘텐츠 가치사슬의 변화를 지능정보기술의 관점에서 단계별로 살펴보자.

그림 6-3 콘텐츠 가치사슬별 주요 혁신 사례

[기획/창작]	[제작/가공]	[유통/배급]	[이용/공유]
 MIT미디어랩의 미래스토리텔링센터	Watson이 편집한 영화트레일러	AI 기반 맞춤형 뉴스앱 Jinri Toutiao	HBO의 쌍방향TV Mosaic

자료: MIT News, "http://news.mit.edu/2008/medialab-plymouth-1118", 유튜브, "https://www.youtube.com/watch?v=Dc5BE8iwmHw", toutiao, "http://app.toutiao.com/app/news_article", mosaic, "https://www.watchmosaic.com".

먼저 [기획/창작] 단계의 경우 빅데이터 분석, 머신 러닝 및 인공지능 기술을 이용한 협업 기반의 콘텐츠 기획과 스토리텔링에 대한 시도가 전 세계적으로 활발하게 이루어지고 있다. 이와 함께 이미지 인식 기술 등을 활용한 소비자 행태·반응정보 분석도 획기적으로 진일보 했다. 전통적인 시각에서 콘텐츠의 기획과 창작 과정은 고도의 감성과 창의성이 요구되는 과업이어서 인공지능이 인간의 영역을 쉽사리 대체하기 어려울 것이란 견해들이 우세했다. 그러나 최근에는 인공지능 기술이 기존 인간 창작품의 패턴을 발견하고 이 패턴을 답습하거나 혹은 벗어나는 방식으로 새롭게 이용자 맞춤형 콘텐츠를 기획하고 창작하려는 시도가 가속화되고 있으며, 심지어 콘텐츠에 등장하는 출연진과 제작진의 의사결정에도 개입하고 있다. 인공지능의 주도로 드라마 콘텐츠를 기획한 넷플릭스Netflix의 〈하우스 오브 카드(House of Cards)〉 사례, 영화 시나리오를 작성한 인공지능 벤자민Benjamin, 아티스트를 발굴하는 인공지능 인스트루멘털Instrumental, MIT 미디어랩Media Lab의 'Human Collaboration in Video Storytelling' 등의 사례처럼 기계와 인간이 협업해 스토리를 기획하고 소비자의 반응을 예측하는 시도는 이미 실험화의 단계를 넘어섰다. 아직 100% 완전한 형태는 아니지만, 전통적인 콘텐츠 기획과 창작의 단계에서 인공지능의 활용 가능성과 과거와 다른 콘텐츠 생산 메커니즘은 지속적으로 보고되고 있는 상황이다.

다음으로 고도의 장인 정신과 정밀함, 예술성이 요구되는 콘텐츠 제작production, 후반작업post-production 공정인 [제작/가공] 단계에서도 지능정보기술의 활용은 매우 활발하게 이루어지고 있다. 대표적으로 아이비엠IBM의 왓슨Watson은 기계학습을 통해 공포영화 〈모건(Morgan)〉의 트레일러를 성공적으로 편집한 바 있고, 최근에는 기술이 더욱 진화하여 고도의 판단력과 편집기술을 요하는 스포츠 콘텐츠의 영상 편집까지 성공적으로 수행해낸 것으로 알려져 있다. 이와 함께 이용자의 선호와 패턴을 읽고 음악콘텐츠의 프로토타입을 스스로 창작하는 소니SONY의 '플로우머신flow machine' 사례도 지능정보기술이 인간의 감정 패턴과 이용 패턴에 대한 학습을 반복해 인간보다 빠른 시간 내에 일정 수준의 콘텐츠 제작과 가공을 수행할 수 있음을 확인시켜 준다. 향후 제작 및 편집과 관련한 딥러닝 기술이 더욱 발달하게 되면, 인공지능이 영상 소스를 활용해 다양한 영상콘텐츠를 이용자 맞춤형으로 빠른 시간 내에 제작 지원할 수 있을 것으로 예측되는 상황이다.

이어서 콘텐츠 가치사슬의 [유통/배급] 단계는 인공지능의 기술 활용이 가장 활발한 분야로 알려져 있다. 유튜브Youtube와 넷플릭스가 적용하고 있는 클라우드 기반 딥러닝 맞춤형 콘텐츠 추천서비스suggestion systems는 우리에게도 이미 친숙한 이야기이며, 더 나아가 개별 이용자의 데이터에 기반해 니치마켓 활용과 롱테일 전략의 강화를 위한 다양한 지능정보기술이 이 분야에 접목되고 있다. 아마존Amazon의 'Rekognition', 중국의 'Jinri Toutiao', 'Influential One' 등의 다양한 사례에서 나타나는 것 같이 빅데이터와 기계학습(특히 딥러닝) 기술을 활용한 콘텐츠 유통과 이용자 보급체계 혁신은 이미 보편화되고 상용화되어 운영 중이다. 특히 최근에는 전통적인 콘텐츠 집단 배급 형태와 달리 개인 취향에 근거한 진화된 콘텐츠 큐레이션 및 레퍼런싱 기술이 속속 시장에 등장하고 있다. 참고로 지능정보기술은 콘텐츠의 시장 출시 전·후 프로모션을 위한 마케팅 예산의 배분 등 유통과 관련한 다양한 의사결정을 지원하는 도구로도 이용이 확대되는 상황이다.

끝으로 [이용/공유] 단계는 이용자가 자신의 취향에 근거해 원하는 콘텐츠를 소비·평가하고, 본인의 만족감과 선호를 타인과 공유하는 단계이다. 이 단계는 지속 구매나 추가 구매와 연계되는 지점이며, 나아가 이용자 간의 사회관계망을 통해 콘텐츠에 대한 평가가 긍정·부정의 네트워크 효과로 전이되는 과정이다. 따라서 콘텐츠 비즈니스의 C(콘텐츠) - P(플랫폼) - N(네트워크) - D(디바이스)를 서비스하는 거의 모든 기업들이 경쟁하는 가장 치열한 지점으로 볼 수도 있다. 최근 관련 기업들은 개인 기반 맞춤형 콘텐츠의 이용 촉진을 위해 사물인터넷과 기계학습, 인공지능 기술 등을 활용한 다양한 고객반응형 쌍방향 서비스를 강화하기 위해 노력하는 한편, 음성기반 이용자인터페이스User Interface를 강화하는 전략을 취하는 모습을 보인다. 더불어 SNS와 모바일 시청과의 연계 이용을 촉진하는 N스크린 기술 등을 발 빠르게 도입하고 있고, 페이스북Facebook의 와치Watch, 유튜브TVYouTube TV 등의 사례와 같이 모바일 콘텐츠서비스의 주도권을 잡기 위해 지속적인 혁신이 이루어지고 있다.

4. 콘텐츠 업계는 지능정보기술을 어떻게 활용하고 있는가

그렇다면 현 상황에서 콘텐츠 업계의 선도 기업들은 지능정보기술을 어떻게 활용하고 있을까? 이를 위해 몇 가지 혁신적인 사례를 소개하고 가까운 미래에 보편화될 콘텐츠 기술 변화를 논의했으면 한다.

우선 첫 번째로 MIT미디어랩과 매킨지McKinsey가 공동 수행한 'Human Collaboration in Video Storytelling' 프로젝트를 살펴보자. 이 프로젝트는 심층 신경 네트워크neuro network 기술을 활용해 인공지능이 인간 스토리텔러의 길잡이co-creator 역할을 성공적으로 수행할 수 있음을 확인시켜준 사례다. 이 프로젝트는 영상 콘텐츠의 스토리 기획에 있어 인공지능에게 영화나 TV, 짧은 온라인 영상 콘텐츠에 담긴 콘텐츠스토리의 플롯, 캐릭터, 대화, 사람의 얼굴, 배경음악 등에 대한 감정을 식별하게 하고 이용자 반응을 예측하게 한 후, 이어 인간 작가가 인공지능이 도출한 감정선에 대한 분석 결과를 참고해 스토리를 완성하는 방식으로 구성된다. 사실 현재까지 인공지능을 통해 만들어진 콘텐츠 스토리는 개연성이 부족하고 극단적이거나 내용의 섬세함 부족이 문제시되곤 했다. 그러나 기계와 인간의 공동 작업이 가지는 잠재력과 방향성을 연구한 이 프로젝트는 기계와 인간이 협업해 콘텐츠기획의 완성도를 더욱 높일 수 있음을 보여준다.

두 번째 사례는 영국 인스트루멘털Instrumental의 인공지능 '탤런트 AITalent AI'다. 인스트루멘털사는 자사의 인공지능인 '탤런트 AI'를 통해 대중이 좋아할 만한 아티스트를 발굴하고 이를 관련 기획자 및 소비자에게 추천하는 서비스를 제공하고 있다. 이 과정에서 인공지능은 다양한 소셜미디어의 빅데이터를 수집·분석해 신흥 아티스트뿐만 아니라 유력한 인플루언서influencer들을 발굴해낸다. 콘텐츠 기획 단계에서 대중의 선호와 감정을 소셜 빅데이터 분석을 통해 예측하고 이를 통해 미디어 및 소비자기업의 의사결정을 지원하는 것이다. 참고로 탤런트 AI는 유튜브에 자신의 노래를 공유한 무명 아티스트들의 콘텐츠를 인공지능으로 분석해 대중이 좋아할 만한 아티스트를 찾아내고 이들을 홍보해서 해당 아티스트에 대한 조회 수 및 인지도를 단번에 1위로 끌어올린 바 있다.

세 번째로 IBM의 인공지능 왓슨이 고난도의 스포츠 하이라이트 영상을 편집한 'Cognitive Highlight' 사례를 살펴보자. 왓슨은 2016년 US오픈 테니스대회의 하이라이트 영상 제작자로 참여해 성공적인 콘텐츠 프로토타입prototype을 제작(편집)했다. 일반적으로 스포츠 대회의 하이라이트 영상 제작은 수백 시간 분량의 경기 화면 중 가장 중요한 장면을 추려내야 하는 작업을 거쳐야 해서 기계가 쉽사리 접근할 수 없는 분야로 인식되어온 분야였지만 왓슨은 기존 스포츠 하이라이트 콘텐츠의 주요 특성과 공통점을 기계학습한 후 관중석의 소음 수준, 선수의 몸짓과 표정에 드러나는 감정 변화 등을 기반으로 개별 영상 장면의 가치를 수치화해 하이라이트 영상을 제작했다. 왓슨의 점수 분류 기준은 일반적인 스포츠 영상 하이라이트 제작의 특징에 부합해 인간이 작업한 결과와 유사한 것으로 나타났으며, 더불어 자막의 생성, 부적절한 콘텐츠의 식별, 선수별 플레이스타일 추적, 메타데이터 작성 등 다양한 과업을 인간보다 빠르게 처리할 수 있음을 보여주었다.

네 번째 사례는 인공지능 스피커를 통해 실시간 상호작용을 극대화한 BBC의 양방향 오디오 콘텐츠인 'The Inspection Chamber'이다. 영국 BBC는 'Talking with Machines' 프로젝트의 일환으로 인공지능 스피커 알렉사Alexa를 활용한 양방향 오디오 SF드라마 'The Inspection Chamber'를 2016년 11월 성공적으로 선보였다. 이 콘텐츠는 컴퓨터가 기본적인 드라마 배경을 설명해주고, 이어서 개별 이용자가 질문과 결말을 선택할 수 있게 열린 구조의 게이미피케이션gamification 요소를 극대화한 사례로 음성을 통해 인공지능 스피커에 이용자의 의사 전달이 가능하도록 콘텐츠를 제작한 것이 특징이다. 즉, 드라마는 열린 구조의 스토리로 인공지능이 이용자와 커뮤니케이션을 통해 스토리를 완성하는 방식이다.

다섯 번째 사례는 보편적으로 알려진 넷플릭스의 딥러닝 기반 '맞춤형 콘텐츠 추천서비스contents suggestion'이다. 현재 전 세계 190여 개 국가에서 약 1억 명 이상의 이용자를 확보하고 있는 넷플릭스는 개인 이용자의 취향을 분석해 콘텐츠를 추천하는 인공지능 알고리즘을 지속적으로 활용하고 있다. 해당 알고리즘은 이용자가 좋아하는 콘텐츠를 고르도록 한 뒤 그 취향을 분석하여 추천 동영상을 제공하며, 콘텐츠를 더 많이 이용할수록 이용자의 취향에 더 가까워지는 딥러닝 방식의 진화형 알고리즘이다. 3만 개 이상의 콘텐츠를 장르, 캐릭터, 스토리 등으로 체계적으로 분류하고 이용자의 시청 시간, 행태, 선호 콘텐츠 등 데이터를 분석해 교집합을 찾는 방식으로 개인 스스로도 몰랐던 취향을 파악하여 개별 맞춤형 큐레이션을 통해 추천한다. 참고로 넷플릭스 이용자의 3분의 2 이상이 알고리즘 추천 동영상을 활용하고 있는 것으로 알려져 있다. 한편 넷플릭스는 콘텐츠 전송 환경 및 화면 특징을 고려해 데이터 전송 효율을 최적화하는 기계학습 영상엔진 기술도 개발해 활용하고 있다. 이용자별 데이터 이용량과 전송 속도를 고려하여 콘텐츠 전송 방식을 추천하는 것으로 서비스를 고도화한 것이다.

여섯 번째 사례는 클라우드 기술의 강자인 아마존의 'Rekognition' 서비스이다. 이 서비스는 이미지나 영상콘텐츠에서 객체, 장면, 텍스트 및 얼굴을 감지하고 식별하는 서비스 기술로, 구글Google의 'CVI'와 디즈니Disney의 'FAVE' 기술의 일부 기능을 혼합한 형태의 특성을 갖는다. 딥러닝을 기반으로 정교한 비주얼 검색 및 이미지 분류 기능을 수행하며 심층 신경망 모델을 사용해 이미지 혹은 영상 속의 수많은 객체와 장면을 탐지하고 라벨링한 후 API를 통해 웹, 모바일 또는 커넥티드 디바이스 애플리케이션에 이미지 분석을 간편하고 신속하게 저장할 수 있는 특성을 갖는다. 이 서비스는 이미지 내 텍스트의 인식, 객체 및 장면 탐지, 이미지 조정, 안면 분석 및 안면 비교로 구성되어 있는데, 특히 계층 구조의 레이블 목록을 신뢰 점수와 함께 제공함으로써, 허용할 이미지를 세분화하여 제어할 수 있는 특징을 보인다.

마지막 사례는 프랑스의 'We are TV'이다. 이 서비스는 지난해 10월 출시되어 프랑스에서 넷플릭스를 제치고 엔터테인먼트 앱 다운로드 부문 1위를 차지한 바 있다. TV방송시청과 증강현실AR 게임을 접목한 콘텐츠서비스로 TV시청과 스마트폰 동시 이용 맥락을 고려한 것이 서비스의 특징이며, 실시간 방송 평가 기능과 함께 이용자의 게임 욕구를 적절히 자극하는 특성을 보이고 있다. 자세한 내용은 해당 웹사이트를 참고하기 바란다.

그림 6-4 콘텐츠 업계 지능정보기술 활용 사례

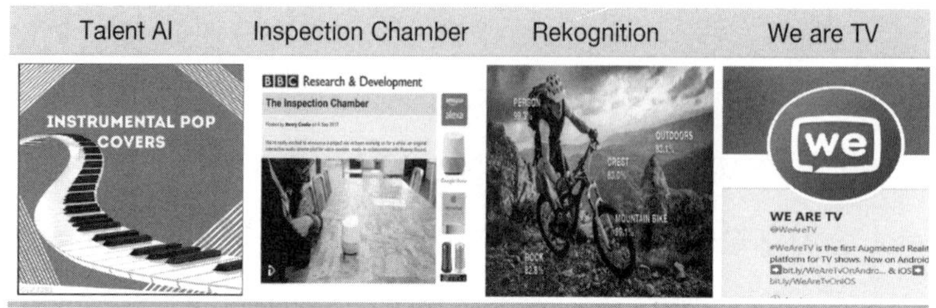

자료: 인스트루멘털, "www.weareinstrumental.com", bbc, "www.bbc.co.uk", 아마존, "http:-//aws.amazon.com/ko/rekognition",We are TV, "www.wearetv.com".

5. 지능정보시대의 콘텐츠정책은 무엇을 지향해야 하는가

지능정보기술이 콘텐츠산업에 미치는 주요 영향을 요약하면 다음과 같다. 첫째, 지능정보기술의 발달은 현재보다 콘텐츠 산업 경계의 파괴를 더욱 가속화할 것이다. 이용자의 경험을 연결해줄 수 있는 다양한 산업이 유기적으로 연계될 것이고, 이로 인해 다양한 형태의 융합이 촉진되어 업종과 장르, 플랫폼의 영역에 대한 전통적인 구분은 향후 더욱 복잡해질 것이다. 일례로 모바일 기반 방송서비스 시장은 TV방송사업자와 통신사업자, 인터넷 사업자들이 모두 뒤엉켜 신규 기술과 서비스를 통해 경쟁 양상이 갈수록 치열해지는 양상이다.

둘째, 지능정보기술은 콘텐츠서비스 이용 환경을 지속적으로 변화시킬 것이다. 콘텐츠서비스에 활용되는 인공지능의 기능이 지속적으로 향상된다면, 콘텐츠의 선택과 소비에 있어 이용자들의 인공지능 서비스 의존도는 더욱 높아질 것이다. 현재도 인공지능 챗봇chat bot의 도움을 통한 콘텐츠 이용 UI가 지속적으로 보급되는 상황이다. 따라서 자신이 원하는 콘텐츠의 검색과 추천 서비스는 더욱 편리해지고, 보다 정확한 개인 맞춤형 서비스가 고도화될 것으로 전망된다.

셋째, 킬러콘텐츠 확보 경쟁이 심화될 것이다. 초연결과 초지능으로 대변되는 지능정보사회는 그만큼 많은 볼거리와 감성상품을 필요로 하게 된다. 따라서 콘텐츠 비즈니스에 있어 핵심적인 콘텐츠의 확보와 다양한 수요에 기반한 콘텐츠 제공 역량이 중요한 경쟁요인으로 부각될 가능성이 높다. 특히 가상현실·증강현실 콘텐츠와 같이 고품질 실감형 콘텐츠에 대한 수요의 확산과 오리지널 콘텐츠 확보를 위한 업체 간 경쟁 강화 양상은 현재보다 더욱 심화될 것이다. 한편 콘텐츠 선택과 소비에 있어 사업자의 유·불리를 가늠하는 콘텐츠 추천 및 배제와 관련한 인공지능 소프트웨어 알고리즘 이슈에 대한 논란도 현재보다 더욱 심화될 것으로 예상된다.

넷째, 인간과 기계의 협업에 의한 비즈니스 활동이 촉진될 것이다. 이는 이전과는 전혀 다른 콘텐츠 생산 및 소비 방식이 확산됨을 의미하며 인공지능을 통한 신상품개발(NPD: New Product Development) 실험과 경험 공유가 확장될 개연성을 의미한다. 기계가 인간을 100% 대체하지 못하더라도 비용 효과적인 조력자로서의 생산성은 이미 충분히 보여주고 있으므로 콘텐츠 비즈니스의 성공 확률을 높이기 위해 기획과 창작, 제작, 유통 영역에서 기계와 인간의 협업 사례는 향후 보다 활발해질 것으로 보인다.

다섯째, 위의 변화들은 기존 콘텐츠기업의 경쟁 방식을 바꿔놓을 소지가 다분하다. 따라서 기존의 콘텐츠기업들은 수익을 창출하는 비즈니스 모델에 대한 전면적 재검토와 함께, 경쟁과 협력의 관계 설정을 수시로 재편할 개연성이 높다. 더불어 시장 불확실성이 커질 것이므로 기업 입장에서는 혁신가innovator와 기회주의자opportunist의 양면성을 모두 보이는 디커플링decoupling 현상이 심화될 것으로 예상된다.

한편 4차 산업혁명 혹은 디지털 트랜스포메이션으로 대변되는 혁명적 변화의 기저를 형성하는 지능정보기술의 활용 및 성공적 대응과 관련한 문제는 일부 경제 주체에만 국한되는 것이 아니라 국가경제 시스템 전체 차원에서 다양한 기술 환경의 변화에 대응하는 총체적인 유연성flexibility을 구축하는 문제와도 맞닿아 있다. 기술 발전의 변화에 빠르게 대응하는 노동시장, 핵심 고급 기술의 보유, 고급 인력을 양산하는 교육시스템, 경제사회 인프라, 산업 활성화를 위한 규제 개선 및 지식재산권을 보장할 수 있는 법률시스템 등이 모두 중요한 것이다. 이에 대해 UBS(2016)는 미국, 일본, 독일 등 23개 선진국과 중국, 러시아, 인도 등 22개 신흥 개발도상국을 대상으로 세계경제포럼WEF 「글로벌경쟁력보고서(Global competitiveness Report)」의 순위 항목을 활용해 국가별 4차 산업혁명 대응 및 준비도를 평가한 바 있다. 그 결과 한국은 스위스(1위), 싱가포르(2위), 미국(5위), 일본(12위) 등에 비해 대체로 낮은 순위인 25위를 기록했다. 평가 항목 전 분야에서 국가 순위가 낮았는데, 이는 환경 변화 요인 발생 시 이에 대처하는 민첩성과 유연성이 타 국가에 비해 열세라는 의미로 해석된다. 특히 노동시장의 유연성과 법률시스템 부문은 매우 저조한 평가를 받았다. 따라서 향후 주요 항목별 유연성을 점검하고 대비하는 작업은 국가의 정책적 차원에서 시급한 과제이며, 지능정보시대에 걸맞은 콘텐츠산업의 정책적 접근이 필요하다고 할 수 있다. 지능정보사회로의 이행 시기에 콘텐츠산업이 어떠한 환경과 위치에 놓여 있는지를 조망하고, 이에 대해 정부 차원의 적절한 정책적 지원과 개입이 필요한 영역과 역할을 확인하는 것은 국가적으로 매우 중요할 수밖에 없다.

우선적으로 정부는 변화와 혁신을 두려워하지 않는 콘텐츠산업 생태계 조성 의지를 보여야 한다. 정부가 산업의 유연성을 높이는 역할을 수행할 필요가 있는 것이다. 지능정보시대로의 초기 시장 실패가 전환기의 실패, 국가 산업시스템의 실패로 이어질 수 있는 만큼, 정부는 지능정보기술의 발달로 야기되는 변화상에 대한 선제적 제도 개선과 최소 규제체계의 적용 노력 등 혁신친화적 사회시스템 구축을 위한 법과 제도의 개선을 위해 노력해야 한다. 물론 법과 규제체계는 후행적 특성이 강하지만, 앞서 UBS(2016)의 평가와 같이 국내의 법제시스템이 경직되었다는 점에서 혁신의 시도를 가로막는 과도한 제도들이 존재하지 않는지 적극적인 관찰과 평가가 지속적으로 수행될 필요가 있을 것이다. 인공지능의 역기능 예방과 관련한 윤리적 이슈에 대응하는 노력도 중요하고, 공정한 경쟁이 이루어질 수 있도록 게임의 룰을 세팅하는 시도도 중요하다. 그러나 그에 못지않게 콘텐츠산업에서 지능정보기술의 활용과 사회 전반적인 편익의 확산을 가로막는 제도의 철폐도 중요하므로, 국가는 혁신환경 조성을 위해 지속적인 노력을 이행할 필요가 있다.

둘째, 새로운 콘텐츠산업 생태계 형성을 위한 기업들의 적극적인 투자 유도와 콘텐츠 기술 경쟁력, 국제 경쟁력 향상을 위한 정부 지원을 현재보다 강화할 필요가 있다. 특히 지능정보 범용 기술과 콘텐츠 분야 활용 기술에 있어 선도국을 따라잡기 위해서는 기업들의 혁신적 투자를 촉진할 필요가 있으며 이를 위한 제도적 지원과 세제 혜택 등을 더욱 적극적으로 전개할 필요가 있다. 더불어 보다 장기적인 관점에서 첨단기술 기반 콘텐츠 개발이나 관련 서비스의 활성화에 정부 지원을 늘려 민간의 기술 개발 및 활용 역량을 빠른 시간에 안정적으로 높여줄 필요가 있다.

셋째, 지능정보 범용 기술의 개발 역량 강화를 위해 다양한 경제 주체들이 협력하는 혁신 체제를 조성할 필요가 있다. 예컨대 영국의 BBC는 시장 불확실성을 제거하기 위해 맨체스터 대학 등 8개 대학과 협력해 자사의 데이터를 대학에 개방하는 한편, 이들 대학의 연구를 통해 자사의 인공지능 콘텐츠 기술을 발전시키고 개선하기 위해 노력 중이다. 대학은 기업의 데이터를 연구해 문제 해결을 위한 기술 개발을 진행하고, 기업은 대학의 연구 결과를 비즈니스에 활용하는 방식이다. 신 시장 창출을 위한 지속가능형 혁신 생태계의 조성을 위해서는 다양한 경제 주체들의 협력을 통한 문제 해결을 장려하고 이에 대한 지원을 늘려야 한다.

넷째, 지능정보기술이 콘텐츠산업의 직업세계에 미칠 영향력에 대한 분석과 예측 기능을 강화하고, 관련 인재 양성을 위한 직업/고등교육의 개편에 앞장설 필요가 있다. 2017년 기준 국내에 콘텐츠 관련 고등교육기관은 477개, 전공자(학부 및 대학원생) 규모는 17만 3천명 규모로 나타나고 있는데(한국콘텐츠진흥원, 2017b), 이들 콘텐츠 고등교육기관이 제공하는 교육 품질에 대한 점검과 산업계 수요와의 양적·질적 부조화의 여부를 면밀히 들여다볼 필요가 있다. 이를 통해 지능정보기술이 야기하는 미래 콘텐츠산업의 고용구조에 대한 선제적 대응 수준을 높여야 한다. 콘텐츠산업에서 소멸될 직업과 관련 일자리에 대한 진단, 반대로 새로운 기술과 연관 서비스 분야에서 신규로 창출될 직업들과 일자리 변화에 대한 예측력 강화가 필요하며, 이를 통해 콘텐츠산업계 미래 인력 수요를 반영한 인재 양성 방향 제시와 현재 산업계 종사자 대상의 미래 직업 역량 개발을 위한 가이드 제공에 많은 관심을 기울여야 할 것이다.

참고문헌

문화체육관광부. 2017. 「콘텐츠산업 중장기 정책비전: 미래 콘텐츠산업 준비보고서」.

스트라베이스. 2017. 3. 21. "Google, 동영상 인식 및 검색 지원 인공지능(AI) 기술공개…" Trend Watch.

_____. 2017.10.16. "IBM 인공지능(AI) 시스템 Watson, 스포츠 하이라이트 영상 편집에 도전.." Trend Watch.

_____. 2017.11.24. "HBO의 신규 미니 시리즈 Mosaic, 양방향 시청 앱 제공 개시". Trend Watch.

_____. 2017.12.4. "인공지능(AI)이 촉발한 미디어 업계의 변화…" Research Prism.

정보통신정책연구원. 2016.7.29 「4차 산업혁명 시대의 변화상과 정책 시사점」. ≪KISDI 프리미엄리포트≫, 16-04.

한국콘텐츠진흥원. 2018. 「2017 콘텐츠산업 결산과 2018년 콘텐츠산업 전망」.

_____. 2017a. 「인간, 콘텐츠, 그리고 4차 산업혁명: 변화와 대응」. ≪KOCCA 포커스≫, 17-03호.

_____. 2017b. 「2017 콘텐츠 교육기관 및 인력수요 현황조사」. ≪KOCCA 포커스≫, 17-15호.

Mckinsey and Company. 2017. "Artificial Intelligence the Next Digital Frontier?" Mckinsey Global Institute, Discussion Paper, June 2017.

PWC. 2017. "Leveraging Artificial Intelligence and Robotics for Sustainable Growth." *Artificial Intelligence and Robotics-2017*. March 2017.

Roettgers, J. 2016.11.09. "How Media Companies Are Using Artificial Intelligence to Connect With Consumers." *Variety*.

UBS. 2016. *Extreme automation and connectivity: The global, regional, and investment implications of the Fourth Industrial Revolution*. UBS White Paper for the World Economic Forum, Annual Meeting 2016.

07

차세대 미디어 OTT는 어떻게 성장하고 있는가

이상원
경희대학교 언론정보학과 교수

차세대 미디어의 핵심 중 하나인 OTT(over the top) 서비스는 협의로 정의하면 인터넷망을 통해 방송미디어 영역에서 영상 콘텐츠를 시청하는 서비스를 의미하나 광의로 OTT 서비스를 정의하면 오픈(또는 범용) 인터넷망(Open Internet)을 통해 최종 이용자(End-User)에게 콘텐츠와 애플리케이션을 제공하는 서비스를 포괄하는 의미로 받아들여지고 있다. 이 장에서는 디지털 트랜스포메이션과 함께 OTT 서비스가 얼마나 성장하고 있는가를 고찰하고, 다양한 OTT 서비스 유형과 사례를 살펴본다. 또한, 넷플릭스와 같은 OTT 사업자의 세계시장 진출 상황과 사업 전략을 고찰하며, 새로운 융합 미디어 서비스로서의 OTT 서비스에 대한 국내외 규제 논의를 살펴본다.

1. OTT란 무엇인가

브로드밴드 기술 혁신, 스마트폰, 태블릿 PC 등 스마트미디어 사용자 증가는 데이터 사용량을 전 세계적으로 폭발적으로 증가시켰다. 예를 들어 CISCO의 글로벌 모바일 데이터 트래픽 예측에 따르면 2017~2021년의 4년 동안 전 세계 모바일 데이터 트래픽은 4배 이상 증가하며, 모바일 데이터 트래픽의 연평균 성장률은 46%에 이를 것으로 예측되고 있다. 또한 2021년에는 전 세계 인터넷 사용자 데이터 트래픽 중 동영상으로 인한 데이터 트래픽은 82% 이상을 차지할 것으로 추정된다. 이와 같은 스마트미디어 사용자 증가 및 동영상으로 인한 데이터 사용량 급증은 차세대 미디어의 핵심 중 하나인 OTT 서비스의 성장과 관련된다.

OTT 서비스의 대표적인 예로 들 수 있는 넷플릭스Netflix 비디오 스트리밍 서비스 가입자 수는 2018년 1월에 전 세계 1억 1700만 명을 넘어섰으며, OTT 서비스 유형 중 하나로 볼 수 있는 유튜브youtube는 90개국 이상의 나라에서 사용자를 확보하고 있고, 2017년에는 전 세계 15억 명 이상의 사용자가 매일 57만 6000시간 분량의 동영상을 업로드했으며, 매일 10억 시간 이상의 콘텐츠가 유튜브 플랫폼을 통해 소비되었다(DMR, 2018).

이렇게 전 세계 미디어 시장에서 급속도로 성장하고 있는 OTT란 무엇인가? OTT 서비스 제공 초기에 OTT는 TV 셋톱박스set-top box와 같은 단말기를 통한 인터넷 기반의 동영상 방송 콘텐츠 등 다양한 시청각 콘텐츠를 제공하는 서비스를 의미했으나, 최근에는 셋톱박스의 유무를 떠나 PC, 스마트폰 등의 단말기뿐만 아니라 기존의 통신사나 방송사가 추가적으로 제공하는 인터넷 기반의 동영상 서비스를 모두 포괄하는 의미로 사용되고 있다. 따라서 OTT 서비스는 그동안 인터넷 실시간 방송을 포함한 동영상 콘텐츠 등 다양한 시청각 콘텐츠를 다양한 디바이스를 통해 전달하는 서비스로 정의되어왔다고 볼 수 있다. 이러한 OTT 서비스를 협의로 정의하면 인터넷을 통해 방송미디어 영역에서 영상 콘텐츠를 시청하는 서비스(예: VOD, 인터넷 TV다시보기 서비스, 지상파나 유료방송 채널의 실시간 온라인 스트리밍 서비스 등)를 의미하나 광의로 OTT 서비스를 정의하면 좀 더 다양한 서비스, 즉 VoIP, 모바일 메신저, 클라우드 컴퓨팅 등의 서비스를 포괄하는 의미로 받아들여진다. 이러한 광의의 OTT 서비스에 대한 정의는 EU의 전자커뮤니케이션 규제기구인 BEREC(Body of European Regulators for Electronic Communications)의 OTT 정의와 유사하다. BEREC(2016.6)은 OTT서비스를 오픈(또는 범용) 인터넷망(Open Internet)을 통해 최종 이용자(End-User)에게 콘텐츠와 애플리케이션을 제공하는 서비스로 정의했고, 이는 오픈 인터넷망을 통해 제공되는 VoIP, 전자메일, 인스턴트 메신저, 전자상거래, 웹기반 콘텐츠제공서비스 등을 포괄하는 모든 형태의 서비스를 말한다.

방송서비스 영역에서 OTT 서비스와 IPTV 서비스를 비교하면, 두 서비스 모두 인터넷 기반의 비디오 서비스를 제공한다는 점에서는 유사하다. 그러나 OTT 서비스 사업자는 일반적으로 물리적인 브로드밴드 인터넷망을 제공하지 않는 넷플릭스와 같은 사업자라고 볼 수 있으나, IPTV 사업자는 주로 AT&T나 SKT와 같이 물리적인 브로드밴드 인터넷망을 제공하는 통신사업자라는 점에서 차이가 있다. 또한 국내에서 OTT 사업은 부가통신서비스로 분류되어 방송서비스 제공을 위한 허가가 필요하지 않기 때문에 신고만으로 방송시장에 진입할 수 있으나, 기존의 IPTV 사업자는 인터넷 멀티미디어 방송사업법에 의해 허가를 받아야 서비스를 제공할 수 있다는 점에서 차이가 있다.

2. 디지털 트랜스포메이션과 함께 OTT 서비스 시장은 얼마나 성장하고 있는가

미디어 산업 영역에서 디지털 트랜스포메이션Digital Transformation이 콘텐츠 유통에 미친 영향의 가장 좋은 예 중 하나가 OTT 서비스라고 볼 수 있다. 디지털 트랜스포메이션은 조직과 사회 전체에 디지털화가 초래한 전반적·총제적 영향으로 이해할 수 있으며, 조직적 측면에서는 주로 생산성 등 조직의 성과 제고를 위해 디지털 역량을 활용하는 조직(또는 기업)전략으로 이해될 수 있다. 사회적 측면에서는 디지털화의 다양한 긍정적 또는 부정적 영향을 포함하는 포괄적인 개념으로 이해되고 있다(이상원, 2017).

디지털 트랜스포메이션이 콘텐츠 산업에 미친 영향을 콘텐츠 가치사슬 단계인 콘텐츠 제작, 콘텐츠 유통 및 콘텐츠 소비로 나누어보았을 때, 브로드밴드 기술 혁신과 같은 디지털 기술은 인터넷 관련 산업의 진화와 다양한 혁신 서비스를 가능하게 했다. 미디어 산업 영역에서는 콘텐츠 유통 인프라에 영향을 줌으로써 넷플릭스와 아마존 같은 인터넷 사업자들의 글로벌 OTT 서비스를 가능하게 만들었다고 볼 수 있다.

넷플릭스는 브로드밴드 인터넷을 콘텐츠 유통 네트워크로 활용하여 2017년에 이미 1억 명 이상의 가입자에게 글로벌 스트리밍 서비스를 통해 다양한 영상 콘텐츠를 제공했다. 넷플릭스와 같은 기업의 OTT 서비스를 통한 콘텐츠 유통은 진입장벽이 있으며 거대한 자본의 투자를 필요로 했던 케이블과 같은 기존의 유료방송 서비스의 OTT 서비스 대체현상을 가져왔다.

이러한 OTT의 유료방송 대체 현상은 코드커팅Cord-Cutting과 같은 새로운 용어를 유행시켰다. 코드커팅이란 용어 그대로 '선을 끊는다'는 의미로 방송·미디어 업계에서 사용되는 용어인데 그동안 가정에서 케이블이나 위성

방송 같은 유선을 이용한 유료방송을 이용하던 시청 행태에서 별도의 선이 필요 없는 온라인 기반 동영상 서비스로 이동해가는 시청 행태로의 변화를 말한다. 이러한 코드커팅 현상은 넷플릭스와 같은 OTT 사업자가 강세인 미국 같은 나라에서는 점점 심화되고 있다. 예를 들어 스태티스타(Statista, 2017.1)의 통계 자료에 따르면 2017년 1분기에 미국 내 넷플릭스 서비스 가입자 수는 미국 케이블TV 가입자 수를 이미 추월한 것으로 나타났다(〈그림 7-1〉 참조).

OTT 서비스가 기존 유료방송을 대체하는 현상은 영상 콘텐츠 시장에 큰 변화를 초래하고 있으며 향후에도 이종 기술 및 이종 산업 간 융합을 통해 디지털 트랜스포메이션은 기존 미디어 산업에 큰 영향을 가져올 것으로 판단된다.

그렇다면 이러한 OTT 서비스의 시장 규모는 얼마나 되며, OTT 서비스는 미디어 시장에서 얼마나 성장하고 있을까? 디지털 티비 리서치(Digital TV Research, 2015.1)에 따르면 세계 OTT 서비스 시장 규모는 2015년에 294억 달러였으며, 2021년에는 648억 달러에 이를 것으로 전망되고 있다. 향후 글로벌 OTT 시장에서는 페이퍼뷰pay per view 등 렌털 형태의 VOD 서비스보다는 넷플릭스가 제공하는 스트리밍 서비스와 같은 가입 기반 모델이 핵심 수익 모델이 될 것으로 예상된다. 이와 같이 전 세계적으로 OTT 서비스는 빠르게 성장하고 있으며, OTT 서비스가 방송시장에서 차지하는 규모가 커지면서 2017년 미디어 OTT 서비스 시장 규모는 글로벌 방송시장의 8% 규모로 추정된다.

PWC의 2015년 국가별 OTT 시장 분석에 따르면 OTT 시장 규모가 가장 큰 나라는 미국이며, 그다음은 영국, 일본, 중국 등이다. 그중 중국은 연평균 70% 이상의 가장 높은 성장률을 보이고 있다.

그림 7-1 넷플릭스 OTT 서비스의 미국 케이블 방송 서비스 대체 현상

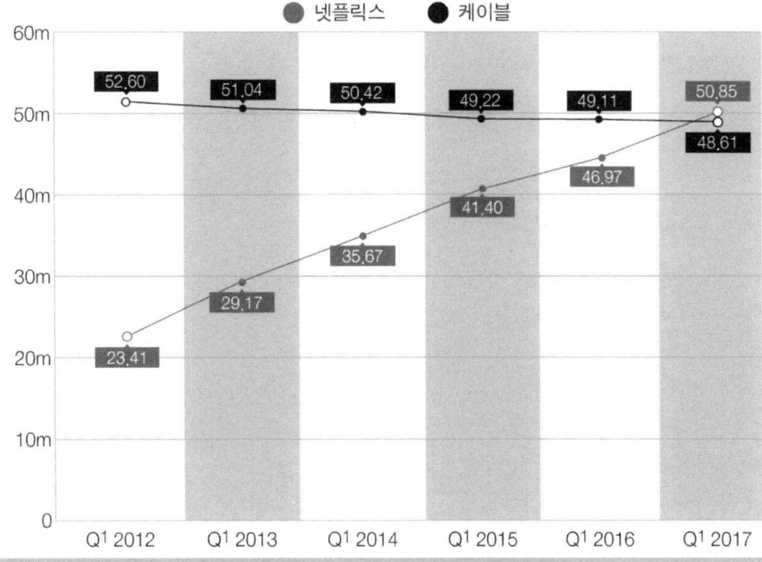

자료: Statista, "Netflix Surpasses Major Cable Providers in the U.S"(2017).

국내 OTT 시장의 경우 2015년에 사용자 규모가 약 2500만 명으로 추정되었으며, 이 중 월정액 가입자는 약 10% 정도인 것으로 추정되었다. 2016년 국내 OTT 시장 규모는 4884억 원으로 추정되었다. 2017년 방송매체 이용 행태 조사에 따르면 국내 OTT 서비스의 이용률은 36%로 추정되고, 최근 OTT 서비스 1인당 평균 이용 시간은 계속 증가 추세에 있는 것으로 나타났다. 국내 OTT 서비스의 연령별 이용률은 20대가 62.8%로 가장 높고, 10대(58.4%)와 30대(50.9%) 순이었으며, 연령이 높을수록 OTT 이용률은 낮은 것으로 밝혀졌다. VOD 이용의 경우, VOD 주 이용자 평균 연령은 33세, 실시간 주 이용자는 남성(60.0%)의 비율이 여성(40.0%)보다 20%가량 높게 나타났다(방송통신위원회, 2017). 현재 국내 OTT 시장에서는 유튜브와 같은 무

료 OTT 이용자가 실시간 유료 OTT 이용자보다 큰 것으로 나타나고 있으며, 유튜브와 쇼트클립short clip 기반 동영상, 네이버TV 캐스트 등 포털 동영상 서비스 이용자의 규모와 이용 시간이 푹, 티빙 등이 포함된 VOD 유료 기반 동영상 이용자를 압도하고 있는 것으로 나타났다. 한편 국내 스타트업인 프로그램스Frograms의 월정액 VOD 스트리밍 서비스인 왓챠플레이는 2017년 2월에 가입자 수 64만 명을 확보했다.

글로벌 OTT 사업자의 국내 시장 진출도 증가 추세이다. 2016년 1월에는 글로벌 OTT 사업자인 넷플릭스가 한국 시장에 진출했고, 2016년 5월에는 중국 OTT 서비스 업체 웨이라이 TV가 한국 시장에 진출하기도 했다.

이렇게 OTT 서비스는 국내에서도 지속적인 성장세에 있다고 볼 수 있다. 그럼에도 불구하고 미국과 같은 정도의 코드커팅 현상을 아직 국내 유료 OTT 서비스 시장에서 찾아보기는 어려운 상황이다. 해외 시장과 비교했을 때, 국내 유료 OTT 시장이 크게 활성화되지 못하는 이유는 국내 유료 OTT 서비스 가격과 IPTV나 케이블과 같은 유료방송 플랫폼 서비스의 가격의 차이가 매우 적어서 국내 유료 OTT 서비스의 가격 경쟁력이 다른 나라에 비해 약하고, 국내에서 콘텐츠의 불법 다운로드 등이 성행하고 있다는 점 등을 들 수 있다.

이런 불리한 시장 환경에도 불구하고 장기적인 관점에서 국내 유료 OTT 시장은 성장할 가능성이 있다. 일단 한국은 기존의 유무선 브로드밴드 인프라가 세계 최고 수준이며, 5G 네트워크도 현재 구축 중인 상태이기 때문에 OTT 서비스 성공의 필수 기술 환경인 무선 브로드밴드 네트워크 인프라 구축이 다른 나라보다 월등한 수준이라고 볼 수 있다. 또한, 스마트미디어 보급률 증가와 함께 전체 미디어 이용 인구의 65% 이상이 TV-PC-Mobile을 함께 이용하는 '3Screen' 이용자여서 언제든지 잠재적 OTT에 대한 수요가 실제 수요로 전환될 가능성도 있다는 점이다. 최근에는 유료방송 VOD 이용도 늘어나고 있어 국내 유료 OTT 시장은 성장 가능성이 크다고 볼 수 있다.

3. OTT 서비스의 유형에는 어떤 것이 있는가

이렇게 성장하고 있는 OTT 시장에서 영상 관련 콘텐츠를 제공하는 OTT는 서비스 유형을 어떻게 구분할 수 있을까? 이러한 유사 방송 서비스로서의 OTT 서비스의 유형은 다음과 같이 대략 4가지 유형으로 구분할 수 있다(〈그림 7-2〉 참조).

첫째, 실시간 채널과 VOD 서비스를 함께 제공하는 확장된 실시간형 OTT 서비스를 들 수 있다. 실시간형 OTT 서비스는 지상파 계열의 콘텐츠 연합 플랫폼 푹pooq, 종합유선방송 및 방송채널사용사업 계열의 티빙tving, 현대HCN의 에브리온TV, IPTV 계열인 SK브로드밴드의 옥수수, KT의 올레TV 모바일, LG유플러스의 U+ HDTV, 스마트TV 서비스 계열의 채널플러스(LG전자), TV플러스(삼성전자) 및 인터넷 포털 서비스 계열의 네이버TV캐스트 등으로 국내에서 흔한 유형이다.

둘째, 실시간 채널을 제공하지 않는 비선형 OTT 서비스를 들 수 있다. 예를 들면 지상파와 대부분 PP의 인터넷 기반 TV 다시보기 서비스(예: KBS 미디어, ㈜ iMBC, SBS 콘텐츠허브 등)가 이에 해당한다. 또한 글로벌 OTT 사업자인 넷플릭스의 스트리밍 서비스와 국내 유료 스트리밍 서비스인 프로그램스의 왓챠플레이가 두 번째 유형의 OTT 서비스에 해당된다고 볼 있다.

셋째, 준OTT 서비스이다. 준OTT 서비스는 유튜브, 아프리카TV, 다음TV팟, 팝콘TV, 판도라TV 등 인터넷 개인방송 계열 OTT를 예로 들 수 있다.

그림 7-2 OTT 서비스의 유형

확장된 실시간형 OTT 서비스

비선형 OTT 서비스

준OTT 서비스

기타 인터넷 기반 OTT 서비스

자료: 이향선, 『스마트미디어 확산에 따른 유사방송 콘텐츠 규제 체계 정비 방안 모색』(2016).

넷째, 기타 인터넷 기반 OTT 서비스로서 팟캐스트, 페이스북 라이브와 같은 SNS 기반 실시간 생중계 동영상 서비스, 네이버 실시간 영상 서비스 브이 등을 예로 들 수 있다. 이러한 네 가지 유형의 OTT 서비스 외에도 향후, 더 다양하고 창의적인 형태의 OTT 서비스가 새로운 비즈니스 모델 및 운영 모델을 갖추고 출현할 것으로 보인다.

4. 넷플릭스의 세계시장 진출은 어떤 상태이며 어떤 전략을 구사하고 있는가

현재 OTT 서비스 중 유료 모델의 대표적 서비스는 넷플릭스라고 볼 수 있다. 현재 넷플릭스의 스트리밍 비디오 서비스는 국내보다는 미국, 캐나다 및 유럽에서 더 활성화되어 있다. 넷플릭스의 글로벌 스트리밍 서비스는 현재 전 세계 200개 이상의 나라에서 서비스 중이고, 2011년 중남미 시장 진출을 시작으로 2012년에 영국, 덴마크, 핀란드 등 유럽으로 확장되어 2016년 말에는 아시아, 동유럽, 아프리카 및 중동 지역까지 진출했다. 넷플릭스 글로벌 스트리밍 서비스는 2017년 4분기에 전체 사용자가 1억 1700만 명을 돌파했으며, 그 가운데 해외 사용자가 6280만 명으로 추정된다(〈그림 7-3〉

그림 7-3 넷플릭스의 가입자 수 증가 추세

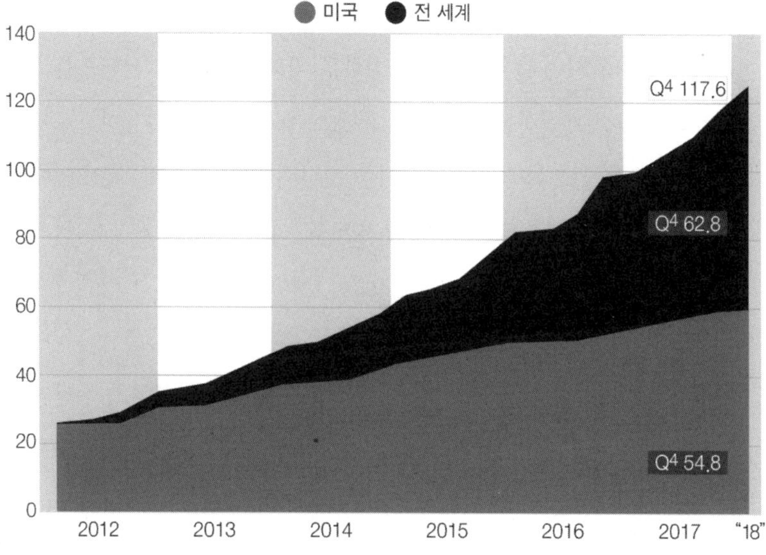

자료: Statista, "Netflix Adds a Record 8.3 Million Subscribers in Q4 2017"(2017).

참조). 2017년 4분기의 해외 사용자 비율은 53%를 초과함으로써 넷플릭스의 스트리밍 서비스가 향후에는 미국 국내 부문보다는 해외 부문에 전략적으로 초점을 맞출 것임을 예상할 수 있다.

사용자 증가와 함께 넷플릭스의 비디오 스트리밍 서비스 매출액도 2008년 13.6억 달러에서 2017년에 116.9억 달러로 증가했다. 넷플릭스의 전체 매출액 중 글로벌 스트리밍 서비스 부문은 2010년 2.6%에서 2015년 29.94%로 증가했으며, 전체 매출액 중 글로벌 스트리밍 서비스 부문은 2020년에 약 46%까지 증가될 것으로 추정되고 있다. 이와 같은 상승세가 계속된다면 넷플릭스 창업자 겸 CEO인 리드 헤이스팅스의 "TV방송 시대는 2030년까지만 지속될 것이다"와 같은 장담이 이루어질 수도 있을 것이다. 현재 미국의 경우 기존 유료방송에서 OTT 서비스로 전환한 이용자의 57%는 넷플릭스 스트리밍 비디오 서비스 사용자로 추정되고 있다.

넷플릭스는 타 기업 플랫폼과의 차별화를 위해 일부 킬러 콘텐츠를 플랫폼 사업자가 직접 제작하는 '오리지널 콘텐츠 제작 전략'을 활용함으로써 이미 〈하우스 오브 카드〉와 같은 히트작을 생산해낸 바 있으며, 2017년에 오리지널 콘텐츠 제작에 60억 달러를 투자한 데 이어 2018년엔 약 80억 달러(약 8조 6000억 원) 이상의 대규모 투자를 단행할 계획인데, 이러한 투자는 미국 디즈니의 투자 규모를 넘어서는 것이다.

이러한 오리지널 콘텐츠 제작 전략과 함께 넷플릭스는 콘텐츠 추천 알고리즘을 통해 콘텐츠 소비자에게 최적화된 경험을 제공하는 전략을 이용하고 있다. 빅데이터 분석과 추천 알고리즘의 혁신은 세련된 콘텐츠 큐레이션을 통한 맞춤형 콘텐츠를 소비자에게 제공하는 것을 가능하게 했으며, 현재 넷플릭스의 경우 이미 시청자 행동의 약 75%가 넷플릭스의 콘텐츠 추천에 기반하는 상태이며, 넷플릭스 시청자의 80% 이상은 알고리즘을 통한 추천시스템에 만족하고 있다. 이러한 넷플릭스의 사례는 향후 OTT를 통한 콘텐츠 유통의 경우, 경쟁 환경에서는 추천 시스템의 정확도가 콘텐츠 기업의 핵심적인 경쟁력의 원천이 될 수 있음을 암시한다고 볼 수 있다.

5. OTT 서비스에 대한 국내외 규제 논의는 어떤 상태인가

현재 국내에서 OTT 서비스는 IP망을 근간으로 하는 인터넷멀티미디어방송과 유사한 서비스를 제공함에도 불구하고 QoSQuality of Service를 보장하는 네트워크가 아니다. 그 때문에 전기통신사업법상의 부가통신사업에 분류되어 신고만으로 시장에 진입할 수 있고 동일한 실시간 방송프로그램 및 VOD를 서비스하면서도 기존의 유료방송 서비스 사업자와 다른 규제를 받고 있어서 차별적 규제 이슈가 제기되고 있다.

예를 들어 진입규제의 경우 기존의 방송법 및 인터넷 멀티미디어 방송사업법은 허가 절차에 따라 일정한 자격을 갖춘 자에 한해 방송 시장 진입을 허용하고 있으나 OTT 서비스는 부가통신사업으로 분류되어 신고만으로 시장에 진입할 수 있는 차이가 있다.

내용규제의 경우 방송은 방송법 및 방송심의 규정에 따라 공정성, 공공성, 청소년 보호 등 구체적인 사항까지 프로그램을 규제하고 있으나 OTT 서비스는 사업자가 신청하거나 이용자가 신고한 경우에만 심의가 적용되고 있다. 권역규제의 경우에도 기존 방송은 지역성 구현을 위해 방송서비스별로 방송구역(권역)을 설정하고 있으나 OTT 서비스는 인터넷망을 사용하기 때문에 방송구역(권역) 개념이 적용되지 않는다. 또한 광고규제의 경우에는 기존 방송은 매체별로 방송광고의 유형, 횟수, 시간 등을 규제하고 있으나 OTT 서비스는 광고에 대한 규제도 거의 없으며, 요금규제 및 보편적 서비스 의무 등도 적용받지 않았다. 그동안 OTT 규제에 대한 논의는 계속되어왔으나 2015년 국무회의에서 의결된 방송법 개정안에도 OTT 규제안은 포함되지 않았으며 현재까지 규제유보주의가 유지되어왔다고 볼 수 있다.

해외 규제 사례를 살펴보면 미국은 연방통신위원회(FCC: Federal Communication Commission)가 2014년 12월 NPRMNotice of Proposed Rulemaking 공개에서 가입형 선형 OVDOnline Video Distributer를 MVPD(Multichannel Video Programming Distributors: 국내의 유료방송과 유사 개념)에 포함시켜 규제하는 정책 방안을 공개한 후 현재 의견을 수렴하고 있는 중이지만 아직 결론이 나지 않은 상태이다. 미국 FCC는 그동안 2010년 Sky Angel 소송과 2014년 Aereo 소

송 등에서 OVD를 "가입자에게 제공되는 물리적 경로(a physical path to subscribers)"를 제공하지 않는 점을 이유로 OVD를 MVPD로 인정하지 않았으나, 2014년 NPRM에서 '채널 제공'을 '물리적인 경로의 통제'로 해석했던 기존 입장을 완화하면서, '선형 프로그램의 제공'만으로 MVPD의 자격 요건을 충족시킨다고 해석함으로써 IP망을 통한 동영상 콘텐츠 제공이 증가하는 현실을 고려하여 전송로 없는 콘텐츠 제공도 MVPD가 될 수 있는 길을 열어두었다. 즉, 유료로 제공되며 사전편성된 스케줄에 따라 실시간 유통을 하는 OTT 사업자는 가입형 선형 OVD가 됨으로써 MVPD에 포함되는 안이 제시되었다. 따라서 이러한 NPRM하에서는 수익모델로 보았을 때 월정액 실시간subscription linear으로 콘텐츠를 제공하는 OTT만이 MVPD에 포함되며, 넷플릭스와 같은 주문형 및 광고형 OTT는 MVPD에 포함되지 않아 여전히 유료방송과 같은 규제를 받지 않게 된다.

영국의 경우, 2003년부터 유럽의 수평적 규제체계를 적용하여, 방송·통신 서비스를 전송 계층과 콘텐츠 계층으로 구분하여 동일 계층에는 동일한 규제를 적용하는 것을 원칙으로 하고 있으며, 선형linear 서비스와 비선형nonlinear 서비스를 구분하여 선형 서비스에 더 강한 규제를 적용하고 있다고 볼 수 있다. 이러한 수평적 규제체계하에서 인터넷 동영상 서비스는 콘텐츠 계층의 시청각미디어 서비스audiovisual media service에 속하게 되어 주로 사회문화적 규제를 적용하고 있다고 볼 수 있다.

현재까지 국내의 OTT 서비스 규제 논의는 OTT 서비스를 방송사업의 범주에 추가하는 데 대한 사회적 합의가 아직 이루어지지 않았다고 볼 수 있다. 국내에서 유료 OTT 서비스가 아직 충분히 활성화되지 못한 점을 고려한다면 단기적으로는 OTT 규제는 OTT 서비스에 대한 투자 및 혁신에 부정적 영향을 미칠 가능성이 있으므로 단기적 관점에서는 규제유보주의를 유지하면서 보다 중장기적으로 OTT 규제에 대한 논의를 구체화하는 것이 필요할 것으로 판단된다. 시간이 지남에 따라 OTT 서비스가 충분히 성장하게 되면 유럽과 같이 동일 서비스 동일 규제원칙에 기반한 수평적 규제체계 도입을 고려할 필요가 있다고 판단된다. 그럼에도 불구하고 방송·통신 서비스를 전송 계층과 콘텐츠 계층으로 구분하여 동일 계층에 동일한 규제를 적용하는 것을 원칙으로 하는 수평적 규제체계의 도입은 기존 방송통신미디어 관련 법체계에 근본적인 변화를 가져올 가능성이 높기 때문에 정책 이해 관계자 간의 갈등을 일으킬 가능성이 있으므로 도입에 신중을 기할 필요가 있다. 수평적 규제체계 도입이 현실적으로 어렵다면 사회적 합의를 통해 단기적으로는 기존의 수직적 규제체계를 유지하면서 최대한 동일 서비스 동일 규제 원칙을 고려하거나 독일의 텔레미디어법과 같이 기존의 법제를 어느 정도 유지하면서 융합영역에 대한 새로운 법을 창출하는 융합서비스 입법을 도입하는 방안도 고려할 수 있을 것이다.

이러한 OTT 관련 규제정책은 원칙적으로 기술중립적인 규제 프레임워크를 발전시키면서 유효한 플랫폼 간 경쟁을 확보하는 것이 중요한 정책 목표라고 판단된다.

참고문헌

곽동균 외. 2015. 「인터넷 동영상 서비스에 대한 합리적 제도화 방안 연구」. 정보통신정책연구원.

방송통신위원회. 2017. 「2017년 방송매체 이용행태 조사」.

이상원. 2016. 「OTT 성장과 VR 산업 활성화 정책」. ≪한림ICT정책저널≫, 5호, 16~21쪽.

_____. 2017. 「디지털 트랜스포메이션 사회와 새 정부의 산업정책 방향」. ≪언론정보연구≫, 54권 4호, 35~66쪽.

이향선. 2016. “스마트미디어 확산에 따른 유사방송 콘텐츠 규제 체계 정비 방안 모색”. 방송통신심의 정책 현안 토론회(2016.9.23).

지성우. 2010. 「독일의 개정 텔레미디어법의 한국에서의 함의」. ≪언론과 법≫, 9권 1호, 57~93쪽.

KT경제경영연구소. 2017. 『한국형 4차 산업혁명의 미래』. 서울: 한스미디어.

Cisco. 2017. “Cisco Visual Networking Index.”

Digital TV Research. 2015. “Global OTT TV and video forecasts.”

DMR. 2018. “110 Amazing Netflix Statistics and Facts.”

Report on OTT services. 2016. “Body of European Regulators for Electronic Commerce.” Riga: BEREC.

Statista. 2017. “Number of Netflix streaming subscribers worldwide.”

08

디지털시대 공영방송의 전망과 지배구조는 어떠한가*

이준웅
서울대학교 언론정보학과 교수

이 글은 디지털 기술의 발전으로 새로운 동영상 서비스 제공자들이 폭발적으로 성장하고, 정부와 시민사회의 간섭이 강화하는 조건에서 공영방송의 전망과 지배구조를 전반적으로 검토하는 데 있다. 이를 위해 먼저 현재 전개하고 있는 시장의 세계화와 기술적 융합의 논리를 검토하고, 이를 통해 공영방송에 대한 진정한 도전 요인이 무엇인지 제시한다. 특히 정부, 상업적 경쟁자, 시민사회 행위자, 그리고 이용자 등 공영방송과 관련한 모든 이해관련자들이 요구하는 바를 종합적으로 고려해서 공영방송의 최상위 가치를 설정해야 한다고 주장한다. 디지털 기술이 발전하고 매체 혁신이 이루어지는 조건에서 공영방송에 대한 위기는 다차원적 특성을 보이는 데, 특히 이용자 분화가 위기의 주요 원인이 된다. 위기를 극복하기 위해서 이용자 복지를 최상위 가치로 삼아야 하는데, 이를 구현하기 위한 공영방송 지배구조는 어떤 내용과 형식이어야 하는지 논의한다.

* 이 글은 2009년 6월 5일 한국언론학회 봄철정기학술대회 특별 세션에서 「디지털 시대 공영방송 전망, 전략, 그리고 지배구조」라는 제목으로 발표했던 원고를 지속적으로 수정 보완한 것이다.

1. 유튜브와 넷플릭스 시대에 공영방송은 어떤 의미가 있나

이른바 '스트리밍 서비스'가 시장을 지배하는 디지털 시대에 방송은 낡은 매체처럼 보인다. 많은 이들이 실시간 방송을 외면하고 골라보기, 섞어보기, 몰아보기를 위한 동영상 서비스를 이용한다. 실시간 방송을 시청하는 일은 스포츠 경기나 국가적 행사, 그리고 대형 사건사고가 터졌을 때뿐인 듯하다. 방송 시청은 시민의 일상생활에서 두드러진 행위요소가 아니라 배경이 된 듯하다. 텔레비전 수상기가 아닌 휴대기기가 지배적인 동영상 시청 기기로 자리 잡았고, 디지털 셋톱박스 이용경험이 텔레비전 시청을 결정한다.

디지털 매체환경에서 공영방송의 위기에 대해 염려가 많다(강형철, 2016; 이준웅, 2017; 조항제, 2014). 사업적 위기를 경고하기도 하고, 정치적 위기에 대해 염려하기도 하며, 서비스 제공이나 내용의 다원성에 대해서 조언하기도 한다. 그리고 이 모든 것이 결합해서 공영방송을 시민의 삶으로부터 유리시킨다. 요컨대, 공영방송의 진정한 위기는 시민의 삶으로부터 조금씩, 그러나 분명하게 유리되는 서비스가 되어간다는 데 있다. 이런 공영방송을 놓고 어떻게 위기를 극복할 것인지에 대해 논의가 분분하다. 위기 극복을 위한 처방의 요지는 흔히 '공영방송이 제자리를 찾아야 한다'는 것이다. 그러나 디지털 매체 시대에 공영방송의 제자리가 어딘지 누구도 확신할 수 없는 형국이다.

생각해보면 공영방송의 제자리 찾기 노력은 오래됐다. 상업적 방송 서비스의 확산에 따른 도전에 직면했던 1980년대, 경쟁과 효율화에 대한 압박에 시달렸던 1990년대, 그리고 신자유주의적 탈규제 환경에서 공영방송의 상업화가 진행된 2000년대, 매체 간 디지털 융합을 넘어선 새로운 디지털 매체 지형이 형성되고 있는 최근까지 공영방송은 기술과 제도의 변화에 대응해서 자신의 입지를 방어해왔다. 기술과 제도의 변화에 대응하는 방식을 기준으로, 세계 공영방송을 다음과 같이 세 부류로 구분해볼 수 있다.

첫째, 변화에 저항하며 자신의 입지와 정체성을 유지하기 위해 고군분투하다가 '주변화되는 공영방송'이 있다. 전통적인 교육자, 계몽자, 문화적 전통의 유지자, 교양적 취향의 제공자 등의 역할을 충실히 하는 것이 본연의 임무라고 믿고, 시청자에게 신뢰할 수 있는 방식으로 접근해야 한다고 주장했던 공영방송이다. 이들은 새로운 기술에 기초한 다양한 서비스들이 갖는 공익적 효용을 확인하지 않는 한 공영방송의 새로운 서비스로 채택하지 않는 공영방송이기도 하다. 새로운 디지털 플랫폼이 등장하고, 매체 수용자가 분화되고, 다채널이나 양방향 서비스 가능성이 등장했음에도 불구하고, 그에 대한 공영방송의 통제력이 보장되지 않으면 새로운 서비스를 제공할 필요가 없다고 판단하는 경향이 있다. 디지털 플랫폼 사업자와 새로운 내용 제공 서비스 사업자가 등장해서 매체 지형에서 입지가 좁아져도 어쩔 수 없다고 생각하는 공영방송이다.

둘째, 변화의 추세에 맞춰 재빠르게 자신의 전망을 수립하고 적극적으로 대처하는 '변화주도형 공영방송'이 있다. 이들은 지난 21세기 초 플랫폼, 채널, 서비스, 내용 등 모든 수준에서 상업적 경쟁자와 적극적으로 경쟁하면서 자신의 존재감을 확대하기 위해 노력했던 공영방송이기도 하다. BBC의 경우 디지털 지상파 텔레비전 등과 같은 새로운 플랫폼 사업에 주도적으로 참여해서, 상업적 플랫폼의 영향력을 억제하는 데 성공했는데, 이것이 대표적인 사례이다. 이들은 심지어 상업적 사업자가 실패를 두려워하는 새로운 서비스 분야에도 선도적으로 진출해서 공적인 서비스를 제공해야 한다고 믿는다. 따라서 시장 규제기구가 이들의 새로운 공익적 사업이 시장에 미칠 역효과를 염려해야 할 지경이다. 심지어 상업적 경쟁자나 디지털 혁신 사업자들도 공영방송의 불공정한 시장지배력을 규탄하며, 규제기구에 항의해서 공영방송의 영향력을 제한하려 한다. 이런 조건에서 공영방송은 새로운 사업자와 상업적 경쟁은 물론 정치적 논쟁을 무릅쓰고서라도 자신의 지위를 유지·발전시키기 위해 노력한다.

셋째, 기술과 제도 변화의 물결에 자기 자신을 떠내려 보낸 채 변덕스런 규제 정책에 따라 표류하는 '부화뇌동형 공영방송'도 있다. 규제기관의 간섭에는 공영성 강화론으로 응답하지만, 상업적 경쟁자의 압박에 대해서 상업화를 주장하는 등 분열적으로 대응하는 공영방송이다. 새로운 기술이 등장하면 반드시 시범 서비스를 제공하지만, 정작 그 서비스를 성공시켜서 공영방송의 주된 임무인 시청자 복지 확대로 연결하지 못하는 공영방송이기도 하다. 국제화와 상업화에 대응하기 위한 것인지, 아니면 편승하기 위한 것인지 애매한 서비스 및 편성전략을 사용하면서, 때에 따라서는 공영방송임을 강조하고 때에 따라서는 상업적 경쟁력을 내세운다. 요컨대, 생존을 위해서라면 무슨 일이라도 할 수 있다고 생각하지만, 제대로 하지 못하는 공영방송도 있다.

앞서 제시한 두 부류의 공영방송에 비해 마지막 '부화뇌동 공영방송'은 특히 제자리 찾기에 어려움을 겪을 가능성이 높다. 전통적인 임무와 역할을 어떻게 수행할 것인가 고민하다가도 생존을 고민해야 할 상황에 직면하고, 자신의 정체성을 유지하겠다고 말하지만 정체성이 무엇인지 잘 모르기 때문이다. 한국의 공영방송은 앞의 세 가지 부류 중 어디에 속하는가, 한국의 공영방송은 제자리를 찾을 수 있을까, 그리고 생존을 넘어서 번영할 수 있을 것인가?

이 글의 목적은 디지털 기술의 발전으로 새로운 동영상 서비스 제공자들이 폭발적으로 성장하고, 정부와 시민사회의 간섭이 강화하는 조건에서 공영방송의 전망과 지배구조를 전반적으로 검토하는 데 있다. 구체적으로 현재 전개되고 있는 기술혁신의 논리에 대한 비판적 검토를 통해 공영방송에 대한 진정한 도전 요인이 무엇인지 제시할 것이다. 정부, 상업적 경쟁자, 시민사회 행위자, 그리고 이용자 등 이해 관련자들이 공영방송에 요구하는 바를 종합적으로 검토한다면 '이용자 복지'를 최상위 가치로 삼을 수밖에 없다고 주장하려 한다. 특히 공영방송에 대한 가장 심대한 위기가 공영방송에 대한 상호 모순된 이해와 요구에서 출발함을 강조하고, 이런 분열적 이해관계에 대응하기 위한 공영방송 지배구조의 방향을 제시할 것이다.

2. 디지털 기술의 발전은 공영방송에 대해 어떤 함의를 갖는가

기술적 혁신이 매체 환경 변화를 추동하고 있다. 디지털 기술의 발전에 따라 채널, 플랫폼, 망을 넘나드는 내용의 범람이 이루어지고, 이에 대한 규제적 일원화의 요구에 따라 새로운 규제 담론이 등장하고 있다. 그러나 디지털 기술의 발전 뒤에는 시민사회 내의 가치와 이해관계의 갈등 문제가 개입하며, 특히 디지털 혁신이라는 구호 아래 추진되고 있는 규제 일원화 추세와 별도로 매체 이용의 분화, 이용자의 분화, 서비스의 분화가 진행되고 있다는 데 주의해야 한다. 이런 이면적 조류들을 검토하면, 공영방송의 위기란 단순히 기술 발전에 따른 시장주의적 패러다임의 지배에 따른 위기가 아닌 일종의 정치적인 위기이며, 공영방송에 대한 가장 심각한 도전은 새로운 서비스의 등장이나 규제 단일화에서 오는 것이 아닌 이용의 분화에서 온다는 것이 드러날 것이다.

1) 시장과 시민사회

디지털 혁신의 논리가 오래된 '시장의 논리'를 강화한다는 데 주의할 필요가 있다. 우리는 디지털 플랫폼의 등장과 서비스 제공의 혁신을 보면서 시장의 논리를 전면적으로 수용해야 할 이유가 무엇인지 질문해야 한다. 이를 검토하기 전에, 공영방송이 태동할 당시의 매체 환경과 현재의 그것과의 차이를 먼저 비교해봐야 한다(Jakubowicz, 2007).

첫째, 기술적으로 전파자원이 희소한 조건과 디지털화에 의한 채널 및 내용의 폭증이 대비된다. 둘째, 서비스 제공자와 이용자의 관계 변화도 주목할 만하다. 과거에는 문화적 엘리트가 문화적이고 계몽적인 내용을 수동적이라 가정되는 이용자에게 일방적으로 전달하는 것이었다면, 이제는 이용자의 소득 수준과 교육 수준의 향상과 평등화로 이런 일방적 전달 모형을 가정하기 어려워졌다. 셋째, 이용자 요구의 실현 방식이 다원화되면서 '주문형' 또는 '당기기' 모형이 등장하면서, 과거의 일방적인 '밀기' 모형에 근거한 서비스가 기본적이라고 말하기 어렵게 되었다. 마지막으로, 과거의 공영방송은 국내적 수준에서 독점적 지위를 유지하는 보호받는 매체였지만, 이제 공영방송은 세계적 수준에서 작동하며 외국의 방송사와 경쟁하고 있다. 국제적 수준의 경쟁은 피할 수 없는 과제가 된 것이다. 문제는 이런 일련의 변화들이 공영방송을 포함한 매체 환경에 대한 시장주의적 접근을 정당화하는가 여부이다.

디지털 매체는 분명 시장친화적인 요인이 있다. 채널과 내용이 폭증하면서 그리고 다양한 방송사업자들이 등장하면서 경쟁을 통한 효율적 공급과 이용자의 선택에 근거한 최적화된 자원 배분을 겨냥할 수 있게 되었다. 특히 광고에 의존했던 과거의 상업방송 모형의 문제로 지적되어온, 이른바 '시장실패' 문제를 극복할 수 있는 대안으로, 공영방송이 아닌 가입형 또는 주문지불형 방송을 선택할 수 있게 되었다. 가입형 또는 주문지불형 방송을 통해서 이용자는 필요에 따라 비용을 지불하면서 광고 없는 쾌적한 조건에서 자신의 선택에 따라 고품질 방송을 볼 수 있게 되었기 때문에 이 자체가 이용자 선택을 강화한다고 볼 수 있다. 결국 방송을 포함한 매체 시장이 커지고 이용자 주권이 지배적 패러다임으로 자리 잡기 시작하면서, 시장주의적 접근이 대안으로 제시될 만한 일련의 타당한 이유가 있다고 볼 수밖에 없다. 따라서 질문은 다시 제기되어야 한다. 공영방송과 관련해서 중요한 문제는 시장주의 접근이 지배적인 조건에서, 전통적인 공영방송의 공적의무, 즉 무료 프로그램 제공이라는 공공 서비스를 스스로 포기할 수 있는가가 된다.

이 질문에 대한 대답으로 오래된 공영방송론을 꺼내드는 것 자체가 무리이다. 사실 디지털 플랫폼 및 서비스 제공자 간에 완전한 경쟁도, 규제도 가능하지 않다는 것을 인정한다면, 시장실패와 같은 논지로 공영방송을 옹호하려는 시도는 항상 부분적으로만 성공할 것이다. 심지어 매체시장의 실패는 공영방송이 아니더라도 다른 방식으로 개선될 여지가 있다. 따라서 문제는 시장이 제공하는 가치, 즉 효율적 분배의 가치가 공영방송이 제공하는 가치를 포괄적으로 대체하는가, 또는 공영방송은 시장이 제공하는 모든 것을 넘어선 어떤 다른 가치를 제공하는가이다. 최근 디지털 혁신 기업들은 공적인 지배구조, 의무, 설명책임 등을 명시적으로 채택하지 않고도, 공공의 복지를 증진하고 시민적 관여를 확대하는 등 일정한 사회적 책임을 수행할 수 있고, 또 실제로 수행하기도 한다. 이런 상황에서 공영방송은 시장이 제공하는 가치 이상의 그 무엇을 제공한다고 주장할 수 있어야 한다.

나는 시민사회 구성원들이 추구하는 환원불가능한 이념과 가치의 충돌이 공적 제도의 발생적 기초가 된다고 주장한 바 있다(이준웅, 2009). 공적인 것이란 불편하지만 불가피한 것으로서, 한 사회의 구성원들이 불가피하게 겪는 정치적 갈등을 해결하기 위한 제도적 조정 기구라는 것이다. 공적 제도에 대한 사회적 요구는 사회 구성원들이 추구하는 가치가 다원적이며, 때로는 그 가치의 실현을 위한 상징적인 또는 존재적인 투쟁이 불가피하다는 인식에서 출발한다. 시장 참여자는 그 자신과 투자자의 번영이라는 가치를 추구하는 합리적 행위자로서 참여함으로써, 자원의 효율적 배분이라는 시장의 기능을 달성하는 데 기여한다. 시민사회의 행위자는 이와 약간 다르다. 그들은 각자 추구하는 가치의 내용에 대해 근본적으로 합의할 수 없다. 시민사회 구성원들이 추구하는 가치란 시장의 교환가치가 아닌 상징적 가치, 이용가치, 경험적 가치인데, 이런 가치들은 통약불가능incommensurable하기 때문이다. 결국 공영방송이 관여할 수 있고 기여할 수 있는 영역은 이런 시민사회 구성원의 가치와 관련된 영역이다. 공영방송은 시장이 제공할 수 없는 고유한 어떤 특별한 가치를 따로 제공한다기보다는 사회구성원의 통약불가능 가치들 간 충돌을 조정하기 위해서 존재한다는 것이다. 공영방송의 공공영역 기능론the public sphere role of public service broadcasting은 바로 이런 이념과 가치의 충돌을 합리적으로 조정하기 위한 방송의 공적 정보 제공 및 숙의 기구로서의 역할을 강조한다.

결국 공영방송은 그것에 방송의 권한을 위임한 시민사회 구성원의 이해관계가 본질적으로 모순되기 때문에 정당화된다. 이에 대한 논증은 흥미롭게도 공영방송의 이념 또는 근본 가치에 대한 분석을 통해 제시할 수 있다. 다름 아닌 공영방송의 근본적 가치들이 논쟁의 대상이 되며, 범주적으로 모순적이기까지 하다는 것이다. 예를 들어, ① 공영방송의 내용은 흔히 공정하고, 창의적이며, 품질이 높아야 한다고 하는데, 이런 내용적 가치에 대해서는 합의할 수 있을지 몰라도 그 구체적인 적용에 대해서는 결코 쉽게 합의할 수 없다. 뉴스의 공정성은 언제나 논쟁의 대상이 되며, 쇼나 드라마의 창의성은 비평의 대상이 된다. 그리고 고품질 방송이란 객관적으로 정의되지 않고 주관적으로 평가되는 것이 일반적이다. 따라서 공정성, 창의성, 품질과 같은 자명한 공영방송의 가치에 대해 합의하기 어려운 것이다. 그런가 하면, ② 공영방송의 이해관계 독립성 또는 불편부당성에 대한 요구는 공영방송의 문화적 정체성 유지 및 사회적 갈등에 대한 요구와 모순된다. 일단 한 사회의 사회적 갈등에 무관하면, 불편부당할 필요도 없으며, 반대로 특정 정파나 세력에 편들면서 사회적 갈등에 관여하면 논란의 대상이 될 것이다.

정리하면, 기술주도적 세계화가 진행돼서 공영방송이 몸담은 환경을 완전히 기술친화적 시장논리로 지배하더라도, 그것만으로 합리화하거나 효율화 할 수 없는 고유한 공적 사안들이 남게 된다. 그 사안들은 무엇이 공정한 뉴스인지, 무엇이 창의적인 쇼인지, 무엇이 품질 높은 드라마인지, 무엇이 시민적 참여를 높이는 서비스인지 등과 같은 논쟁적인 것이다. 공영방송에 대한 담론은 이와 같이 갈등과 모순을 동반한다. 요점은 이런 갈등과 모순이 공영방송의 존재 조건이 되는데, 이를 시장 논리로 해결할 도리가 없다는 데 있다.

2) 디지털 기술과 이용자 분화

디지털 기술의 발전은 공영방송에 새로운 도전 요인으로 작용한다. 송수신 기술의 발전도 그렇지만, 내용과 서비스는 물론, 제도적이며 규제적인 수준에서도 그렇다. 먼저 기술적 수준에서 디지털 기술의 발전을 보면, 상호작용성과 주문형 서비스 강화가 두드러지는데, 이는 전통적인 엘리트주의적, 훈육적, 일방향적 전달모형에 기초한 공영방송 서비스와 양식이 근본적으로 다른 것이다. 또한 개인적 선택의 가능성과 넌리니어 전달 가능성, 그리고 새로운 지불 방식의 가능성 등도 집합적이며 공시적인 시청과 일률적 지불 방식을 채택하는 공영방송의 방식과 다르다. 그런가 하면, 통신 및 기타 서비스 시장에서 일반적 규범으로 채택된 반독점, 시장 개방, 경쟁 등의 원칙들이 공영방송에 들어오는 경향이 있다.

결국 기술적 혁신의 논리를 따르는 공영방송이란 전통적인 전송 모형, 서비스 제공 방식, 임무 등이 아닌 새로운 전송 방식, 서비스, 임무 등을 수행하는 공영방송이 된다. 특히 각종 디지털 플랫폼에서 방송 채널과 서비스를 제공해야 하는 공영방송은 사실상 새로운 사업을 시작하는 시장진입자와 같은 역할을 하게 된다. 또한 새로운 플랫폼에서 별도로 무료 방송이나 서비스를 제공해야 하는 입장이라면 이를 위한 재원을 별도로 준비해야 하는 고달픈 신세가 된다. 이런 새로운 기술적 혁신, 새로운 서비스의 제공, 새로운 역할의 수행을 담당하는 공영방송은 전통적 공영방송과 비교해서 어떤 의미에서 같고 어떤 의미에서 다른가? 기술적 혁신 추세만 검토해서는 이런 질문들에 답하기 어렵다.

특히 이용자의 관점에서 보면, 기술과 제도, 그리고 서비스 제공자의 지배구조 등은 상관이 없다. 이용자는 서비스와 내용만 보면 된다. 이미 방송 시청자는 더 이상 고전적 의미에서 '텔레비전 시청' 행위를 하지 않는다. 이들의 매체 이용은 일련의 수신 장치들에 연결된 디스플레이로 전달되는 동영상 서비스 선택 패턴으로 구성된다. 그것은 플랫폼, 채널, 망, 서비스, 리니어-넌리니어, 단말기 등 어떤 기준으로 분류하기 어려운 매체 이용의 조합을 거쳐서 이용자의 정보환경에 도달하는 내용일 뿐이다.

이미 매체 이용 경험은 시공간적으로 분화했고, 이용 시간과 몰입도의 차원에서도 분화하고 있다. 이용자의 매체 이용행위를 집합해서 집합적 이용

패턴을 구성해보면, 그것은 매체의 편성에 따라 시공간적으로 배열된 이용자 집합이 아닌, 개인의 요구와 필요에 따라 시공간적으로 분산된 이용의 배열이 됨을 알 수 있다(Webster, 1986). 요컨대, 매체의 융합은 이용의 분화divergence를 동반한다. 이런 관점에서 보면, 공영방송은 공적 내용과 서비스를 광범위한 이용자 집단에게 안정된 규모로 전달할 수 있는 기회를 잃고 있는 셈이다. 분화된 이용자가 다양한 방식으로 공영방송 서비스에 접근할 가능성도 있지만, 이는 공영방송에 대한 집합적 시청률과 점유율의 하락과 비교해보면 부차적인 추세에 불과할 뿐이다. 일부 경제학자들이 주장하듯이 공영방송의 임무가 결국 '긍정적 외부효과'를 통해서 수행되는 것이라면, 이런 외부효과를 극대화시키기 위해서는 집합적인 시청자 규모를 확대하는 것이 필수적이다(Armstrong, 2005). 그러나 이용자의 플랫폼, 채널, 내용 및 서비스 선택이 세분화되고, 그들이 다양한 방식으로 제공되는 상업적 경쟁 플랫폼, 채널, 내용 및 서비스에 따라 분화된다면, 긍정적 외부효과를 통한 공적 임무의 실현 가능성은 점차로 줄게 된다. 융합시대 공영방송의 진정한 위기는 이용자 분화를 통해서 진행된다.

3. 공영방송의 오래된 비전을 유지할 수 있을 것인가

디지털 환경에서 공영방송의 비전을 이용자 복지와 연관해서 논의해야 한다. 공영방송이 추구하는 비전은 흔히 공영방송의 이념과 가치에 따라 규정되는 경향이 있으며, 이는 아무리 정의가 잘 된다고 해도 이념적 논쟁과 가치적 논란을 피할 수 없다. 예를 들어, 프리드만(Freedman, 2008)은 공영방송의 이념적 지향점을 ① 시장으로부터 독립해서 공적인 삶에 대한 대화를 촉진, ② 다양한 시민의 이해와 욕구를 충족, ③ 공유된 공적 삶이나 공동체의 경험을 제공, ④ 품질과 창의성 등과 같은 목표를 추구, ⑤ 여론을 형성하고 강화하는 민주적 기능을 수행하는 것이라 제시했다. 그러나 이런 식의 이념적 규정은 근사하게 들릴지라도 즉각적인 논란의 대상이 되는 경향이 있다. 예컨대, 도대체 다양한 시민의 이해와 욕구를 충족시키면서, 어떻게 동시에 높은 품질과 창의성 수준을 유지할 수 있단 말인가?

1) 디지털 시대 이용자 복지 개념

공영방송의 구체적 비전에 대한 규정은 공적 토론의 장에 맡기고, 도대체 그 비전이 어떤 조건에서 매체 이용자의 시청 경험을 통해 최대한 실현될 수 있는지 고민해야 한다. 다시 말해, 이용자 복지의 극대화 조건을 먼저 제시하고, 그런 조건에서 실현될 구체적 서비스는 무엇이 될 수 있는지 그 이후에 논의해야 한다는 것이다. 이렇게 보면, 공영방송의 전망에 대한 논의는 개별 가치와 이념의 집합에 대한 형이상학적 논의가 아닌 공적 가치 실현의 조건에 대한 논의로 전화한다. 그리고 이용자 복지의 최대 실현이 곧 공영방송의 과제가 된다. 이런 관점에서 다음과 같은 방식으로 이용자 복지에 대한 과제를 설정할 수 있다.

첫째, 디지털 환경에서 채널과 내용이 급증하면서 이용자의 프로그램 선택권은 증가했는가? 윤석민(1999)은 다채널 환경에서 이용자의 선택의 폭이 증가한다는 것은 결국 뒤집어보면 일부 내용이나 서비스에 대한 이용자의 편식적 이용이 강화될 수 있다는 것을 의미한다고 제시한 바 있다. 매체 환경은 다양한 정보와 서비스를 제공하지만, 개별 이용자의 수준에서는 편협한 이용이 증가되어, 집합적 수준에서 보면 특정 내용을 주로 이용하는 집단과 다른 내용을 이용하는 집단 간의 분극화가 발생할 수 있다는 것이다.

둘째, 이용자 분화의 조건에서 지상파 공영방송과 같은 무료 플랫폼이나 채널에 대한 규제만으로 이용자 복지를 강화할 수 있을까? 공영방송이라면 무료 제공을 해야 하느니 마느니 등과 같은 논쟁은 점차 무의미해질 수밖에 없다. 일부 이용자는 무료 공영채널에 의존해서 정보와 오락을 접하지만, 다른 이용자는 유료 채널에만 의존해서 정보와 오락을 이용하는데, 이 두 가지 경험은 플랫폼이나 서비스 제공 방법에 따라서 다시 무수한 갈래로 나뉜다. 공영방송은 어떤 플랫폼이나 서비스 경로를 통하든 저렴한 가격에 다양한 정보를 이용자에게 보편적으로 제공할 수 있는지 여부를 염려해야 한다.

셋째, 이용자 복지의 주된 대상은 누구일까? 일반 시민인가 아니면 사회적 소외계층인가? 전통적인 복지 정책은 기본적 권리의 보장을 위해서 사회적 약자에 대한 수혜를 차별적으로 증대할 것을 추구한다. 이 원칙은 매체 정책에도 기본적으로 적용된다. 모두에게 기본 정보와 오락에 대한 접근이 가능하도록 무료 및 저가 채널과 서비스를 배치하되, 특히 사회적 약자가 가중적으로 더 많은 혜택을 받을 수 있도록 만든다. 그러나 기본적으로 매체 이용의 분화와 극화의 시대에 일부 이용자들은 매체 이용량이 많더라도 특정 플랫폼, 채널, 서비스에 고착된 이용 행태를 보임에 따라 다른 이용자들보다 체계적으로 저질 및 편향적 소비를 할 수 있다. 이런 이용자에 대한 배려 차원에서 플랫폼별 최소 품질 보장 정책을 사용하는 것 등을 고려할 필요가 있다.

2) 공영방송의 비전: '누구에게나, 어디서나, 어떤 방식으로도'

이용자 복지를 중요시하는 공영방송은 디지털 매체 시대에 다음과 같이 제한된, 그러나 세심하게 다듬어진 비전을 생각해볼 수 있다. 이 비전을 '누구에게나, 어디서나, 어떤 방식으로도' 공적 서비스를 제공하는 것이라고 요약할 수 있다.

첫째, 디지털 다채널 서비스 상황에서 공영방송의 역할은 더욱 중요성을 갖게 될 것이다. 그 근거는 매체를 다양하게 이용하면서 이용자가 분화될수록 이용자의 내용에 대한 접근은 공정성, 품질, 창의성 등의 관점에서 차별적으로 이루어진다는 데 있다. 즉 특정 플랫폼과 채널의 조합을 이용하는 경우 더욱 편파적이거나, 저질이거나, 의례적인 내용을 접하면서 결국 다른 플랫폼과 채널의 조합을 이용하는 이용자에 비해 저열한 시청경험을 갖게 될 것이며, 그의 이용자 복지는 질적으로 제한될 것이다. 공영방송은 이용자의 보편적 접근과 다양한 내용에 대한 접근을 추구하는 내용 제공자로서 스스로의 지위를 확립하고, 바로 이 역할을 수행함으로써 이용자 복지의 최대화에 기여할 수 있다. 이를 위해, 공영방송은 전략적으로 최대 플랫폼에 최고 품질의 내용과 서비스를 우선적으로 제공할 것을 추진해야 한다.

둘째, 공영방송은 특히 플랫폼 및 채널에 대한 선택권이 제한된 사회적 약자 계층에게 공정한, 고품질의, 창의적인 내용을 안정적으로 제공할 수 있는 공적 내용 제공자public content provider가 될 수 있다. 특히 무료 플랫폼이나 채널을 통해서 내용과 서비스를 공급함으로써, 제한된 예산을 가지고 매체를 이용하는 저학력, 저소득 계층에게 일관되게 높은 품질을 제공하게 된다. 공영방송은 개별 플랫폼이나 매체를 이용하는 이용자들도 안정적으로 공영방송 내용에 접근할 수 있도록, 공영방송은 모든 플랫폼이나 매체에 공적 내용을 무료 또는 저렴한 비용으로 제공해야 한다.

셋째, 이용자 분화와 극화에 대응해서 공영방송은 다중 플랫폼, 다중 채널, 다중 서비스 제공을 추진해야 한다. 디지털 시대의 이용자 복지의 핵심은 접근권과 선택의 확대, 그리고 다양성의 제공이기 때문이다. 특히 다채널

공급이 곧 이용의 다양성을 보장하는 것이 아니라는 건 분명하므로, 공영방송은 모든 플랫폼을 경유해서 최소다양성이 보장되는 내용과 서비스를 제공해야 한다. 이용자가 어떤 플랫폼에 고착되건, 어떤 매체에 고착되건, 또는 어떤 매체 믹스를 통해서 내용을 접하건, 고품질의 다양한 공영방송 서비스를 접할 수 있는 채널에 접근할 수 있도록 서비스를 펼쳐서 제공해야 한다. 이는 결국 디지털 시대의 공영방송은 더 이상 '방송'이 아니라 '전방위적 내용 제공자'가 되어야 한다는 것을 의미한다.

4. 디지털 시대의 공영방송의 지배구조는 어떠해야 하는가

공영방송은 지배구조의 문제를 피해갈 수 없다. 공영방송의 주인이 누구이고, 누구의 이익을 위해 경영하며, 누가 설명책임을 져야 하는가 하는 자명한 질문에 답하는 가운데 자연스럽게 공영방송에 대한 공적 지배구조를 마련할 수 있다. 문제는 디지털 혁신 시대에 새로운 공영방송 지배구조가 필요한가이다. 과거 이창근(2009)은 주권재민의 원칙 아래서 공영방송사에 대한 민주적 지배구조를 확립할 것을 촉구하면서, 특히 시민적 참여를 강화할 것을 요구했다. 한국 공영방송의 역사성과 현실을 고려해보면 이는 매우 적절한 제언이었다고 평가할 수 있다. 결국 공영방송에 대한 최종 책임자는 다름 아닌 그 권리양도자이자 수혜자인 공중, 즉 전체 이용자이기 때문이다.

그런데 문제는 공중이란 하나의 단일한 집단이 아니라 이념과 사상, 그리고 가치와 규범이 서로 다른 계층, 집단, 세력 등으로 구성된다는 데 있다. 디지털 시대의 공중은 더욱 더 그러하다. 앞서 강조했듯이 이들은 시장, 플랫폼, 서비스, 그리고 내용에 대한 정향성 차원에서도 급격하게 분화하는 공중이다. 그러나 공영방송 지배구조를 관통하는 논리를 생각하면, 또한 과거 공영방송 지배구조와 그 이념이 이렇게 다를 수도 없다. 한 사회의 갈등적 사안을 해결하기 위한 공론의 장으로 기능해야 한다는 원칙이 그중 하나이다. 실은 지배구조에 대한 정당화와 실행 자체가 바로 그 공론장에서의 합리적이고, 공개적이며, 평등한 담론 행위를 통해서 결정되어야 한다는 재귀성을 갖는다. 이런 근본적 고려에 근거해서, 공영방송의 지배구조를 ① 공영방송 독립성에 대한 재인식, ② 공영방송위원회의 설치, ③ 설명책임의 강화 등으로 나누어 검토하겠다.

1) 공영방송의 독립성에 대한 재인식

공영방송에 대한 제도적 지배구조를 논의하기에 앞서, 공영방송이 정부, 규제기관, 정당, 시민단체, 사회세력, 경쟁자, 이용자 등으로부터 어떻게 효과적으로 독립성을 유지해야 하는지 검토할 필요가 있다. 사실 아무리 안정적이고, 효율적이며, 세련된 지배구조라고 할지라도 그것이 외부의 입김에 무원칙적으로 흔들린다면 정상적인 공영방송이라고 볼 수 없기 때문이다.

공영방송의 독립성에 대해서, 필자는 아래 세 가지의 항목을 주장한 바 있다(이준웅, 2009). ① 공영방송은 본원적으로 다양한 사회정치적 세력들의 간섭을 받을 수밖에 없으며, 공영방송을 사회정치적 간섭과 무관하게 만들겠다는 의도는 불가능한 것이다. ② 공영방송에 대한 간섭, 비판, 견제를 적극적으로 관리하고 지배하는 자세가 필요하다. ③ 이는 다양한 설명책임 accountability의 제도를 근거로 적극적으로 대응함으로써 독립성을 유지할 수 있다. 사실을 말하자면, 모든 종류의 사회정치적 논쟁으로부터 완벽하게 자유로운 공영방송은 없으며(Curran and Seaton, 2003; Humphreys, 1996), 심지어 영국의 BBC 뉴스도 공정성 시비를 포함한 정치적 비판에 시달린다(이준웅, 2008). 따라서 공영방송은 공정성, 독립성, 책임성 등과 같은 차원에서 항상 사회정치적 비판에 시달릴 각오를 해야 하고, 그런 비판에 대한 응답을 다양한 설명책임 수행의 그물망으로 통합할 수 있어야 한다. 즉 공영방송에 제기된 비판에 적극적으로 응답하고 반성하는 것이 스스로를 정당화하고 유지하는 길이 된다는 것이다.

2) 공영방송위원회

현재 한국에는 공영방송과 상업방송, 그리고 다양한 통신 사업자를 규제하는 방송통신위원회가 있다. 하지만 과거 한때 제시된 바 있듯이, 공영방송의 독립성과 공적 임무 수행에 대한 고유성을 인정해서 공영방송을 규제하는 별도의 규제기구를 만들어야 한다는 주장도 있다. 공영방송과 상업적 사업자를 단일한 규제기관이 단일한 규제적 근거와 잣대를 가지고 통제하는 것은 문제가 있다는 뜻이다. KBS만을 규제하는 독립위원회나 트러스트 같은 조직을 구성할 것인지, 한국방송과 다른 공영방송사를 포괄적으로 규제하는 공영방송위원회를 설치할 것인지 등의 선택 문제가 있다.

필자는 한국방송과 교육방송, 그리고 다른 공익적 방송 임무와 설명책임을 수행하는 공익적 방송사와 채널들을 포괄적으로 규제하는 독립적인 공영방송위원회의 설치를 주장한다. 이유는 단순히 공영방송사 전체에 어떤 특별한 지위를 부여하려는 데 있는 것이 아니라, 공영방송 규제가 다른 상업적 사업자들에 대한 규제와 그 성격이 다르기에 다른 규제 기구가 필요하다고 생각하기 때문이다. 상업적 미디어 사업자에 대한 규제는 시장의 교란이나 비효율 등의 결과가 초래된 경우, 사후적으로 진행되는 것이 관례인 데 반해, 공영방송은 공익 이념과 가치들을 실현하는 것이 목적이므로 사전적인 이념과 가치의 확인, 그것을 실현하기 위한 전략의 승인, 그리고 과정과 결과에 대한 설명책임의 수행 등을 포함해서 포괄적인 규제가 필요하다. 그리고 그것은 공영방송의 규모가 크든 작든, 그리고 공적 서비스의 범위가 넓건 좁건 일관되게 적용되어야 한다.

공영방송위원회는 공중의 수탁자 역할을 수행하면서 공익을 보호하고 증진하기 위해 한국방송을 포함한 공영방송사와 공익적 채널들의 보고를 받고 그 내용을 감독한다. 공영방송위원회는 궁극적으로 공영방송의 제도적인 설명책임, 즉 귀책성의 대상자가 된다. 즉 공영방송은 법적으로 공영방송위원회를 제외한 누구에게도 보고 및 감독과 관련된 법적 의무를 지지 않는다. 그리고 공영방송위원회는 국민과 국회에 대해서 설명책임을 수행하는 방식이 되어야 한다. 이런 식으로 유일한 지배적 규제자로서 공영방송위원회는 ① 공영방송의 임무 규정, ② 수신료 수준 결정, ③ 수신료의 가치에 대한 평가, ④ 개별 공영방송의 일상적 보고와 감독, ⑤ 공영방송 전반의 설명책임 수행에 대한 조정 등의 역할을 담당하면 좋을 것이다.

특히 포괄적 역할을 수행하는 공영방송위원회가 방송전문가들로 구성되는 것이 중요하다. 과거 BBC 이사회의 경우도 최고책임자라고 하기에는 방송에 대해 모르는 정치인, 문화인, 학자 등으로 구성되어, 때때로 정당이나 정파의 정치적 다툼의 대리인 역할을 수행하는 데 그쳤다는 평가가 있다(이준웅, 2008). 따라서 정파성을 강하게 띠지 않는 방송 관련 전문가를 중심으로 위원회를 구성하는 것이 필요하다. 특히 수신료 인상과 같은 민감한 사안을 효과적으로 처리할 수 있는 전문가들이 자리를 잡는 것이 필요하다. 지난 역사가 증명하고 있듯이, 합의 산출에 무능하고, 갈등 관리에 미숙한 정치꾼들에게 공영방송 경영을 맡기는 한, 수신료 조정과 같은 복잡한 사안

을 조정하기 어렵게 된다.[1]

3) 설명책임의 공식화, 투명화, 관행화

공영방송의 공적 임무public responsibility는 설명책임accountability의 내용과 범위를 규정한다. 전자가 분명하지 못하면 후자의 문제가 혼란스럽게 된다. 설명책임의 수행이 정확하게 이루어지기 위해서는 '무엇을(accountable for what)'과 더불어 '누구에 대해서(to whom)'를 분명히 하는 것이 중요하다. 흔히 공영방송의 거의 모든 실행과 결과는 설명책임의 대상이 된다. 문제는 누구에 대해서 이 책임을 지느냐인데, 그것은 정부, 규제기구, 공중, 소수집단, 사회 세력, 매체 경쟁자, 광고주 등 모든 공영방송의 이해관계자들을 포함한다. 물론 이 중에서 가장 중요한 상대는 이용자, 즉 공중이다. 그리고 공영방송에 대한 독립 규제기구가 설립되면 바로 이 규제기구가 공중을 수혜자로 하는 '신탁의 대행자'가 된다. 이런 구조에서 일상적인 보고와 해명은 공영방송사와 규제기구 간의 내적 업무가 되는데, 설명책임은 이런 일상적 보고와 설명을 포함하는 보다 광범위한 책임이다.

---

1 정파적 이해관계에 따라 공영방송위원회가 구성되고, 결국 위원회가 정파 간 대리전을 펼치는 전쟁터가 되지 않도록 막는 것이 중요하다. 공영방송위원회 구성 방법으로 다음 두 가지 대안을 제시한다. 여야가 의석 비율에 따라 11인 위원회를 구성하는 경우를 예로 들자면, 첫째, 합의적 포스트 설정안이 있다. 이는 여야가 포스트 위원의 기준을 먼저 정하고, 그 기준에 따라 여야의 완전 합의에 의해 3인의 포스트 위원을 선정한 후, 그 포스트 위원으로 하여금 나머지 (위원장을 포함할 수도 있는) 위원을 합의적으로 지명해서 총 11인 위원회를 구성한다. 둘째, 거부권행사안이 있다. 이는 여야가 먼저 전문 경력, 정당 경력, 공영방송위원 등과 같은 자격 요건에 합의한 후, 그 요건에 맞는 위원을 여야의 비율에 따라 각각 추천한다. 추천한 위원이 요건에 맞는지 여야가 공동으로 심사해서, 요건에 맞지 않는 인사가 있는 경우 제외시키고 새로운 인물을 추천하는 방식으로 여야 비율에 따라 위원을 결정한다. 마지막으로, 최종 추천된 위원을 대상으로 여야는 '특별한 이유를 제시하지 않고 거부권을 행사해서' 각각 상대방이 추천한 위원 중 일정 수를 제거한 후 최종적으로 위원회를 구성한다.

공영방송의 임무는 방송사가 공개적으로 표방한 이념과 목적에 의해 규정된다. 이런 이념과 목적은 법적으로 정해진 것일 수도 있고, 사회적으로 합의된 것일 수도 있으며, 공영방송위원회와 계약을 통해 한시적으로 정의된 것일 수도 있다. 향후 공영방송법이 정리되면, 이런 공적 임무의 내용과 범위가 구체화될 것이다. 그런데 독립성, 공정성, 보편성, 소수자 보호, 국가적 발전, 문화적 전통의 발전, 시장에 대한 영향력 등과 같은 이념과 목적 중에는 법적 규정이 필요한 사항(예, 지배구조의 독립성, 보도의 공정성)과 그렇지 않은 것(예, 문화적 정체성 유지), 법적으로 규정할 수 있는 것(예, 청소년 보호를 위한 내용규제)과 그렇지 않은 것(예, 내용에 대한 사전 검열)이 있고 , 심지어 법적으로 규정해서 좋은 것(예, 경영 및 재무에 대한 공시 내역)과 그렇지 않은 것(예, 문화적 창의성의 평가 방안)도 있다.

마찬가지로 공영방송의 설명책임 수행 범위와 방식도 법적으로 규정하면 좋은 것과 그렇지 않은 것이 있다. 이른바 법적 제재의 대상이 되는 귀책성 liability의 범위는 특정 대상에 대한 구체적인 피해가 초래된 경우에 적용 가능한 처벌을 구체화하는 것이라고 한다(McQuail, 2003). 그런데 방송의 운영과 편성에 대한 규정들도 반강제적인 성격을 띠고 있기 때문에 그런 규정에 따른 규제기구의 평가 및 권고 등은 법적 제재의 대상과 같은 효력을 갖게 된다. 그러나 역시 공영방송이 수행하거나 수행하면 좋을 것이라고 인정되는 공적 설명책임의 범위와 내용은 법적으로 규정된 귀책성의 범위와 내용보다 더 넓고 다양하다.

공영방송의 설명책임 수행 범위와 방법은 다양한데, 그중에는 당연히 법적인 강제나 규제의 틀을 통해서 수행될 수밖에 없는 것도 있다. 예컨대, 공영방송이 국정 감사와 규제기관 평가 등을 피할 수는 없다. 그러나 공영방송의 설명책임에는 법적, 제도적 강제의 틀에 속하지 않는 종류도 많다. 예를 들어 점유율 조사, 시청자 평가 조사, 시청자와의 약속, 시청자 불만처리, 출연자 설명회, 공청회, 광고주 설명회, 외부 전문가 평가, 자문위원회, 시청자 참여 홈페이지 운영 등이 그것이다. 이렇듯 공적인 규제의 틀에 포함되지 않는 설명책임 수행 내역은 공영방송이 스스로 결정해서 자율적으로 수행하고, 그 결과를 투명하게 공개하는 것이 바람직하다. 결국 디지털 시대의 공영방송은 설명책임의 수행 방식만을 놓고 보면, 과거와 달라질 점이 별로 없다. 다양한 수준과 다양한 방식의 설명책임 수행을 위한 그물망을 조직한 후, 그것을 공식화하고, 규범화하며, 투명하게 실행해야 할 뿐이다.

참고문헌

강형철. 2016.『융합 미디어와 공익: 방송통신 규제의 역사와 미래』. 파주: 나남출판사.

______. 2007.「공영방송의 새로운 정체성」. ≪방송연구≫, 2007년 여름호, 7~33쪽.

______. 2008.「방송통신융합 시대의 공영방송규제: 공공방송위원회 모델」. ≪방송문화연구≫, 제20권 1호, 7~34쪽.

박은희. 2006.「융합환경에서의 수용자 복지정책 유형과 추진과제」. ≪방송연구≫, 겨울호, 85~110쪽.

윤석민. 1999.「다채널 상황에서 수용자복지와 보편적 방송영상서비스」. ≪한국언론학보≫, 제44-1호, 287~327쪽.

이준웅. 2007. "BBC와 영국 방송환경 변화". 2007년 글로벌 트렌드: 해외 뉴미디어 지구촌 순례기. 한국디지털위성방송.

______. 2008.「BBC 허튼 위원회 사례를 통해 본 공영방송 저널리즘의 위기」. ≪한국언론학보≫, 제52권 5호, 83~106쪽.

______. 2009.「공적인 것, 정치적인 것, 그리고 불편한 것: 공영방송의 위기론 고찰」. ≪한국방송학보≫, 제23-2호, 485~525쪽.

______. 2017.「공영방송 정체성 확립을 위한 지배구조 개선방안」. ≪방송문화연구≫, 제29권 1호, 73~120쪽.

이준웅·심미선·김은미. 2007.「매체융합시대의 이용자 복지개념 확장을 위한 매체이용조사」. 방송위원회.

이창근. 2009.「주권재민 원칙을 구현하는 공영방송사의 민주적 거버넌스 구축을 위한 탐색」. ≪미디어 경제와 문화≫, 제7권 제1호, 149~200쪽.

정윤식. 2009. "공영방송법 제정과 방송구조개편". 공영방송발전을 위한 시민연대 세미나.

조항제. 2014.『한국 공영방송의 정체성』. 서울: 컬처룩.

Aslama, M. and T. Syvertsen. 2007. "Public service broadcasting and new technologies: Marginalization or re-monopolisation." In E. d. Bens(ed.). *Changing media, changing Europe*. Chicago: Intellect Books, pp.167~178.

Barnett, S. 2005. "Oppression or threat. The BBC's investigative journalism and the Hutton report." In S. Allen(ed.). *Journalism: Critical Issues*. London: Open University Press.

Curran, J. and J. Seaton. 2003. *Power without responsibilities: The press and broadcasting in Britain*. London: Routledge.

Freedman, D. 2008. *The politics of media policy*. Cambridge: Polity.

Humphreys, P. 1996. *Mass media and media policy in Western Europe*. Mass: Manchester University Press.

Jakubowicz, K. 2007. "Public service broadcasting: A pawn on an ideological chessboard." In E. d. Bens(ed.). *Changing media, changing Europe* Chicago: Intellect Books, pp. 115~141.

McQuail, D. 1998. "Commercialization and beyond." In D. McQuail and K. Siune (eds.). *Media policy: Convergence, concentration, and commerce*. Eromedia Research Group. London: Sage, pp. 107~127.

______. 2003. "Public service broadcasting: Both free and accountable." *Javnost-the public*, 10(3), pp.13~23.

Smith, P. and J. Steemers. 2007. "BBC to the rescue." *Javnost-the public*, 14(1), pp.39~56.

Syversten, T. 2004. "Citizens, audiences, customers and players: A conceptual discussion of the relationship between broadcasters and their publics." *European Journal of Cultural Studies*, 7(3), pp.363~380.

Webster, J. G. 1986. "Audience behavior in the new media environment." *Journal of Communication*, 36(3), pp.77~91.

3부

규제와 거버넌스

09

4차 산업혁명시대, 정부규제의 역할은 무엇인가

이봉의
서울대학교 법학전문대학원 교수

혁명이 갖는 일반적인 속성이 그러하듯이 4차 산업혁명은 지금까지 가보지 않은 길로 인류를 인도하게 된다. 과거 1~3차 산업혁명이 그러했듯이 그 파급효과는 단순히 특정 산업에 국한되는 것이 아니라 우리의 일상생활은 물론 국가경제 전반에도 깊숙이 파고들 것이고, 이에 따라서 국가의 명운이 좌우될 수도 있다. 4차 산업혁명이 우리에게 엄청난 기회가 될 것인지, 아니면 한국을 또다시 후발국으로서 국제분업구조의 변방으로 떨어뜨릴지는 누구도 알 수 없다. 다만, 4차 산업혁명은 불가피하게 새로운 서비스와 기득권 간 이해관계의 충돌을 가져올 수밖에 없으며, 이를 얼마나 조화롭게 해결하느냐가 성공의 열쇠라는 점은 분명해 보인다. 우버나 에어비앤비와 같은 공유경제가 한국에서 아직 싹도 피우지 못한 것은 낡은 규제의 틀을 바꾸지 못한 탓이기도 하고, 새로운 비즈니스와 기득권 사이의 충돌을 절충하지 못한 정치권의 실패 탓이기도 하다. 이 장에서는 4차 산업혁명이 꽃피우기 위해서 규제 개혁이 왜 필요한지를 살펴보고, 향후 정부 규제의 기본 방향을 생각해보고자 한다.

1. 4차 산업혁명에 규제가 왜 중요한가

4차 산업혁명이란 1~3차 산업혁명과 달리 아직 명확하게 정의하기 어렵다. 대체로 디지털, 바이오, 물리적인 차원의 경계가 사라지면서 융합되는 기술혁명으로 이해되고 있다. 사람들은 흔히 인공지능, 클라우드, 사물인터넷, 로봇 등을 연상하게 되지만, 4차 산업혁명이 현재 어디까지 진행됐으며, 향후 관련 산업에 어느 정도의 파급효과를 미칠 것인지는 누구도 정확하게 예측하기 어렵다. 어쩌면 그 미래를 예측할 수 없다는 점이 4차 산업혁명의 본질적인 속성인지도 모른다.

한국에서 4차 산업혁명을 추진할 때 이를 정부가 주도할 것인지, 아니면 민간이 주도하고 정부는 이를 지원하는 데 그칠 것인지를 둘러싸고 지난 19대 대통령 선거 과정에서 잠시 소란이 벌어진 적이 있다. 정부의 역할을 강조하던 문재인 후보가 대통령에 당선되면서 인수위원회 역할을 대신한 국정기획자문위원회가 정리한 100대 국정과제를 보면, 현 정부가 목표로 하는 4차 산업혁명을 누가 어떤 내용으로 주도할 것인지에 대한 대강의 그림을 엿볼 수 있다. 새 정부의 경제정책을 담고 있는 '더불어 잘사는 경제' 항목에 모두 5개 전략, 26개 과제가 열거되어 있는데, 그중 네 번째 전략이 바로 '과학기술 발전이 선도하는 4차 산업혁명'이다. 여기에는 ① 소프트웨어 강국, ② ICT 르네상스로 4차 산업혁명 선도 기반 구축(과기정통부), ③ 고부가가치 창출 미래형 신산업 발굴·육성(산업부·과기정통부·국토부), ④ 자율과 책임의 과학기술 혁신 생태계 조성(과기정통부), ⑤ 청년 과학자와 기초연구 지원으로 과학기술 미래 역량 확충(과기정통부), ⑥ 친환경 미래 에너지 발굴·육성(산업부), ⑦ 주력 산업 경쟁력 제고로 산업경제의 활력 회복(산업부)이 제시되어 있는데, 무엇보다 구 미래부, 현재의 과학기술정보통신부가 명실

상부한 4차 산업혁명 주무 부처임을 짐작할 수 있다.

이처럼 4차 산업혁명을 몇몇 분야로 나누고 이를 주도할 정부 부처를 지정한다는 발상 자체가 어쩌면 불확실성 또는 예측불가능성을 내재하고 있는 시장 변화의 흐름에 부합하지 않는 측면이 있다. 더구나 부처 간 관련 정책의 조정을 담당할 컨트롤타워가 장관급 부처 중 하나인 과학기술정보통신부로 정해지면서, 당초 강력한 컨트롤타워로 기대되었던 '4차 산업혁명위원회'는 아무 권한도 없는 대통령 자문기구로 전락하고 말았다.[1] 그렇다면 4차 산업혁명을 누가 주도할 것인지, 어느 기관이 컨트롤타워를 맡을 것인지가 왜 중요한가? 다름 아닌 '규제', 그것도 부처별로 쪼개져 있는 '칸막이 규제' 때문이다. 한국에서는 정부규제가 바로 4차 산업혁명을 가로막는 주범이다. 몇 가지 사례를 통해서 잘못된 규제의 폐해를 살펴보자.

우버Uber는 승객과 운전기사를 모바일로 연결하는 플랫폼이다. 일견 택시와 유사하나 별도의 허가를 받지 않은 운전자가 모바일앱을 통해 승객과 연결되어 누구나 사실상 택시 서비스를 제공하게 된다. 우버에는 당초 우버블랙과 우버엑스라는 두 종류의 서비스가 있다. 우버블랙은 고급 콜택시 서비스로 일반 택시에 비해 가격이 2배가량 높다. 반면 우버엑스는 일반 운전자들이 기사로 참여하는 대신 가격을 대폭 낮춘 것인데, 현재 서울에서는 고급 콜택시 서비스인 우버블랙만 서비스되고 있다. 그 이유는 다름 아닌 규제 때문이다. 2013년 우버엑스가 출시되자 승객을 빼앗기게 된 택시기사들이 불만을 제기했다. 무엇보다 정식으로 허가를 받은 택시와 달리 허가도 받지 않고 세금도 내지 않는 점이 지적되었다. 규제의 형평성 차원에서 우버에도

1 동 위원회에는 과학기술정보통신부장관, 산업통상자원부장관, 중소벤처기업부장관, 고용노동부장관이 정부위원으로 참여하고 있는바, 나머지 민간위원의 대부분은 결국 이들 부처의 규제를 받는 기업 소속이어서 과연 제대로 된 목소리를 낼 수 있을지 의문이다.

국내 사업자와 동일한 규제를 가해야 한다는 것이다. 2014년 12월에는 서울시가 자가용 차량을 영업용으로 사용하는 행위를 금지하는 '여객자동차운수사업법' 위반을 이유로, 방송통신위원회는 위치기반서비스사업을 하면서 신고를 하지 않았다는 이유로 우버 코리아를 검찰에 고발하면서 결국 서비스가 중단되기에 이르렀다.[2]

또 다른 예로 숙박공유 플랫폼으로 잘 알려진 에어비앤비AirB&B도 마찬가지로 현실을 외면한 규제로 사업에 어려움을 겪고 있다. 에어비앤비의 사이트에 등록된 전국 1만 9000여 개 객실 가운데 약 70%가 숙박업 요건을 갖추지 못했다는 이유로 그동안 객실을 제공해오던 오피스텔에 대해 회원 등록이 취소되었다. '관광진흥법'상 주택이나 아파트와 달리 오피스텔은 처음부터 숙박업으로 등록할 수 없기 때문이다. 또한 '외국인관광 도시민박업법'상 주택 등을 외국인에게만 제공할 수 있기 때문에 내국인에 대한 숙박 제공 또한 불법이다.

그밖에 원격의료telemedicine는 원거리에서 환자의 질병을 진단하고 처방하는 등 임상 헬스 케어를 제공하는 것으로써 원거리통신과 화상인식 등의 정보기술을 이용한다. 먼 거리 때문에 의료서비스를 받기 어려운 지방 거주자들에게 특히 유용하고, 응급상황에서 생명을 구하는 데에도 쓰일 수 있다. 그러나 현행 '의료법'은 원격의료를 원칙적으로 금지하고, 의료인(의사·치과의사·한의사)이 컴퓨터·화상통신 등 정보통신기술을 활용하여 먼 곳에 있는 의료인에게 의료지식이나 기술을 지원하는 경우만 예외적으로 허용하고 있을 뿐이다. 원격의료가 의료인 간에만 제한적으로 가능한 것이다. 의료산업

2 서울중앙지방법원은 2017년 4월 26일 여객자동차 운수사업법 위반 혐의로 기소된 우버 코리아 택시 한국법인에 벌금 1000만 원을 선고했다.

을 선진화하고 환자의 편의를 증진하며 의료 한류를 확산하기 위해서 원격 의료를 허용하는 내용의 법률안이 제18대, 제19대 국회에서 제출되었으나, 회기 만료로 자동 폐기되었다. 제20대 국회에서 제출된 법률안 또한 시민단체와 의사협회의 반대로 폐기될 가능성이 매우 높다. 아울러 원격의료의 핵심으로 빅데이터를 활용한 진단용 인공지능인 IBM의 왓슨도 의료법상 의료기기로 인정받지 못하여 보험급여에서 제외됨으로써 국내에서는 사실상 활용되기 어려운 실정이다.

구글이 4차 산업혁명에 대응하기 위해 투자한 스타트업 190여 개를 살펴본 결과도 낡은 규제로 인한 폐해를 잘 보여주고 있다. 구글의 헬스케어 자회사인 캘리코Calico는 인간 노화의 원인을 규명하여 수명을 150세까지 연장하려는 프로젝트를 수행해왔는데, '생명윤리 및 안전에 관한 법률'상 인간 배아의 사용 제한이나 유전자 치료의 규제로 인해서 국내에서는 사업에 진척이 없다. 또한 드론을 이용한 택배서비스는 '항공안전법', 스마트홈 서비스는 '개인 정보 보호법' 때문에 마찬가지로 국내 사업이 불가능한 상태이다.[3] 상황이 이렇다 보니 투자금 유치 기준으로 글로벌 상위 100대 스타트업 리스트에도 미국이 56개로 가장 많고 중국이 24개인 반면 한국은 아직 한 곳도 없다. 빅데이터, 인공지능, 자율주행 등으로 대표되는 글로벌 산업의 변화와 혁신 과정에서 한국은 완전히 고립되어 있는 것이다. 문재인 정부가 4차 산업혁명을 "경제와 사회구조가 근본적으로 바뀌는 신성장"이라고 역설하고 있으나 불합리하고 과도한 규제를 해결하지 않고는 우리에게 요원한 일이다.

이처럼 4차 산업혁명을 구현할 신사업과 서비스가 국내에서는 각종 불합

3 http://www.asiae.co.kr/news/view.htm?idxno=2018010515191791634

리한 규제와 이익집단 간 충돌로 인해 시작되지도 못하는 상황에서 규제 개혁은 가장 핵심적인 과제일 수밖에 없다. 종래의 규제가 나름 타당성을 갖고 있더라도 융합을 통한 신규 서비스 창출은 새로운 관점에서 규제를 재평가하고 이해관계의 충돌을 조정할 것을 요구한다. 1차 산업혁명에서 뒤진 한국이 제조업을 기반으로 선진국을 어느 정도까지 따라잡기까지 장장 1세기의 시간이 걸렸다. 또다시 4차 산업혁명의 흐름에 눈감고 있다가 얼마나 긴 고통과 정체를 겪게 될지 곰곰이 생각해볼 문제이다.

2. 4차 산업혁명에 5G가 필수적인 이유는 무엇인가

4차 산업혁명을 대표하는 인공지능, 사물인터넷, 드론, 자율주행차 등이 제대로 구현되기 위해서는 인간의 얼굴을 비롯한 사물을 빠르게 인식할 수 있는 GPUgraphic processing unit의 발달, 외부 환경을 인식하여 수많은 기기를 신속하게 상호 연결하는 기술의 구현 등이 동시에 마련되어야 한다. 4차 산업혁명의 바람을 타고 반도체 D램과 낸드플래시 수요가 전 세계적으로 폭증하고 있는 상황은 바로 4차 산업혁명이 통신기술의 발전과 불가분의 관계에 있다는 사실을 잘 보여준다. 자율주행차를 예로 들어 4차 산업혁명을 구현하기 위해서 통신, 특히 5G의 상용화가 왜 절실한지, 그것이 규제와 어떤 관계에 있는지를 살펴보기로 하자.

자율주행차란 운전자가 핸들과 가속페달, 브레이크 등을 조작하지 않아도 정밀한 지도, 위성항법시스템GPS 등 차량의 각종 센서로 상황을 파악하여 스스로 목적지까지 찾아가는 자동차를 말한다. 자율주행차를 상용화하기 위해서는 운전자의 습관이나 운전 경로 등을 수시로 수집·처리하는 빅데이터와 함께 자동차와 다른 자동차 또는 기지국 등 외부 인프라와의 통신이 빛의 속도로 빠르게 이루어져야 한다. 차량 자체의 성능만으로는 자율주행이 불완전할 수밖에 없으므로 다른 차량이나 기지국 등 인프라와 연결돼야 하는 것이다. 이를테면 전방에서 사고가 발생하면 이를 뒤따르는 다른 차량에 실시간 경고가 이루어지고, 경고를 받은 자율주행차는 운전자의 조작 없이도 스스로 속도를 줄이거나 정지하거나 또는 진로를 바꿀 수 있어야 한다. 이런 의미에서 업계에서는 커넥티드 카connected car라는 용어가 사용되기도 한다. 이처럼 자율주행은 인간의 생명을 좌우할 수 있는 것이어서 정확하고도 빠른 통신은 필수적이다. 그런데 현재 상용화를 앞두고 있는 5G 기술은 1000분의 1초라는 초저지연, 20Gbps의 초고속 통신이 가능하므로 자율주행에 적합한 통신속도를 보장해줄 수 있는 것이다.

문제는 초고속 통신이란 관련 기술을 개발하는 것만으로 끝나는 것이 아니라는 점이다. 새로운 통신기술이 개발되면 단말기를 비롯하여 그에 맞는 통신설비의 구축 및 업그레이드가 뒤따라야 한다. 5G 기술이라도 4G용 통신설비하에서는 제 속도를 낼 수 없기 때문이다. 전통적으로 C-P-N-D[4]를 연결하는 생태계 속에서 향후 4차 산업혁명이 제대로 구현되기 위해서는 필수적인 인프라, 특히 5G용 통신설비, 즉 네트워크의 역할이 결정적으로 중요해지게 된다. 향후 VR, AI, IoT, O2O 등의 확산에 따라 이용자의 데이터 사용량은 기하급수적으로 팽창할 것이고 데이터 전송 속도도 그에 맞게 빨라져야 하므로 지속적인 망 개선 및 구축이 수반돼야 하는 것이다. 한국에서는 지금까지 이동통신 3사를 중심으로 한 과점체제하에서 이들이 망 고도화

4 흔히 학계와 실무에서는 ICT분야의 가치사슬을 설명하면서 콘텐츠(contents)-플랫폼(platform)-네트워크(network)-디바이스(device)의 연결고리를 제시하고 있다.

에 막대한 투자를 담당해왔다. 그간 정부가 설비기반경쟁facility-based competition을 추진해온 것도 한국의 통신망 확충에는 커다란 영향을 미쳤다. 그렇다면 통신규제는 향후 5G 시대의 도래 및 이를 위한 엄청난 망 투자와 어떤 관련을 맺고 있는가?

5G의 구현을 위한 설비 구축에는 당연히 막대한 자금이 들어간다. 그 자금은 이동통신 3사의 주머니에서 나오고, 이 주머니를 채우는 것은 결국 통신서비스 이용자이다. 이때, 이용자에는 최종소비자end-user와 기업고객business client이 있다. 최종소비자의 경우 통신요금의 형태로, 기업고객의 경우 주로 망 이용료의 형태로 설비 투자 비용을 일부 부담하게 되는 구조이다. 여기서 두 가지 경우에 따라 규제는 각기 다른 모습으로 설비 투자에 영향을 미치게 된다.

첫째, 소비자가 부담하는 통신요금이 적절한지 여부이다. 어떤 상품의 가격이 적정한지를 판단할 수 있는 특별한 잣대는 존재하지 않으며, 시장경제 하에서 경쟁원리에 따라 정해지는 가격이라면 일단 적정하다고 인정한다. 그런데 만약 어떤 시장이 독과점 상태이고 비교적 높은 수준에서 가격이 정해진다면 가격의 적정성에 의문이 제기되고, 규제를 통하여 이를 교정할 필요가 있다. '전기통신사업법'은 일찍이 시장점유율이 50% 이상인 이른바 시장지배적 사업자에 한해 인가를 통한 요금규제를 행해왔다. 규제 완화의 추세 속에서 현재는 시장지배적 통신사업자가 요금을 인하하는 경우에는 신고만으로 족하게 되었으나, 여전히 기존 요금을 인상하거나 새로운 요금제를 출시할 때에는 과학기술정보통신부 장관의 사전인가를 받아야 한다. 이러한 요금규제 과정에서 고려할 부분이 바로 통신사업자가 기술 개발 및 설비 투자가 가능하도록 일정한 이윤을 보장할 수 있는 적정한 요금 수준이 보장돼야 한다는 점이다.[5] 가계통신비 인하만을 위하여 과도하게 요금을 감면 또는 인하할 경우, 5G의 상용화에 필요한 적시의 설비 투자가 곤란해질 수 있다는 점을 간과해서는 안 되는 것이다.

둘째, 통신망을 이용하여 영화나 게임 등 콘텐츠를 제공하거나 온라인 쇼핑을 영위하는 인터넷사업자들이 망 이용에 따른 대가를 적절히 부담하고 있는지 여부이다. 오래 전부터 애플, 구글의 유튜브나 페이스북 등 글로벌 IT 사업자가 국내에서 막대한 매출과 수익을 올리면서 이들이 서비스를 제공하는 데에 필요한 망 투자에는 별다른 기여를 하지 않는다는 문제가 제기되어왔다. 다시 말해서 인터넷사업자들이 망을 보유한 기존 통신사업자에게 사용료를 제대로 내지 않는다는 것이다. 이들은 망 중립성network neutrality을 들어 통신사업자의 망 사용료 요구를 거부하고 있다. 망 중립성이란 인터넷 접속서비스제공사업자(국내에서는 KT, SK브로드밴드 등)가 인터넷망에서 오고가는 데이터를 부당하게 차별하거나 차단해서는 안 된다는 원칙으로, 2002년 미국의 팀 우Tim Woo 교수가 「망 중립성을 위한 제안」이라는 논문을 발표하면서 비롯되었다.[6] 그러나 콘텐츠의 대용량화가 진행되고 SNS가 확산되는 한편 5G에 기반한 신규 서비스가 제대로 작동하기 위해서는 막대한 신규 투자가 이루어져야 하고, 이때 망 투자비를 통신사업자와 인터넷사업자가 어떻게 분담할 것인지는 매우 중요한 사안이다. 현재 국내에는 망 사용료에 대한 직접적이고 구체적인 규제는 없는데, 4차 산업혁명을 대비하는 차원에서도 망 중립성과 망 관리에 관한 기본 원칙과 망 사용료 산정 기준이 시급히 마련될 필요가 있다.

5 전기통신사업법 제3조 제3항은 통신요금의 산정 원칙으로서 전기통신사업의 원활한 발전을 제일 먼저 꼽고 있다.

6 Tim Wu, "A Proposal for Network Neutrality"(2002). http://www.timwu.org/OriginalNNProposal.pdf.

한편, 4차 산업혁명을 뒷받침할 5G는 유선망에 더욱 의존하는 구조를 갖는다. 대표적으로 IoT를 널리 보급하기 위해서는 무선망 외에 냉장고나 TV 등 가전기기가 위치한 가정에 직접 연결되는 유선망을 통해야 한다. 이때, 기존의 가입자선로local loop는 물론이고 전주 등에 대한 접근권이 보장될 필요가 있다. '전기통신사업법'은 이미 가입자선로의 공동 활용을 비롯하여 필수 설비에 대한 접근 보장을 규정하고 있으나, 현실적으로 모든 통신사업자에 대한 동등접속equal access이 완벽하게 지켜지기는 어려운 상황이다. 따라서 최근 이동통신사업자들은 기존에 광범위한 유선망을 보유하고 있는 SO(System Operator: 종합유선방송사업자 흔히 케이블사업자라고도 부른다)를 인수하는 데 관심을 가지고 있는 것으로 알려져 있다. 한국의 SO들은 수년 전부터 IPTV 보급에 따른 가입자의 꾸준한 감소, 디지털화에 필요한 투자 여력의 부재 등으로 생존을 고민하는 단계이다. 독자 생존이 어렵다면 M&A를 통한 사업 매각을 생각할 수 있는바, 2016년에 SKT-CJ헬로비전의 합병을 공정거래위원회가 전면 불허하는 결정을 내리면서 케이블업계의 구조조정이 교착상태에 빠지게 되었다.

위 합병사건에서 국내 1위의 MSO(Multiple System Operator: 복수종합유선방송사업자)인 CJ헬로비전이 사업권을 가진 전국 23개 방송 권역 중 시장점유율 1위인 곳은 19개이며, 시장점유율 50% 이상인 곳은 13개였다. CJ헬로비전은 이미 자신의 방송권역에서 독과점적 지위를 갖고 있고, 각 방송권역별로 SK브로드밴드가 확보하고 있는 IPTV 가입자들이 추가된다면 대부분의 방송권역시장에서 합병기업의 점유율이 과도해진다는 것이 금지 이유였다. 그럼에도 불구하고 5G 대비 차원에서 이동통신사업자들의 SO 인수에 대한 관심은 여전한 것으로 보이는데, 예컨대 LG유플러스가 CJ헬로비전을 인수하고자 한다면 공정거래위원회는 이를 허용할 것인가? 공정거래위원회의 논리대로라면 LG유플러스 또한 IPTV 사업을 영위하고 있고, 마찬가지로 적지 않은 권역에서 시장점유율 1위를 차지하게 되어 독과점의 우려는 여전히 존재한다는 점에서 이동통신사업자의 SO 인수에는 커다란 난관이 존재할 것으로 예상된다. 5G를 대비하는 차원에서 SO의 구조조정 방안을 고민할 때이다.

3. 지능형 로봇은 보육, 요양시스템에 어떤 변화를 가져올까

지능형 로봇Intelligent Robots이란 외부 환경을 인식perception하고, 스스로 상황을 판단cognition하여, 자율적으로 동작manipulation하는 로봇을 의미한다.[7] 기존의 로봇과 차별화되는 부분은 '상황판단' 기능과 '자율동작' 기능이 추가된 점에 있다. 쉽게 말하자면 4차 산업혁명에서 가장 주목 받는 인공지능기술을 로봇에 결합한 것으로 이해할 수 있다. 지능형 로봇은 그 용도에 따라 산업용(제조용) 로봇과 서비스용 로봇으로 나눌 수 있는바, 전자는 이른바 스마트공장smart factory에서 이미 널리 활용되고 있고, 후자는 아래에서 살펴보는 바와 같이 그 적용 범위가 무척이나 다양하다.

서비스용 로봇은 다시 전문 서비스용과 개인 서비스용으로 나눌 수 있다. 한국로봇산업협회에 따르면 전자는 주로 의료, 군사용 등에 활용되며, 국내에서는 의료용 로봇과 군사용 로봇이 각각 약 3분의 1 정도의 비중을 차지하고 있다. 특히 의료용 로봇은 2014년을 기준으로 전년 대비 150.4%의 성장률로 크게 성장했다. 개인 서비스용 로봇의 경우에는 전체적으로 연평균

7 서준호, 「지능형 로봇의 최신 기술 및 표준동향」, KATS 기술보고서 제95호(2017.2.28), 4쪽.

19.9%씩 성장하고 있는데, 현재 국내에는 청소로봇 등 가사용 로봇이 79.4%로 대부분을 차지하고 있다. 아래에서는 서비스용, 그중에서도 전문 서비스용 로봇을 중심으로 제도 또는 규제와의 관계를 살펴보기로 한다.

OECD 최하의 출산율을 이어가고 있는 한국에서 저출산의 원인 중 하나로 일과 가정의 양립이 어렵다는 점이 지목되고 있고, 육아와 보육 문제를 해결하는 것은 출산율을 높이기 위한 핵심 수단으로 인식되고 있다. 그렇다면 향후 지능형 로봇이 발전하면서 가정 내에서 육아를 대신하거나 도와줄 수 있지 않을까? 대표적으로 서울대 장병탁 교수(전기전자공학부) 연구팀은 맞벌이 가정에서 엄마를 대신해 아이들과 놀아주고 교육하는 로봇을 개발 중이다. 머지않은 미래에 가정에서 워킹맘을 대신해 육아를 전담할 로봇이 탄생하는 셈이다.[8] 이 로봇은 초등학교 1학년 아이를 염두에 두고 개발 중이라고 하는데, 엄마와 아이가 자연스럽게 대화할 수 있는 수준이 되기 위해서 이 육아로봇은 스스로 꾸준히 학습하게 된다. 육아로봇이 엄마의 정서와 섬세함까지 갖추지는 못하겠지만, 오히려 적지 않은 부모들보다 인내심 많고 사교적이라는 상호적인 측면도 부인하기는 어려울 것이다.

한국에서 '영유아보육법'상 '영유아'란 만 6세 미만의 취학 전 아동을 말하며, 어린이집에서 이들을 보육하게 되어 있다. 어린이집에는 국공립어린이집, 직장어린이집, 민간어린이집 등이 있는데, 운영상 발생하는 몇 가지 문제를 생각해보자. 먼저, 국공립어린이집은 도시 저소득 주민 밀집 주거 지역이나 농어촌 지역 등 취약 지역에 우선적으로 설치하게 되는데, 농어촌의 경우에는 인구수가 적고 그나마 고령화가 많이 진행되어 영유아가 많지 않기 때문에 충분한 숫자의 어린이집을 확보하기 어렵다. 전국적으로 국공립어

8 http://news.donga.com/3/01/20170316/83347642/1

린이집은 2014년 2489개에서 2016년 2859개로 소폭 증가했으나, 2016년 기준으로 1만 4316개에 달하는 민간어린이집에 비하면 현저히 적은 수준이다. 국공립어린이집의 설치에는 부지와 건축비 등이 국고에서 지원되는데, 실제 보육교사를 확보하는 일도 만만치 않다. 특히, 농어촌 지역에서는 영유아의 수가 적다는 점을 감안할 때 보육교사 확보와 그에 따른 인건비 부담은 운영상 커다란 장애가 되고 있다. 이러한 상황에서 보육용 로봇이 보급될 경우, 일차적으로 농어촌지역의 국공립어린이집을 보다 적은 운영비로 운영할 수 있을 뿐만 아니라, 저소득주민 밀집 주거 지역의 경우에도 보다 적은 비용으로 양질의 보육서비스를 제공할 수 있게 될 것이다.

문제는 보육용 로봇을 현행법상 보육교사로 볼 수 있을지 여부이다. 현재 보육교사는 관련 전문학사학위 이상을 취득했거나 소정의 교육과정을 이수한 자로서 보건복지부의 자격증을 소지한 자여야 하는데, 보육용 로봇이 이들을 실질적으로 대체하기 위해서는 관련 법령이 개정될 필요가 있는 것이다. 어린이집을 운영하기 위해서는 일정 수의 보육교사를 확보하는 것이 인가 요건으로 정해져 있는바, 보육용 로봇을 통하여 보다 쉽게 어린이집을 개설하기 위해서는 이들에게 보육교사의 자격을 인정하지는 못하더라도 적어도 보육교사를 지원하는 지위를 부여하여 종전보다 적은 수의 보육교사만으로도 보육용 로봇을 확충하는 방식으로 어린이집을 설치·운영할 수 있도록 하는 방안을 적극 검토할 필요가 있을 것이다.

노인 간병의 경우도 이와 유사하다. 한국은 OECD 국가 중 고령화가 가장 급속히 진행 중이며, 2018년에 고령사회, 2026년에는 초고령 사회로 진입할 것으로 예상되고 있다. 이에 따라, 고령자 및 독거노인의 건강관리, 독립적 생활 지원을 위한 사회적 비용 증가에 적절히 대응할 필요가 있는바, 4차 산업혁명의 결과물을 적절히 활용하는 방법을 빼놓을 수 없다. IoT 및 클라우드 컴퓨팅과의 연계를 통하여 고령자에 대한 간호와 간병 서비스를 제공하는 것이 가까운 시일 내에 현실화될 것으로 예상되기 때문이다.

현행 '노인장기요양보험법'상 만 65세 이상의 노인 또는 65세 미만의 자로서 치매·뇌혈관성질환 등 노인성 질병을 가진 자는 6개월 이상 혼자서 일상생활을 수행하기 어렵다고 인정되는 경우에 신체활동·가사활동의 지원 또는 간병 등 이른바 장기요양급여를 받을 수 있다. 노인장기요양의 직접적인 서비스는 대부분 요양보호사들이 수행한다. 전국에서 요양보호사 자격을 가진 사람은 약 133만여 명이고 그중 약 33만여 명이 현업에 종사하고 있다. 노인장기요양서비스는 크게 시설(施設)서비스와 재가(在家)서비스로 구분된다. 시설서비스는 가정에서 일상생활이 어려운 노인이 요양원 등에 입소해 받는 서비스이며 전체 노인장기요양서비스의 약 27%를 차지하고 있다. 재가서비스는 요양보호사가 매일 3~4시간씩 이용자의 가정을 방문하여 제공하는 서비스 또는 일정 시간 데이케어센터day care center[9]를 이용하여 신체지원, 인지재활, 가사지원 등을 받는 서비스이다. 전체 노인장기요양서비스의 73%로 대부분이 재가서비스에 속한다. 그런데 요양보호사의 근무 환경 및 처우가 매우 열악하다보니 요양기관마다 인력 구하기가 매우 어렵고, 이것은 곧바로 노인들이 적절한 서비스를 제공받지 못하는 결과로 이어진다. 그런데 시설서비스든 재가서비스든 요양용 로봇이 활용될 경우 이와 같은 문제를 어느 정도 해결할 수 있지 않을까? 노인인구가 많지 않은 산간벽지나 도서 지역의 경우에도 요양용 로봇을 통해서 손쉽게 요양서비스를 제

9 거동이 불편한 어르신들을 주간에만 돌보는 곳으로서 레크리에이션 프로그램과 놀이 활동, 미술 활동, 체육 활동 등을 하고 식사와 간식이 제공되는 등 유치원과 유사한 점이 많아서 일명 '노인유치원'이라고도 불린다. 오전부터 저녁때까지만 서비스게 제공된다는 점에서 통상의 요양원과 구별된다. http://www.nocutnews.co.kr/news/4366076#csidxd5-486165e54e708b7e8800cab19ead9

공할 수 있게 되고, 보다 적은 요양보호사를 두고 요양기관을 운영하는 것도 가능해질 것이기 때문이다. 이때에도 요양용 로봇에게 요양보호사 자격을 인정하기는 쉽지 않을 것이고, 전술한 보육용 로봇의 예와 마찬가지로 적어도 요양보호사의 업무를 지원할 수 있는 정도의 법적 지위를 인정하는 방법은 긍정적으로 고려할 수 있을 것이다.

이처럼 영유아에 대한 육아서비스나 노인 등에 대한 요양서비스를 지능형 로봇이 일부 수행하게 될 경우 보육교사나 요양보호사에 대한 수요는 감소할 수밖에 없다. 즉, 이 분야에서 일자리가 감소할 수도 있는 것이다. 그러나 지능형 로봇이 인간을 완전히 대체하기란 사실상 불가능할 것이고, 무엇보다 아이나 노인과의 정서적 교감에는 적지 않은 한계가 있을 수밖에 없다. 다만, 지능형 로봇이 보육교사나 요양보호사의 물리적 역할을 중심으로 이들을 일부 보조하는 정도는 충분히 가능할 것이기 때문에 일자리 감소 없이 육아나 요양서비스의 사각지대를 없애고 서비스의 질적 향상을 도모할 수 있을 것이다.

4. 카카오뱅크, K뱅크가 한국에서 금융혁명을 선도할 수 있을까

전통적으로 금융산업은 규제산업이다. 국가가 은행의 건전성을 보장하고 투자자를 보호하는 일은 금융산업의 발전뿐만 아니라 시장경제의 근간이 되는 거래시스템을 안전하게 유지하기 위해서도 매우 중요하다. 다만, 금융산업에 대한 과도하게 촘촘한 규제는 혁신과 그에 따른 새로운 금융서비스의 등장을 어렵게 한다는 점에서 정권이 바뀔 때마다 규제개혁의 주된 대상으로 지목되었다. 하나의 예가 바로 '천송이 코트'로 상징되는 액티브엑스의 폐지이다. 액티브엑스는 보안·결제·인증을 위해 도입된 기술이지만 오히려 전자거래의 속도를 느리게 만들고, 중국 등 외국에 거주하는 소비자들이 국내 온라인쇼핑몰에서 결제를 할 수 없게 한다는 비판을 받아왔다. 2014년 초 인기를 끌었던 드라마 〈별에서 온 그대〉에 나온 '천송이 코트'를 중국에서 사고 싶어도 액티브엑스에 막혀 사지 못하는 문제가 부각되면서 당시 정부가 액티브엑스 제거를 추진했다. 그사이 해외에서는 많이 사라졌지만 국내 100대 웹사이트 중 44개는 여전히 액티브엑스를 사용하고 있는 것으로 알려져 있다. 아직까지도 적지 않은 금융기관 결제에 액티브엑스가 사용되고 있는 것이 현실이다.

각종 규제에 가로막혀 혁신이 더디고 서비스경쟁이 미미한 국내 금융산업에서 혁신적인 신규 서비스는 기존의 금융업계와 규제당국의 견제에 발목을 잡히는 경우가 대부분이다. 대표적인 사례를 들어보자. 먼저, 핀테크(fintech: finance+technology)의 하나인 P2P대출이란 온라인을 통해 개인 간 대출과 투자를 연결하는 서비스로서, 온라인을 통해 모든 대출 과정을 자동화해서 지점 운영 비용, 인건비, 대출 영업 비용 등의 불필요한 경비 지출을 최소화함으로써 대출자에게는 보다 낮은 금리를, 투자자에게는 보다 높은 수익을 제공하는 금융과 기술을 융합한 혁신서비스이다. 2005년 세계 최초의 P2P금융서비스 'Zopa'를 시작으로 현재는 미국, 유럽 등 금융 선진국에서 빠르게 성장하고 있는데, 2014년 말을 기준으로 미국의 P2P금융 시장규모는 55억 달러(약 6조 2천억 원), 영국은 21.8억 파운드(약 3조 8천억 원)에 달한다. 세계 최대의 P2P금융기업인 '렌딩클럽Lending Club'은 2014년 12월 뉴욕증권거래소에서 86억 달러(약 9조 5천억 원)의 가치를 인정받아 상장된 바 있다. 한국의 경우도 2017년 말 국내 64개사 누적대출액 1조 8034억 원으로서 1년 전의 34개사, 4682억 원에 비하여 급속히 성장하고 있다.

그림 9-1 P2P대출의 진행 과정

자료: 한국P2P금융협회, 『P2P금융이란?』(2018).

P2P대출은 투자자를 전제로 한다(〈그림 9-1〉). 그런데 P2P대출은 아직까지 한국 '자본시장과 금융투자업에 관한 법률'의 적용을 받지 않으므로 투자자 보호에 흠결이 있을 수 있고, 이에 2017년 6월 금융위원회가 마련한 'P2P 대출 가이드라인'은 업체별 개인당 투자 한도를 1천만 원으로 제한하고 있다.[10] 이러한 규제가 기존의 금융기관을 경쟁으로부터 보호하기 위한 것이라는 비판적 시각도 있으며, 향후 P2P대출이 어떻게 제도권에 편입될 것인지를 주의 깊게 지켜볼 필요가 있다. 20대 국회에는 P2P대출의 법제화를 위한 '온라인대출중개업에 관한 법률'이 발의되어 있다.

그런데 P2P대출보다 금융산업에 진정한 빅뱅을 가져올 변화는 바로 카카

10 1천만 원 한도에 대해서는 과도한 투자규제라는 지적이 많았고, 금융감독원은 지난 1월 23일 가이드라인 개정안을 발표했는데, 그에 따르면 업체당 연간투자한도가 2천만 원으로 늘어난다. 단, 부동산 건축자금(PF) 등 부동산 대출 관련 쏠림 현상을 막기 위해 부동산 대출 관련 P2P투자 상품은 한도 확대 대상에서 제외된다.

오뱅크, K뱅크로 대변되는 인터넷전문은행의 등장이다. 모바일과 인터넷으로만 영업하는 은행으로서 1년 365일, 하루 24시간 열려 있는 인터넷전문은행은 기존 은행과 달리 영업점도, 통장도 없이 고객과 예금·대출거래를 수행한다는 점만으로도 충분히 파격적이다. 영업점이 없어 비용을 줄인 만큼 그 혜택을 더 높은 예금금리와 보다 낮은 대출금리로 고객에게 돌려줄 수 있으며, 오프라인 지점이 없을 뿐 시중 은행과 똑같은 내용의 금융서비스를 제공한다. 예·적금, 대출, 외환, 신용카드, 수납 및 지급대행 등 원칙적으로 모든 은행 업무를 수행할 수 있는 것이다. 국내 1호 인터넷전문은행인 K뱅크는 2017년 4월 3일부터 정식 영업을 시작했고, 2호인 카카오뱅크도 2017년 4월 초 금융위원회 은행업 본인가를 받아 2017년 7월 서비스를 시작했다.

실제로 이들 인터넷전문은행은 각종 거래에 공인인증서가 필요 없고, 현금자동입출금기를 무료로 사용할 수 있으며, 송금수수료 또한 시중은행보다 매우 낮다는 장점을 무기로 빠른 속도로 가입자와 예금·대출을 늘리고 있다. 카카오뱅크의 경우 출범 165일 만인 2018년 1월 7일 기준으로 계좌 수가 5백만 개를 돌파했고, 이와 함께 예·적금 규모도 더불어 증가하여 수신(예·적금) 규모 5조 1900억 원, 여신(대출)은 4조 7600억 원에 달했다. 그러나 인터넷전문은행은 또 다른 규제로 인하여 향후 성장·발전에 발목이 잡혀 있다. 바로 은산분리, 즉 은행과 산업자본의 분리 문제이다. 그 결과 오너십, 즉 확실하게 경영권을 행사할 지배주주가 없는 것이다.

금융위원회는 2015년 11월 29일 KT가 주도하는 K뱅크와 카카오가 이끄는 카카오뱅크에 은행업 예비인가를 내주면서 "은행업 혁신을 이끄는 메기가 될 것"이라고 공언한 바 있다. 금융위원회는 2016년 12월 14일 K뱅크에 대한 은행업 본인가를 의결했으나, KT는 K뱅크를 주도적으로 경영하기 어렵다. 산업자본(비금융주력자)은 의결권 있는 은행 주식을 4% 초과하여 보유할 수 없다는 '은행법'상 은산분리 조항에 묶여 있기 때문이다. 그 결과 K뱅크의 최대 주주(의결권 기준)는 지분 10%를 가진 우리은행이고, KT의 지분은 8%이나 은산분리 규제에 따라 의결권은 4%밖에 행사할 수 없다. 지분 10%씩을 가진 GS리테일, 한화생명보험, 다날 등 K뱅크의 다른 주주들도 비금융주력자로 분류되어 있어 의결권 행사가 제한되기는 마찬가지이다. 카카오뱅크 역시 국민은행 10%, 한국투자금융지주 50%에 이어 카카오는 불과 10% 지분에 의결권은 4%밖에 갖지 못하는 상황이다. 이와 같은 규제 때문에 인터넷전문은행을 혁신적으로 주도해야 할 KT(지분율 8%)와 카카오(지분율 10%)는 증자를 통한 지분확대가 사실상 불가능한 상황에 처해 있다. 현재 인터넷전문은행에 한해 은산분리 규제를 완화하는 법안이 국회에 다섯 건이나 발의돼 있으나 과연 국회의 문턱을 넘을 수 있을지 가늠하기 어렵다. 4차 산업혁명을 국정과제의 하나로 내건 현 정부의 기조조차 인터넷전문은행의 활성화에 그다지 호의적이지 않아 보인다. 금융위원회의 자문기구인 금융행정혁신위원회는 최근 "은산분리 완화를 금융발전의 필요조건으로 보고 있지 않다"는 입장을 공식적으로 밝힌 바 있다.[11]

은산분리란 금융자본과 산업자본을 분리하여 한국과 같이 산업자본이 재벌의 형태로 국민경제에 막강한 지배력을 갖는 상황에서 은행마저 지배할 경우, 은행이 자칫 재벌의 사금고로 전락할 우려가 있다는 문제의식에서 비롯된 규제이다. 증권, 보험 등 제2금융권이 사실상 재벌에 의해 장악된 상황에서 금산분리는 이미 형해화되었고, 마지막 남은 은산분리가 한국에서 나름의 정당성을 갖는 것도 부인하기 어렵다. 다만, 지금 한국에서 인터넷전문은행에 참여한 산업자본은 KT와 카카오인데, 전자는 민영화를 거쳐 국민기

11 http://m.businesspost.co.kr/BP?command=mobile_view&num=67415#cb

업으로 자리 잡는 중이고, 후자는 창업 1세대가 플랫폼을 기반으로 급성장한 벤처의 롤 모델로 어느 것이나 전통적인 재벌과는 거리가 멀다. 4차 산업혁명을 재벌이나 기존의 제도권 금융기관이 아닌 새로운 IT기업이 주도해나갈 여건을 마련할 필요가 있다는 점에서 규제 완화를 검토해야 할 시점이다.

5. 다가올 4차 산업혁명의 주체는 과연 누가 되어야 할까

2017년 5월 대선을 앞두고 후보들 사이에 4차 산업혁명을 둘러싼 공방이 벌어진 적이 있다. 구체적인 공약에는 차이가 있었으나, 민간이 4차 산업혁명을 주도하고 정부가 이를 지원해야 한다는 데에는 대체로 공감대가 형성되었던 것으로 보인다. 4차 산업혁명은 새로운 혁신기술의 등장 못지않게 현존하는 서로 다른 기술, 산업, 지식의 원활한 융합을 통해서 실현되는 것이다. 이러한 맥락에서 융합을 저해하는 ICT 관련 규제는 물론이고 세법, 금융법, 노동법 등 법질서 전반에 근본적인 변화의 요구가 거세지고 있다.

이제 정부의 바람직한 역할을 생각해볼 필요가 있다. 자율주행차의 활성화를 위해서는 '여객자동차운수사업법', 운전업무 종사자격 규정이나 '도로교통법', '자동차손해배상보장법' 등이 정비되어야 하고, IBM의 왓슨에 필적할 만한 원격의료의 제공을 위해서는 '의료법'과 '약사법'이 개정되어야 한다. 또한 빅데이터를 활용한 다양한 서비스를 가능케 하고 IoT 산업의 진흥을 위해서는 이를 제약하는 '개인 정보 보호법'과 '정보통신망 이용촉진 및 정보보호 등에 관한 법률' 등을 수정해야 한다. 산업용 로봇의 보급 확대에 따라 비정형적 노동 증가에 대비하여 노동법('근로기준법', '노동조합법' 등)을 정비하고, 그에 따른 일자리 감소를 해결하기 위해 사회보장제도의 확충 및 새로운 기술혁명에 맞도록 재교육을 확대하는 작업도 이루어져야 한다.

그런데 이러한 작업은 필연적으로 관련 부처 간, 산업 간, 해당 기업 간 이해관계의 충돌을 가져오게 마련이다. 무엇보다 4차 산업혁명은 기존 산업의 수평적, 수직적 경계를 허물어뜨릴 것이다.[12] 여기서 규제기관 간의 정책 조율이 매우 중요하고, 무엇보다 새롭게 등장하는 서비스가 관련 산업을 주도할 수 있도록 기다린다는 의미에서 이른바 유연한 규제soft touch regulation가 바람직할 것이다. 문제는 과연 관료들이 기존의 규제 권한을 포기할 수 있을지 여부이다.

ICT 분야를 예로 들어보자. 새 정부에서 4차 산업혁명의 주무 부처로 인정받은 과학기술정보통신부는 과학기술, 방송·통신, 우정사업 등 방대한 분야를 담당하게 되었으나, 과연 업무별 화학적 융합이 제대로 이루어지고 있는지는 의문이다. 오히려 가계통신비 절감이라는 대선공약에 발목이 붙잡혀 ICT 분야의 혁신을 가로막는 규제틀을 바꾸는 데에는 제대로 신경을 쓰지 못하는 모습이 나타나고 있다. 이동통신 기본료 인하 논쟁에서 출발하여 단말기 완전자급제와 보편요금제 도입 논의를 들여다보면 새 정부의 ICT 정책 우선순위에 심각한 의문이 제기될 수밖에 없다. 최근 정부는 벤처 육성과 기술 개발에 막대한 재원을 투자하고 코스닥시장을 활성화하겠다는 정책을 발표한 바 있다. 그러나 정권이 바뀌는 5년마다 공약에 맞추어 눈먼 돈이 쏟아지는 상황이 반복되지는 않을지 우려할 수밖에 없다. 한국 R&D 투자총액은 OECD 5위 안에 들고, 덴마크·핀란드·스웨덴 3국의 R&D 총액을 합친 것의 3배 수준이지만 4차 산업혁명을 이끌 새로운 혁신기업이나 혁신기술

12 4차 산업혁명이 정부에 미치는 다양한 영향에 대해서는 클라우스 슈밥, 『클라우스 슈밥의 제4차 산업혁명』, 송경진 옮김, (서울 : 새로운현재, 2016), 112쪽 이하.

은 거의 보이지 않는 이유를 곰곰이 따져보아야 할 것이다.

현 시점에서 4차산업혁명위원회가 과연 실질적인 통합·조정의 역할을 잘 해낼 수 있을지는 예상하기 어렵다. 대통령 직속이라거나 총리급 위원장이라는 점도 중요하지만, 결국 대통령의 관심과 의지가 관건일 것이다. 어느 부처가 4차 산업혁명의 컨트롤타워 역할을 맡는지도 출발에 불과하고, 근본적으로 혁신서비스를 중심으로 새로운 생태계를 만들기 위해 전반적인 규제 관할권을 조정하고 기존의 규제틀을 원점에서 재검토해야 한다. 그 과정에서 상충되는 이해관계에 따른 사회경제적 갈등을 해소하는 것이 지극히 어려운 작업인 만큼, 바로 이 부분에서 컨트롤타워의 권한 및 실효적 운영 여부가 관건이 될 것이다.

4차 산업혁명이란 막대한 투자를 요하는 새로운 기술 개발이 아니라 비교적 적은 비용으로 기존의 기술과 정보 등을 융합하여 새로운 융합서비스를 제공하는 것을 통해서 실현된다는 점에서 이를 저해하는 가장 큰 요소는 바로 불합리한 규제, 칸막이식 규제, 관료의 책임 회피 마인드이다. 4차 산업혁명이 여러 분야에 광범위한 이해 충돌과 패러다임 변화를 요구하는 만큼 이를 담당할 정부기관의 역할은 종래의 수직적, 가부장적 마인드에서 벗어난 수평적 플랫폼의 성격으로 전환되어야 할 것이다. 정부의 조직과 규제에 대한 근본적인 인식 변화 없이 4차 산업혁명시대를 맞는다는 것은 새로운 기회가 아니라 끔찍한 재앙이다.

참고문헌

서준호. 2017.2.28.「지능형 로봇의 최신 기술 및 표준동향」. KATS 기술보고서 제95호.

Tim Wu. 2002. "A Proposal for Network Neutrality." http://www.timwu.org/Original-NNProposal.pdf.

10

국내 ICT시장은 구글의 홈그라운드인가

이상우
연세대학교 정보대학원 교수

4차 산업혁명 시대에는 IoT로 수집된 데이터를 클라우드상의 빅데이터로 저장한 후, 인공지능을 활용하여 어떻게 이용하는지가 기업의 경쟁력을 좌우하는 핵심이 될 것이다. 빅데이터를 많이 확보하고, 인공지능을 통해 확보한 데이터를 분석하여 금융, 제조, 유통, 서비스 등 다양한 산업에 효율적으로 활용할 수 있는 기업이 4차 산업혁명 시대를 이끌어갈 것이다. 구글, 페이스북, 이베이, 아마존 등은 모두 IoT, 빅데이터, 인공지능 기술에 있어서 한 발 앞서 있는 미국의 플랫폼 사업자들이고, 미국 시장뿐만 아니라 전 세계적으로 그 위력을 발휘하고 있다는 공통점을 가지고 있다. 한국의 경우에도 페이스북은 이미 국내 모든 소셜미디어 중에서 가장 많이 이용되고 있고, 구글의 유튜브는 국내 모든 온라인 동영상서비스 중에서 압도적 1위를 차지하고 있다. 이베이도 국내 온라인 쇼핑 시장의 최대 강자로 자리 잡았고, 아마존을 통한 거래량도 국내에서 지속적으로 증가하고 있는 추세이다. 국내 플랫폼 시장을 해외 사업자들에게 빼앗긴다는 것은 플랫폼 시장 자체만의 문제가 아니다. 4차 산업혁명 시대에서는 플랫폼의 경쟁력이 곧 국가 경제력을 의미하기 때문에, 글로벌 사업자들에 의한 플랫폼 독식 현상은 국가 경제 시스템의 붕괴로 이어질 수 있다. 이 장에서는 플랫폼 산업이 왜 중요한지, 글로벌 플랫폼 사업자들은 국내 시장에서 어떤 행태를 보이고 있는지, 또한 구글세는 무엇인지, 국내 사업자와 글로벌 사업자 간 기울어진 운동장을 극복하기 위한 정책 당국의 역할은 무엇인지 등을 살펴보도록 하겠다.

1. ICT 산업에서 플랫폼은 왜 중요한가

우리는 최근 들어 플랫폼이란 용어를 자주 접하게 된다. 플랫폼이란 원래 승강장, 즉 기차역을 뜻하는 말로 쓰였으나, 최근에는 안드로이드 플랫폼, 페이스북 플랫폼, 아마존 플랫폼, 카카오톡 플랫폼, 네이버 플랫폼, 쇼핑 플랫폼 등 플랫폼이란 용어는 ICT 분야에서 유독 자주 사용된다. 언뜻 보면, 플랫폼이란 용어가 모두 다른 의미로 사용되는 듯 보이지만, 자세히 들여다 보면 한 가지 공통점을 발견할 수 있다. 즉, 플랫폼이라는 공간 또는 장소는 사람들에게 뭔가 거래할 수 있는 환경을 만들어준다는 것이다. 더 많은 사람들이 이러한 공간 또는 장소에 오도록 하기 위해서 플랫폼은 사람들에게 매력적으로 인식되어야 한다. 더 매력적인 플랫폼은 더 많은 사람들을 모여들게 하고, 사람들은 매력적인 플랫폼에 더 자주, 더 오래 머물 것이며, 그렇게 되면 자연스럽게 더 많은 거래가 이 플랫폼에서 이루어지게 되는 것이다.

특히 ICT 영역에서 플랫폼의 가치는 더욱 높아지고 있다. ICT 영역에서의 플랫폼은 몇 가지 특성을 가지고 있다. 우선, 양면 시장two-side market적 특성으로 인해 대부분의 거래가 한 측면에서는 무료로 사람들을 끌어들인 후, 이 사람들이 다른 측면에서 제공하는 다양한 서비스를 즐길 수 있게(무료 또는 유료) 해준다는 것이다. 다음이나 네이버와 같은 포털 플랫폼을 통해 사람들은 무료로 뉴스, 정보, 쇼핑 등의 서비스를 이용하고, 서비스를 제공하는 사업자들은 포털 플랫폼을 통해 자신들의 정보나 상품을 노출시킨다. 플랫폼의 두 번째 중요한 특성은 멀티 플랫폼을 형성하고 있다는 것이다. 즉, 플랫폼 위에 새로운 플랫폼이 형성되고, 또 그 위에 새로운 플랫폼이 형성된다는 것이다. 예를 들어, 소비자들이 스마트폰의 안드로이드 플랫폼을 이용하는 경우, 다양한 포털 플랫폼을 선택할 수 있고, 이 중 하나의 포털 플랫폼에는 뉴스 플랫폼, 쇼핑 플랫폼, 여행 플랫폼 등 다양한 형태의 플랫폼들이 형성된다는 것이다. 결국, 멀티 플랫폼 환경에서 소비자들은 플랫폼을 통해 자신들이 원하는 거의 모든 종류의 상품이나 서비스를 이용할 수 있게 된다. 카카오톡 플랫폼을 이용하는 소비자들은 카카오뱅크를 통해 쉽게 은행 거래를 할 수 있게 되었고, 아마존을 이용하는 소비자들은 아마존을 통해 기존의 책 구매 이외에 거의 모든 종류의 쇼핑을 즐길 수 있게 되었다. 더 주목해야 할 점은 플랫폼 사업자들이 구축해놓고 있는 소비자들의 데이터이다. 플랫폼 방문자들의 검색어와 클릭한 광고나 링크 정보, 그리고 개인 정보 등 다방면의 빅데이터를 수집하고 있는 글로벌 플랫폼 사업자들은 전 산업 영역에 걸쳐 시장 지배력을 강화할 가능성이 높아지고 있다.

글로벌 플랫폼 사업자들의 시장지배력은 전 세계 로컬 시장에서도 그대로 유지될 수 있다는 점에서 글로벌 시장과 로컬 시장의 구분 자체가 무의미해진다는 것에 특히 주목할 필요가 있다. 페이스북, 아마존, 넷플릭스, 유튜브 등의 글로벌 플랫폼 서비스들은 글로벌 시장과 지역시장의 경계 없이 지구촌 어디에서나 이용되고 있고, 대부분의 국가에서 이들 서비스들의 시장 지배력은 지속적으로 높아지는 추세이다. 결국, 글로벌 플랫폼 사업자에 의한 승자독식 현상이 국경을 초월하여 나타날 가능성이 높고, 이렇게 되면 개별 국가들의 전 산업적 차원에서 글로벌 플랫폼 사업자에 의존하는 산업구조가 형성될 수 있다. 글로벌 플랫폼 사업자들이 구축해놓은 소비자들의 방대한 데이터는 곧 모든 산업 영역에서 필요로 하는 필수적 자원이 되므로 이를 보유하고 있는 글로벌 플랫폼 사업자들에 대한 의존성 심화는 당연하다. 특히, 미디어, 커머스 등 그동안 지역성이 강한 산업의 경우에도 더 이상 지역 사업자라는 이유만으로 생존을 보장받을 수 없게 될 것이다. 이미 많은 국가들의 지역 미디어 서비스는 글로벌 사업자들에 의해 지배되는 현상이 나타나고 있다.

최근 글로벌 시가총액 순위의 변화를 살펴보더라도 ICT 플랫폼 사업자들의 도약은 주목해볼 만하다. 2010년 말 기준 글로벌 시가총액 1위부터 5위까지의 기업들은 엑슨모빌, 페트로차이나, 애플, BHP빌리튼 Ltd, BHP빌리튼 Plc였으나, 2017년 8월 기준 글로벌 시가총액 기준 1위부터 5위까지의 기업은 애플, 구글, 마이크로소프트, 페이스북, 아마존 등으로 재편되었다(이병훈, 2017.9.4). 애플은 2010년부터 최근까지도 시가총액 기준 상위권을 유지하고 있으나, 2017년도 글로벌 시가총액 상위 기업들은 모두 ICT 플랫폼 기업이라는 특징이 있다.

2. 구글세란 무엇인가

2017년 5월 현재, 국내 모바일 동영상 이용 시간에서 구글의 점유율은 73%에 달한다. 같은 기간 모바일 SNS 앱 사용 시간에 있어서도 페이스북과 인스타그램의 이용 시간은 기타 SNS이용 시간들의 총합보다 높다. 당연히 국내 시장에서 구글과 페이스북 등의 글로벌 플랫폼 사업들의 수익은 막대할 것으로 예측된다. 2016년 구글의 국내 앱마켓 시장에서의 수익은 1조 3396억 원, 애플은 6061억 원인 것으로 알려져 있으나, 이 매출액은 국내 매출액이 아닌 해외 매출액으로 잡히기 때문에 이들이 제대로 세금을 내고 있는지 알기는 어렵다. 모두 자본금 1억 원 내외의 유한회사이고, 유한회사는 법적으로 매출액 공시나 외부 감사 의무가 없기 때문이다.

글로벌 IT 기업들은 국내 시장에서 트래픽 증가로 인한 수익만 창출할 뿐, 네트워크 사업자가 부담해야 할 망 고도화에 대한 투자에도 인색하다. 글로벌 IT 기업들은 해외에 서버를 두면서 국내 통신사에게 비용을 부담시키거나 국내에 캐시서버를 두더라도 대부분 무료로 망을 이용한다고 알려져 있다. 국내 망 사업자들과 글로벌 IT 기업들 간의 망 이용대가 관련 분쟁이 발생하는 이유이다. 최근 페이스북이 SK브로드밴드와 LG유플러스에 전용망을 확충해달라고 요구하면서 업계의 오랜 논란 거리인 '구글세'를 국내에 도입하자는 여론이 높아지고 있다.

구글세의 정식 명칭은 '우회 수익세diverted profit tax'로, 영국이 지난 2015년 세계 최초로 도입했다. 구글세는 미국 IT 기업들이 현지 매출액을 적게 신고하고 수익의 상당 부분을 아일랜드 같은 저세율 국가로 이전하는 꼼수로 세금을 피해간다는 비판이 거세지면서 도입이 추진됐다. 영국 정부는 이를 통해 자국에서 발생한 수익을 다른 나라로 이전할 경우 이전 금액의 25%에 해당하는 세금을 부과하고 있다.

2016년 영국은 구글에 1억 3000만 파운드(한화 약 2200억 원)의 세금을 징수하기로 결정했고, 2017년에는 이탈리아 정부가 구글이 지난 10년 동안 내지 않은 세금 3억 600만 유로(한화 약 3800억 원)을 징수하기로 하면서 유럽의 각국에서는 구글에 세금 압박을 가하기 시작했다.

문제는 구글과 같은 글로벌 IT기업들에게 제대로 된 세금을 징수하기가 생각처럼 쉽지 않다는 것이다. 구글과 페이스북 등 글로벌 IT 기업들은 디지털 경제 환경이라는 사업의 특성과 거주지국 과세라는 국가 간 조세협약을 전략적으로 이용하고 있기 때문이다. 이에 대한 논의는 다음 절에서 자세히 다루기로 한다.

3. 해외 주요 국가들의 조세회피에 대한 대응은 어떠한가

일반적으로 법인세는 기업의 사업장이 위치한 국가(고정 사업장이 위치한 국가)에 내는 것이 원칙이다. 국가 간 조세협약에 따르면, 이중과세를 방지하기 위해 기업은 사업장이 있는 어느 한 쪽 국가에만 세금을 내도록 하고 있다. 문제는 글로벌 기업들이 세금을 가능한 한 적게 내기 위해 국가 간 조세협약과 고정 사업장의 개념을 교묘히 활용하고 있다는 것이다. 특히 글로벌 IT 시장의 경우, 고정 사업장의 개념 자체가 모호하다. 구글이나 페이스북 등의 글로벌 IT 기업들은 특정 지역에 서버를 두고 전 세계에서 영업 활동을 하고 있기 때문에, 한국에서 구글과 페이스북이 엄청난 매출을 올리더라도 구글과 페이스북에 고정사업장의 개념을 적용하여 세금을 징수하기가 어렵다.[1] 글로벌 IT 기업들은 세율이 높은 국가에서 얻은 수익을 조세협약상 세금 부담이 낮은 국가에 설립한 법인으로 귀속시키는 방식으로 세금을 회피하고 있다. 실제로 구글은 아일랜드와 네덜란드, 그리고 조세회피지역인 버뮤다에 법인을 설립하여 세계 각국에서 벌어들이는 엄청난 수익에 대한 세금을 회피하고 있다.

〈그림 10-1〉은 구글의 조세회피 전략을 알기 쉽게 보여주고 있다. 미국에 본사를 둔 구글은 특허권 등 지식재산권을 모두 구글아일랜드홀딩스로 이전해놓는다. 구글아일랜드홀딩스는 아일랜드와 네덜란드에 100%의 지분을 보유한 구글아일랜드와 구글네덜란드홀딩스를 각각 설립한다. 구글아일

1 국내에서 론스타의 외환은행 매각 차익에 대한 과세가 무효라는 대법원의 판단은 바로 론스타의 고정사업장이 국내에 없다는 점이 인정되었기 때문이다. 론스타펀드는 조세회피지역인 버뮤다와 벨기에에 설립한 법인을 통해 외환은행 매각과 관련한 주요 의사결정을 내렸기 때문에 국내에는 고정사업장이 없다고 판단되었고, 고정사업장이 없는 대한민국에 세금을 낼 의무가 없다는 판단이 내려진 것이다.

그림 10-1 구글의 역외탈세 방식

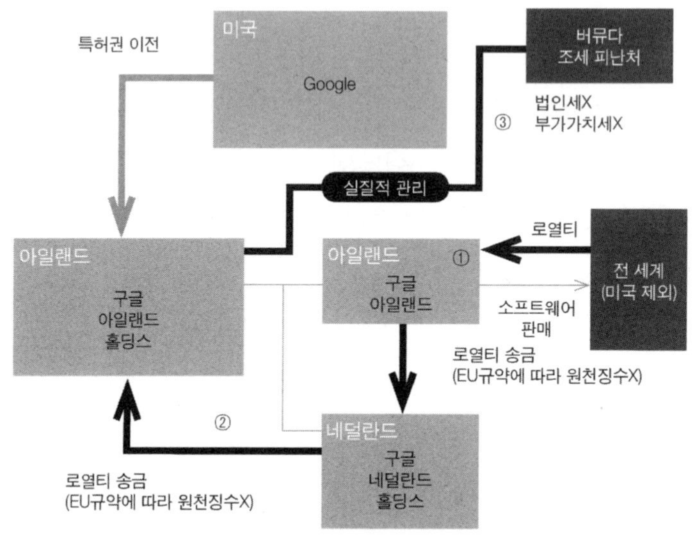

자료: 유재철, 『탈세 무방비지대 외국계 유한회사, 손놓고 있을건가』(2017).

랜드홀딩스는 아일랜드에 위치해 있지만, 실제 경영 활동은 조세회피처로 알려져 있는 버뮤다에서 하기 때문에 아일랜드에 세금을 전혀 낼 필요가 없고, 실제 경영이 이루어지는 버뮤다에서도 세금이 없거나 극히 적다. 반면, 구글아일랜드는 구글아일랜드홀딩스와는 달리, 실제 경영 활동이 아일랜드에서 이루어지고 세금도 아일랜드에서 낸다.[2] 만일 전 세계의 소비자들이 구글의 소프트웨어를 이용하게 되면, 구글의 지식재산권을 사용하는 것이므로 이에 해당되는 로열티가 구글아일랜드로 지급된다. 만일 이 로열티가 직접 구글아일랜드홀딩스로 송금되면 아일랜드 세법에 따라 20%의 법인세가

2 만일 구글아일랜드홀딩스만 아일랜드에 설립하고, 구글 본사의 특허를 이전받아서 얻은 수익을 바로 버뮤다에 보내면 서브파트 F에 걸려서 세금을 물어야 한다.

원천징수되므로, 원천징수를 피하기 위해 구글아일랜드는 구글네덜란드홀딩스로 로열티를 송금한다. 유럽연합의 규약에 따르면, 유럽연합 회원국들 사이에 지급한 로열티에 대해서는 원천징수를 할 수 없기 때문이다. 구글네덜란드홀딩스로 송금된 로열티는 다시 아일랜드에 위치한 구글아일랜드홀딩스로 송금되는 것이다. 이 때, 구글아일랜드는 약간의 수수료에 대한 세금만 아일랜드에 내면 되는데, 아일랜드는 미국에 비해 법인세나 지적재산권 관련 세율이 상당히 낮을 뿐만 아니라, 대부분의 수익은 네덜란드를 거쳐 실제 경영이 해외에서 이루어지는 아일랜드홀딩스로 넘어가므로 아일랜드에서 내는 세금은 지극히 낮다. 대부분의 수익이 네덜란드로 한 번 들어갔다 나오기 때문에 아일랜드는 정확한 수익구조를 파악하기 어렵고, 네덜란드는 1970년대부터 조세회피처 논란이 나올 정도로 아일랜드보다 세법이 느슨하기 때문에 구글은 이러한 방식을 통해 세금을 줄일 수 있는 것이다. 두 개의 아일랜드 자회사 사이에 네덜란드 자회사를 마치 샌드위치처럼 끼워 놓는 방식을 취하고 있기 때문에 이러한 조세회피 전략을 더블 아이리시 위드 더치 샌드위치Double Irish with Dutch sandwich arrangement라고 부른다.[3] 요약하면, 전 세계로부터 송금된 로열티는 아일랜드로 갔다가 네덜란드로 이전된 후, 다시 아일랜드로 귀속되는 것이다. 마지막 단계에서 구글은 법인세와 부가가치세가 부과되지 않는 조세피난처에 해당하는 버뮤다(조세 피난처)에 유령회사를 설립하고, 이 유령회사가 구글아일랜드를 감독하도록 하기 때문에 세

3 네덜란드의 세금이 아일랜드보다 더 저렴하다면 이런 복잡한 과정을 거치지 말고, 네덜란드에 자회사를 설립하는 게 적절하지 않냐는 의문이 들 수도 있지만, 네덜란드는 실제 경영이 어디에서 이루어지느냐에 상관 없이 자국에서 사업을 하는 법인에 직접 과세하기 때문에 더블 아이리시 위드 더치 샌드위치 전략을 취하는게 구글로서는 유리하다. 더블 아이리시 위드 더치 샌드위치에 대한 비판이 거세지자 이러한 조세회피 전략은 2020년에 종료되는 것으로 알려져 있다.

금을 줄일 수 있는 것이다.

조세회피를 위한 꼼수를 부려온 글로벌 IT 기업들에 대한 불만은 유럽을 중심으로 전 세계에서 뜨겁게 달아오르고 있다. 영국 등 여러 유럽 국가들이 구글세를 도입하면서 글로벌 IT 기업들에 대한 세금 징수를 위해 노력하고 있지만, 현실적으로 제대로 된 세금을 징수하기가 쉽지는 않다. 최근 나온 뉴스를 예로 들어보자. 구글은 2016년 영국에서 60억 파운드(약 8조 4600억 원)의 매출을 기록했다고 밝혔지만, 정작 구글 영국 법인이 현지에서 공개한 매출액은 전체의 17.7%에 불과한 10억 파운드(약 1조 5000억 원)였다는 보도가 있었다(BBC News, 2017.3.31). 당연히, 구글 영국 법인은 현지에서 공개한 매출을 기준으로 2016년에 법인세로 2976만 파운드(약 430억 원)를 납부했다. 이에 대해, 현지 언론들은 구글 영국법인의 매출액이 과소 계상되었거나, 영국 매출의 82.3%에 달하는 금액이 아일랜드 등 해외 법인 매출로 이전되었을 가능성이 높은 것으로 추정하고 있다. 이 보도를 통해 우리는 해외 기업들로부터 제대로 된 세금을 징수하는 게 얼마나 어려운지 알 수 있다. 영국은 한국과는 달리 유한회사들의 매출을 공개하도록 의무화하고 있는 국가이다.[4] 그럼에도 불구하고 구글이 영국에서 공개한 매출액은 실제 매출액의 채 20%도 되지 않았다. 한국에서 구글과 같은 유한회사들의 매출을 공개하도록 의무화해도, 싱가포르나 아일랜드 법인과 계약해 빠져나가는 매출은 잡아내기가 쉽지 않을 것이다. 또한 구글에 매출을 공개하도록 강제한다 해도, 공개되는 매출액은 껍데기에 불과하고, 해외로 빠져나가는 엄청

4 구글의 한국 법인인 구글코리아는 유한회사(有限會社)로 등록돼 있어 실적을 공개하지 않는다. 유한회사는 1인 이상의 사원(社員)이 설립해 출자액만큼만 법적 책임을 지는 사업체로, 소기업을 위한 법인 설립 방식이다. 현행법에서 유한회사는 매출이나 세금을 공시할 의무가 없다.

난 구글의 매출액에 대해서는 세금을 부과하기가 어려울 것이다.[5]

유럽에서는 글로벌 IT기업들의 지배력을 심각히 받아들이고 있고, 대응 방식도 우리보다 훨씬 적극적이다. 2015년 영국은 세계 최초로 구글세를 도입함으로써 영국에서 발생한 글로벌 기업들의 수익에 대해 25%의 세율을 부과하고 있다. 2017년 7월, 호주는 자국 시장에서 발생한 수익을 인위적으로 해외로 이전할 경우, 40%의 세율을 부과하고 있다. 2017년 9월, 유럽연합 주요 국가들의 재무장관들은 세제 개편을 통해 글로벌 IT 기업들이 내는 세금을 정상적인 법인세 수준까지 올려야 한다며 구글세 도입을 촉구하고 나섰다. 망 비용 분담에 대해서도 유럽연합은 목소리를 높이고 있다. 프랑스는 글로벌 IT사업자들이 망 이용 대가를 내지 않을 경우, 망 제공 거부가 가능하다는 판결을 내렸다.

글로벌 IT 사업자들의 지배력 남용 및 빅데이터 독점화를 견제하기 위한 규제도 본격화되기 시작했다. 2017년 5월, 유럽연합은 구글에 독점금지법 Antitrust Laws 위반 혐의로 한화 약 3조 1000억 원의 과징금을 부과했고, 페이스북에 대해서도 자사 SNS 간 개인 정보 통합 허위보고를 이유로 벌금을 부과한 바 있다. 프랑스, 스페인, 이탈리아 벨기에 등은 페이스북의 개인 정보 수집 남용 행위를 처벌했고 개인 정보 보호 규제 강화 법안GDPR도 도입했다. 유럽은 적어도 글로벌 IT 기업들의 홈그라운드가 아니다. 그렇다고 자국 기업들에게 특혜를 주는 것도 아니다. 그저 글로벌 기업들과 자국 기업들이 유럽 내에서 동등하게 경쟁할 수 있어야 한다는 지극히 상식적인 움직임이 일어나고 있는 것이다.

한편, 국내 사업자들은 수익에 따라 정당한 법인세를 내고 있으나, 구글

---

5 국내 시장에서의 역외탈세 사례는 4절에 좀 더 자세히 기술되어 있다.

을 비롯한 글로벌 IT 기업들은 국내 시장에서 막대한 수익을 올리면서도 법인세를 내지 않는 등 역외탈세를 자행하고 있는 것으로 알려져 있다. 국내 사업자들은 망 투자 및 망 사업자와의 협정에 따라 망 이용 대가를 지불하고 있으나, 국내에서 동영상 트래픽의 60% 이상을 차지하고 있는 구글은 망 이용 대가를 거의 지불하지 않는다. 빅데이터를 활용하는 데 있어서 전 세계에서 가장 강력한 법의 적용을 받고 있는 국내 사업자들에 비해, 글로벌 IT 기업들은 별 제약 없이 개인 정보 등 빅데이터 수집이 용이하다. '개인 정보 보호법', '정보통신망 이용촉진 및 정보보호 등에 관한 법률', '신용정보의 이용 및 보호에 관한 법률' 등이 다층적으로 국내 사업자들에게 엄격하게 적용되는 반면, 글로벌 IT 사업자들은 이러한 규제에서 자유롭다. 그 와중에 국내 포털 사업자에게 방송통신발전기금을 부담시키고, 이용자 보호나 신규 사업 진출 등을 제한하는 소위 '뉴노멀법'이 국회에서 발의되었다. 이쯤 되면, 대한민국의 IT시장이 과연 누구의 홈그라운드인지 혼란스러워진다. 이런 말도 안 되는 일이 대한민국에서 벌어지고 있는 것이다.

국내 ICT 시장에서 국내 사업자라는 이유로 역차별을 받는 몇 가지 사례를 좀 더 구체적으로 살펴보자.

먼저, 청소년의 게임 과몰입을 막는다는 취지로 2011년에 도입된 '강제적 셧다운제'는 국내 사업자에 대한 과도한 규제로 인해 국내 게임시장의 경쟁력을 위축시킨 대표적인 사례로 꼽힌다. 셧다운제의 도입으로 청소년의 심야 게임 이용 시간을 줄여 수면권을 보장했다거나 과몰입을 막았다는 연구결과보다는 셧다운제의 영향을 받지 않는 청소년이용불가등급 게임에 대한 이용량이 증가했다거나, 해외 플랫폼을 통한 게임 이용이 증가하면서 국내 온라인 게임시장을 급격히 위축시켰다는 연구결과가 더 많다. 특히 최근에 나온 연구보고서에 따르면, 2011년 셧다운제 도입 이후 2012~2015년 4년

간 온라인 게임 시장의 위축 규모를 2조 7932억 원으로 추정했다(이승우, 2018.1.5). 문제는 엄격한 규제로 국내 게임 시장이 위축되는 사이 해외의 게임들이 국내 시장을 점령하기 시작했다는 것이다. PC를 통한 온라인 게임 시장의 경우, 〈리그오브레전드〉와 〈오버워치〉가 압도적인 점유율을 차지하고 있고, 모바일 게임의 경우 〈클래시오브클랜〉, 〈포켓몬고〉 등 해외의 게임들이 국내 시장을 점유하고 있다는 것이다. 셧다운제라는 국내 게임업체에게 불리하게 적용되는 규제로 인해 국내 게임업체들과 해외 게임업체들 간의 경쟁력 차이가 급격히 벌어졌다는 것이다. 다행스러운 것은 최근 정부 주도로 게임산업에 대한 셧다운제 폐지 움직임이 나온다는 소식은 늦은 감이 있으나 다행스러운 소식이라 하겠다.

두 번째 사례로는 네이버TV와 유튜브 간의 차별이다. 동일한 영상이 네이버TV와 유튜브에 나올 때, 소비자들은 화질의 차이를 쉽게 느끼게 된다. 네이버TV는 HD급(720P)으로, 유튜브는 초고화질인 4K급(2160P)으로 서비스를 제공하기 때문이다. 둘 다 무료서비스로 제공되기 때문에 소비자들의 선택이 유튜브로 쏠리는 것은 당연하다. 2017년 기준 국내 온라인동영상서비스 시장에서 네이버TV의 점유율은 2.8%인 반면, 유튜브의 점유율은 72.7%에 이른다는 통계(이기문, 2017.11.15)는 한국에서 유튜브의 위상이 얼마나 높은지를 보여준다. 네이버TV와 유튜브 간 화질에 차이가 나는 이유는 기술 격차가 아니라 비용 격차 때문인 것으로 알려져 있다. 네이버는 매년 700억 원대의 망 사용료를 통신사에 지불하지만 구글은 망 사용료를 거의 내지 않는다. 국내 통신사가 잘 깔아 놓은 도로를 국내 토종 기업인 네이버는 수백 억대의 비용을 지불하면서 사용하고 있는 반면, 고용량의 트래픽을 유발시키는 해외 기업인 구글은 공짜로 사용하고 있다. 수백 억대의 망 사용료 부담 때문에 네이버TV는 상대적으로 저화질의 서비스를 제공하고 있는 반면, 망 사용료의 부담이 전혀 없는 구글은 최고 화질의 서비스를 제공하고 있는 것이다. 만일 네이버TV도 유튜브처럼 고화질의 서비스를 제공하려면 망 사용료가 지금보다 급격히 높아지기 때문에 선불리 화질을 높일 수 없다. 비단 네이버만 망 사용료를 지불하고 있는 것은 아니다. 국내 기업들은 모두 통신사에 망 사용료를 지불하고 있다. 2017년 3분기 영업이익이 48억 원이었던 아프리카TV는 통신사에 회선 사용료로만 16억 원을 지불한 것으로 알려졌다(정재홍, 2018.1.10).

셋째, 국내 사업자들에게만 적용되는 '저작권법'도 유튜브와 같은 해외 사업자들에게는 적용되지 않는다. 예를 들어, 네이버TV는 국내 저작권법에 따라 저작권에 위배되는 콘텐츠를 사전에 걸러내야 한다. 유튜브는 국내 저작권법을 준수할 의무가 없기 때문에 네이버TV보다 훨씬 다양한 콘텐츠들이 제공된다. 이쯤 되면, 시청자들의 입장에서 네이버TV보다 유튜브를 선호하게 되는 이유가 어느 정도 이해될 것이다. 네이버TV보다 화질도 뛰어나고, 훨씬 다양한 콘텐츠가 제공되는 유튜브를 외면할 이유가 없다. 그러나 온라인동영상서비스 시장에서 70%이상의 시장점유율을 확보하고 있는 유튜브에 독과점 규제를 적용해야 한다는 지적을 국회나 정부가 한 적이 있는가? 반면, 국내 포털서비스 시장에서 1위 사업자인 네이버에 대해서는 '뉴노멀법' 등을 통해 방송통신발전기금을 징수해야 한다던가, 경쟁상황평가에 포함시켜 규제해야 한다는 법안들이 2017년 말부터 지속적으로 나오고 있다. 국내 사업자에게만 족쇄를 채우려는 국회의 움직임을 도대체 어떻게 이해해야 할까?

넷째, 페이스북과 SK브로드밴드 간의 분쟁 사례이다. 2016년 12월에 발생했던 페이스북과 SK브로드밴드와의 분쟁 사례를 살펴보자. 페이스북은 SK브로드밴드와 2016년 12월부터 이미지나 동영상 등 데이터를 빨리 읽어들일 수 있는 '캐시서버' 설치 비용 부담과 망 사용료 지불 문제를 놓고 갈등을 빚은 바 있다. 갈등의 발단은 다음과 같다. 페이스북은 KT의 데이터센터에 캐시서버를 두고 연간 100~200억 원 정도의 망 사용료를 지불하고 있으나, 국제 회선 용량이 작은 SK브로드밴드와 LG유플러스는 KT의 캐시서버에 접속해 상호 간에 망 사용료를 정산해왔다(주영재, 2018.1.10). 문제는 2016년 1월 1일부터 데이터 트래픽을 유발한 쪽에서 요금을 내도록 상호접속 고시가 바뀌면서 페이스북의 캐시서버를 둔 KT가 SK브로드밴드와 LG유플러스에 돈을 내야 하는 이상한 상황이 된 것이다. KT는 페이스북에 이 문제를 지적했고, 페이스북은 SK브로드밴드와 LG유플러스에 KT의 캐시서버에 접속하는 대신 홍콩까지 전용선을 구축해달라고 요청했으며, 이 과정에서 SK브로드밴드와 LG유플러스 사용자들이 접속할 수 있는 회선을 줄였다. LG유플러스의 경우 전용선 구축에 합의하면서 해결했지만, SK브로드밴드와는 합의를 이루지 못했다. 결국, 페이스북은 SK브로드밴드 인터넷망 사용자의 접속 경로를 홍콩 서버로 바꾸면서 속도 저하 논란이 불거진 것이다. 즉, 페이스북은 일방적으로 SK브로드밴드를 통한 페이스북 이용 시, 트래픽 전송 경로를 변경하여 SK브로드밴드의 네트워크에 과부하를 유발시켰고,[6] 이로 인해 SK브로드밴드의 이용자들은 페이스북에 대한 접속이 지연되는 어려움을 겪었다. 이 문제는 2017년 5월에 언론에 보도되었고, 방송통신위원회는 5월부터 이 사건을 조사하기 시작했다. 페이스북은 국감 당일 SK브

6 페이스북은 SK브로드밴드의 캐시서버 접속을 차단함으로써 SK브로드밴드 이용자들의 민원이 132배나 급증한 것으로 나타났다. 캐시서버란 본사 메인 서버의 데이터 중 주로 사용하는 데이터를 복제하여 저장한 서버를 의미한다. 현재 KT는 페이스북의 캐시서버를 저장하고 있고, SK브로드밴드 이용자들은 KT의 캐시서버를 통해 페이스북에 접속해 왔으나, 페이스북은 SK브로드밴드와의 마찰로 SK브로드밴드 이용자들이 페이스북을 이용할 때 KT의 캐시서버를 통하지 못하도록 제한한 것이다.

로드밴드의 캐시서버 접속 차단을 풀었다.

이 분쟁의 본질은 무엇인가? 바로 국내 시장에서 해외 기업이 자행하는 볼모 마케팅의 전형적 사례로 볼 수 있다. 국내 시장에서 해외 기업들이 국내 가입자들을 대상으로 볼모 마케팅을 한다는 게 믿어지는가? 그만큼 국내 시장에서 해외 IT 기업들은 누구의 눈치도 보지 않고, 무소불위의 힘을 휘두르고 있는 것이다. 국내 시장에서 많은 가입자를 확보하고 있는 페이스북은 이용자의 불편을 볼모 삼아 국내 특정 통신사업자에 대한 캐시서버 접속을 차단해버림으로써 해당 통신사업자가 페이스북과 거래하는 데 있어서 고개를 숙일 수밖에 없도록 길들이는 방식을 취했던 것이다.

마지막으로 해외 사업자들의 조세회피다. 구글을 중심으로 한 글로벌 IT 기업들의 조세회피에 대해서는 이미 앞에서 자세히 설명한 바 있다. 국내에서도 조(兆) 단위 매출을 올리는 구글이 정작 법인세는 거의 내지 않는다는 세금 회피 논란이 거세지고 있다. 국내 대표 인터넷 기업 네이버의 이해진 창업자가 2017년 9월 말 국정감사에서 "구글은 국내에서 엄청난 돈을 벌면서 세금도 안 내고 고용도 안 한다"고 말한 것이 발단이다. 국내 사업자는 벌어들인 수익에 따라 적정한 법인세를 내고 있지만 구글 등 국제적 기업은 국내에서 돈을 벌면서도 세금 납부 의무를 기피한다는 것이다. 구글 측은 이에 대해 "한국에서 세금을 내고 있으며 한국 세법과 조세조약을 준수하고 있다"고 반박했으나 정확한 내용은 공개하지 않았다. 구글의 세금 회피 논란은 국내에서도 예외가 아니다. 구글의 한국 내 매출은 최소 2조 원이 넘을 것으로 추정된다. 구글의 스마트폰 앱 장터인 '구글플레이'의 거래액은 작년에 4조 4656억 원(한국무선인터넷산업연합회 추정)에 이른다. 구글은 이 가운데 30%를 수수료로 가져가기 때문에 매출이 약 1조 3400억 원 발생한 것으로 추산된다. 동영상 제공 서비스인 유튜브는 작년 국내에서 4000억 원 이상 광고 매출을 올린 것으로 알려져 있다. 구글의 검색 사업도 과거 PC에서는 고전했지만 스마트폰에서는 빠르게 점유율을 높이고 있다. 네이버의 작년 전체 매출(4조 230억 원) 가운데 국내 매출이 2조 5920억 원인 것과 비교해 큰 차이가 없다. 네이버는 작년 법인세를 2746억 원 냈다.

한편, 구글코리아는 구글플레이, 유튜브, 검색 등 구글의 각종 서비스에 대한 한국 내 마케팅 대행을 하지만, 정작 한국 매출은 구글코리아가 아니라 법인세율이 낮은 해외 법인에서 잡힌다는 의혹이 높다(이상우, 2017.12.6). 국내 이용자들이 구글플레이에서 국내 게임 업체의 유료 앱을 구매할 때 거래 당사자는 구글코리아가 아닌 싱가포르에 있는 구글아시아퍼시픽이다. 예컨대 국내 게임 업체들이 1억 원을 벌면 이 중 30%(3000만 원)는 회계상 구글아시아퍼시픽 수입으로 잡히는 구조다. 싱가포르는 법인세율(17%)이 한국(약 24%, 지방세 포함)보다 훨씬 낮다. 유튜브나 구글 검색도 마찬가지 형태로 알려져 있다.

최근 국내에서도 구글과 페이스북 등의 외국계 유한회사들도 매출이나 이익을 투명하게 공개하라는 '외부감사법'이 2017년 10월에 있었던 정기국회에서 개정된 바 있다(한수린, 2017.11.30). 그러나 우리 정부가(금융위) 시행령을 수정하는 과정에서 유한회사들의 투명한 정보공개 의무를 제외하기로 했다는 보도가 있었다. 유한회사는 일반 상법의 주식회사와 성격이 다르기 때문에 감사보고서를 의무적으로 공개할 필요가 없고, 선택적 공개를 하도록 하는 것이 적절하다는 유권해석을 내렸다는 것이다. 이렇게 되면, 지금처럼 구글코리아가 세금을 제대로 내는지, 사람을 뽑는지 등을 알 수 없고 법인세도 제대로 징수하지 못하게 된다.

4. 기울어진 운동장, 어떻게 복구할 것인가

국내 시장에서 글로벌 IT 기업과 국내 기업 간의 격차는 점점 더 벌어지고 있다. 앞서 살펴보았듯이, 국내 모바일 동영상 이용 시간에서 구글의 점유율은 73%에 이르고, 모바일 SNS 앱 사용 시간에 있어서도 페이스북과 인스타그램의 이용 시간의 합은 토종 SNS 이용 시간을 모두 합한 것보다 높다. 오픈마켓은 미국 이베이의 점유율이 60%를 훌쩍 넘는다. 막강했던 네이버의 국내 검색시장 점유율은 점차 줄어들어, 네이버와 구글 간 검색시장 점유율 차이는 10% 남짓으로 좁혀졌다.

그러나 국내 시장에서 시장 지배력을 높여가고 있는 글로벌 IT 사업자들의 사업 행위를 강제로 제어할 방법은 없다. 규제가 없는 인터넷을 기반으로 하는 영역에서 각 국가마다 별도의 규제를 만드는 것은 결국 자국 기업에게만 족쇄를 채우는 꼴이 되고 말 것이기 때문이다. 앞에서 여러 사례들을 통해 인터넷 시장에서의 규제 강화로 인한 피해는 자국 기업들만 떠안게 되고, 결국 국내 IT 시장의 경쟁력 약화로 이어질 수 있음을 살펴본 바 있다.

그렇다면, 이대로 두고만 봐야 할까? 글로벌 IT 사업자들의 사업 행위를 강제로 막을 방법은 없지만, 글로벌 기업과 국내 기업 간 불공정한 게임의 룰을 변화시킬 수는 있다. 방법은 글로벌 사업자에게 적용하지 못하는 규제를 국내 사업자에게도 적용하지 않거나, 국내 사업자에게 적용하는 규제를 글로벌 사업자에게도 동등하게 적용할 수 있도록 강제하는 것이다. 기울어진 운동장을 복구하기 위해 우선적으로 고려해야 할 사항은 국내 기업과 글로벌 기업 간의 조세 형평성이다. 글로벌 기업과 국내 기업에 차별적으로 부과되는 세금은 국내 기업들과 글로벌 기업들이 '기울어진 운동장'에서 불공정하게 경쟁하는 환경을 만들어내고 있다. 과거에도 구글의 세금 회피 문제를 정부가 검토한 적이 있지만, 이때마다 미국과의 통상 마찰에 대한 우려 탓에 대응책이 제대로 나오질 못했다. 지금이 기회다. 유럽을 중심으로 글로벌 IT 기업들의 조세회피에 대한 비난 여론이 거세다. 2012년부터 시작된 BEPS(조세회피에 대한 국제 공조 프로그램)가 대표적이며, 한국을 포함해 전 세계 100개가 넘는 국가들이 참여하고 있다. 국제 공조를 통해 글로벌 IT 기업들의 조세회피에 강력히 대응해야 한다.

글로벌 IT 기업에 대한 망 사용료도 제값을 치르게 해야 한다. 실제로 프랑스의 경우 프랑스 공정거래위원회가 지난 2011년 자국 통신업체와 구글 간의 망 사용료 분쟁에 적극 개입했고, 이에 대해 구글이 반발하면서 법정 소송까지 벌였지만 결국 2015년부터 프랑스텔레콤은 구글로부터 망 사용료를 받고 있다. 글로벌 사업자인 페이스북이 최근 국내에서 보이는 행보는 주목해볼 만하다. 페이스북은 2017년 12월, 세계 각국에서 발생한 광고 매출액을 현지 세무 당국에 신고하고 세금을 내는 체제로 전환하겠다고 밝혔다. 한국을 방문한 페이스북의 마틴 부사장은 "현지에 수익을 신고하고 세금을 내기로 한 25개 국가에 한국도 포함되는 만큼 조세법을 성실히 준수하겠다"고 강조하기도 했다(지민구, 2018.1.10). 국내에서만 2450만 명(인스타그램 중복 포함)의 사용자를 확보할 정도로 한국 사업 비중이 높은 페이스북은 한국 시장에서의 역차별 논란을 가능한 빨리 잠재우는 편이 낫다고 판단한 것으로 분석된다. 페이스북이 국내에 세금을 납부하고 적정 수준의 망 사용료를 내기로 함에 따라 국내 인터넷 기업과의 역차별 이슈가 어느 정도 해소될지 지켜봐야 할 것이다.

국내시장이 한국 기업들의 홈그라운드가 되도록 특혜를 주자는 것은 아니다. 글로벌 기업들과 자국 기업들이 동등하게 경쟁할 수 있어야 한다는 상식적인 주장을 하는 것이다. 4차 산업혁명 시대는 사람과 사물, 데이터 등 모든 게 서로 긴밀히 이어진 '초연결사회'라고 하지 않던가? 빅데이터의 확보와 인공지능 기술이 뛰어난 글로벌 IT 기업들의 경쟁력은 제조, 금융, 유통 등 산업 전 분야로 확장될 것이다. 글로벌 시장과 로컬 시장의 구분이 사라지면서, 글로벌 IT 기업의 승자독식 현상은 모든 산업 영역에서 나타날 가능성이 높고, 이는 결국 국내 사업자들의 몰락으로 이어질 수 있다. 다행스럽게도 유럽을 중심으로 글로벌 IT 기업들에 대한 저항이 본격화되면서, 일부 국가들에서는 글로벌 IT 기업들이 국내법을 따르는 사례도 늘고 있다. 기회가 좋다. 유럽을 위시한 전 세계와 협력하면서 정부와 업계 전체의 공동 대응이 그 어느 때보다 절실하다.

참고문헌

유재철. 2015. 11. 20. "이슈분석. '구글세' 무엇이 문제인가". http://www.sisapress.com/journal/article/145506(검색일: 2018.5.17). ≪시사저널≫.

이기문. 2017. 11. 15. "한국 통신망 무임승차…유튜브, 페북은 '김선달'". ≪조선일보≫.

이병훈. 2017. 9. 4. "글로벌 시총 상위 500개사 중 한국기업은 3곳뿐". ≪파이낸셜 뉴스≫.

이상우. 2017. 12. 6. "구글 앱 결제하면 해외법인에 매출 잡혀…한국엔 세금 안낸다." ≪조선일보≫.

이승우. 2018. 1. 5. "게임산업만 잡은 '셧다운제'". ≪한국경제≫.

정재홍. 2018. 1. 10. "기울어진 운동장…국내 IT 기업 역차별 여전". ≪한국경제TV≫.

주영재. 2018. 1. 10. "케빈 마틴 페이스북 부사장 "한국 내 광고 매출 세금 한국에 납부, 망 사용료 성실히 협상하겠다"". ≪경향비즈≫.

지민구. 2018. 1. 10. "페북, 애플과 다른 행보..한 소통 적극 나선 까닭은". ≪서울경제≫.

한수린. 2017. 11. 30. "외부감사법…개정안으로 '칼질' 당해". ≪아시아경제TV≫.

BBC News. 2017. 3. 31. "Google reveals latest UK tax bill." BBC News.

11

4차 산업혁명시대, 글로벌 거버넌스의 미래는*

조화순
연세대학교 정치외교학과 교수

사이버 테러리즘, 컴퓨터 범죄, 정보격차, 디지털 정보의 무절제한 사용과 프라이버시 침해 등은 개인을 넘어 세계 질서와 평화를 위협할 수 있는 잠재성을 가지고 있다. 초국가적 사이버공간을 통해 이동하는 정보의 수집과 활용이 보다 극대화될 4차 산업혁명의 시대에 국제적 협력과 공조를 보장할 글로벌 거버넌스는 성취될 수 있을 것인가? 이 글은 4차 산업혁명 시대에 사이버공간을 관리할 글로벌 거버넌스가 무엇인지 그리고 왜 중요한지 그 이유를 알아보고 개인 정보 보호 분야와 사이버안보 분야에서 글로벌 거버넌스의 현주소를 진단해본다. 아울러 자국이 선호하는 글로벌 거버넌스를 설정하기 위한 국가와 기업의 경쟁을 소개하고 글로벌 거버넌스의 한계를 논의해본다.

* 이 장의 내용은 저자가 그동안 발표한 참고문헌의 논문을 토대로 수정되었다(NRF-2016-S1A3A2925033).

1. 4차 산업혁명 시대의 글로벌 거버넌스란 무엇인가

블록체인block chain, 인공지능, 사물인터넷IoT: Internet of Things, 무인자동차와 같은 새로운 기술이 일상화되는 미래가 화두이다. 구글 트렌드에 의하면 2017년 한 해 동안 글로벌 뉴스 분야에서 많이 검색된 단어에 블록체인 기술을 응용한 암호화폐, 비트코인bit-coin이 뽑혔다. 인공지능, 사물인터넷, 무인자동차와 같은 기술이 산업체계 전반과 인간의 정치, 경제, 사회 활동을 획기적으로 변화시킬 것으로 기대된다. 4차 산업혁명이 몰고 올 기술의 발전은 인류의 풍요롭고 효율적인 삶에 기여할 것이 틀림없다.

그런데 핵의 사용이나 환경오염처럼 과거의 기술 발전이 몰고 온 파괴적 결과를 생각해보면 4차 산업혁명 시대 역시 현재의 인류가 상상하기 어려운 문제들을 몰고 올 수 있다. 예를 들면 정보기술을 이용한 불법적인 개인 정보의 축적과 침해, 다양한 감시의 가능성이 더욱 증가할 것이다. 개인 정보의 전자적 관리와 축적을 통한 프라이버시 침해의 가능성은 개인의 자유로운 선택을 억압하고 복종의 강요를 더욱 쉽게 만든다. 예를 들어 테러용의자로 추측되는 사람들을 밝혀내기 위해 개발된 미국의 '테러정보수집 프로그램'은 테러와 무관한 시민들의 사생활을 침해할 수 있다. 사이버 테러리즘, 컴퓨터 범죄, 정보격차, 디지털 정보의 무절제한 사용 등은 개인을 넘어 세계 질서와 평화를 위협할 수 있는 잠재성을 가지고 있다. 그렇다면 초국가적 사이버공간을 통해 이동하는 정보의 오남용에서 개인의 사적 자유를 어떻게 지킬 것인가? 국제적으로 활동하는 개인 혹은 집단에 의한 사이버 해킹, 사이버 테러에서 국가와 개인의 안전은 어떻게 확보할 것인가?

4차 산업혁명은 국제정치적 관점에서 두 가지 딜레마를 의미한다. 먼저 근대주권국가 체제 속에서 발전시켜온 국가 간 제도와 협력의 메커니즘을 어떻게 지속하거나 발전시킬지의 문제이다. 근대 국가의 발전 과정에서 주권sovereignty은 매우 중요한 구성 요소로, 대내적으로 최고성과 대외적 자주성을 포함하는 개념이다. 1648년 체결된 베스트팔렌 조약은 주권과 주권 국가의 개념을 명문화하고 민족국가와 주권을 바탕으로 한 국가 중심 사고가 국제사회의 지배적인 패러다임으로 자리매김하는 데 기여했다. 국가는 주권의 개념을 기반으로 자국의 국익과 안보를 위해 통치 영역을 확장하고 중앙집권체제를 확립하며, 대외적으로는 다른 국가 혹은 정치권력에 대한 동등한 지위를 자신에게 부여하고자 한다. 그런데 정보기술과 네트워크의 발달은 이러한 주권 개념을 재정립할 필요성을 제기하고 있다. 일반적으로 정보주권은 국가가 자국의 영토 내에서 수집되고 이용되는 다양한 종류의 정보를 관리하는 배타적인 권리, 즉 국가가 자국 내에서 유통되는 정보에 대한 궁극적인 결정권을 가짐을 의미한다. 이는 외부로부터 어떠한 간섭을 받지 않고 자유롭게 정보를 생산, 교환, 및 사용할 수 있는 독립적인 권리를 말하는 것이다. 이러한 정보주권 개념은 국가가 국제법이나 어떤 제도보다 더 우위에 있으며 초국가적인 규범과 제도보다 우위에 있다는 논리로 동원될 수 있다. 그런데 사이버 공간을 통해 유통되는 정보의 증가와 초국가적인 문제들은 배타적 주권 개념이 아니라 개방적이며 다원적인 의사결정과 주권의 행사를 위한 협력구조를 제도화할 때 보장받을 수 있다. 즉 국가 혹은 기업이 정보의 유통과 정보주체의 보호를 위한 국제규범과 제도를 보장할 때 안정적이고 효율적인 미래 사회를 보장할 수 있지만 정보주권을 초월한 국제규범과 제도의 보장이 쉽게 달성될 수 있는 목표는 아니다.

둘째, 인류가 처한 평화와 안보의 위협 요인은 비단 국가 사이의 침략전쟁에 의해 기인하는 것만은 아니다. 개인의 삶을 위협하는 초국가적 문제들을 안보security와 안정stability이라는 새로운 틀에서 논의할 필요가 있는 것이다. 사이버 공간의 위협은 국가에 의해서만 발생하는 것이 아니라 비국가 행위자에 의해서도 발생할 수 있고, 군사적 영역에서뿐만 아니라 비군사적 영역에서도 발생할 수 있다. 안보위협의 희생자 역시 국가뿐만이 아니라 집단과 개인도 그 대상이 될 수 있다. 그동안 국제사회와 정치학자들이 발전시켜온 인간안보human security의 관점은 탈근대적인 시각 속에서 개인의 삶과 국제정치를 바라보고자 한다. 인간안보를 UN인간안보위원회Commission on Human Security가 정의한 '인간의 자유와 성취를 신장시키기 위한 인간 삶의 핵심 요소들에 대한 보호(to protect the vital core of all human lives in ways that enhance human freedoms and human fulfillment)'라고 본다면 사이버공간의 다양한 문제들은 인간이 누려야 하는 기본적인 권리와 자유, 즉 삶의 핵심에 대한 파괴를 의미한다. 새로운 위협은 군사적 위협과 더불어 개인 인권에의 위협, 인도적 문제, 불평등과 같은 비군사적인 영역에서 발생해 국가 간 갈등과 분쟁의 원인이 될 수 있다(조화순, 2012).

따라서 4차 산업혁명 시대의 거버넌스는 국가가 모든 책임을 지녔던 전통적인 접근법과 달리, 초국적인 행위자와 제도를 통해 인류를 보호할 방안을 모색하는 광범위한 접근법에서 시작되어야 할 것이다. 국경을 넘나드는 사이버 위협에 대응하기 위해서는 초국가적 협력이 필수적이며, 이는 국가 간의 협력만으로는 달성하기 어렵다. 이와 같은 이유로 사이버 공간의 안정과 신뢰를 보장하기 위해 주권국가, 정부 간 국제기구(UN, WHO, WTO 등), 개인, 기업, 초국적 시민단체를 포함하는 글로벌 거버넌스가 사이버공간의 관리를 위한 방안으로 논의되고 있다.

2. 사이버공간의 글로벌 거버넌스는 왜 중요한가

4차 산업혁명으로 실재 세계와 사이버공간은 더욱 유기적으로 결합할 것이다. 사이버공간은 '익명성, 신속성, 초국경성'과 같이 물리적 공간과 구별되는 특징을 지니고 있으며, 인터넷의 아키텍처는 특정 주체가 정보를 관리하는 데 한계를 부여한다. 사이버공간에서 공유되는 풍부한 정보는 조직의 경계를 모호하게 만들고, 정부와 같은 공식적 단체보다 개인의 역할을 더욱 극대화한다. 특히 4차 산업혁명으로 가속화되는 네트워크는 국가가 자국 내에서 생산되고 유통되는 정보에 대해 배타적 권리를 행사하거나 국내법을 적용하기 어렵게 한다. 각 국가의 법과 제도는 개별적인 데이터의 수집, 축적, 그리고 관리에 관한 사항을 규정할 수 있지만 사이버공간을 통해 이동되는 정보를 완벽하게 통제하는 것은 거의 불가능하다. 따라서 국경을 초월해 발생하는 이슈와 다양한 형태의 부작용은 전통적인 국제관계를 넘어 초국적인 정책 공조의 필요성을 제기한다.

둘째, 산업사회의 물리적 재화와 마찬가지로 정보사회에서 정보와 지식은 그 소유자에게 무한한 영향력과 상업적 이익을 의미한다. 정보사회에서 기업은 방문자들의 프로필 정보를 수집하며, 이들의 구입 행위를 추적하고, 개별 소비자를 추적하는 데 현대 정보 기술을 사용하고 있다. 기업뿐만 아니라 개인, 국가, NGO, 테러리스트, 범죄 조직 등도 그들이 원하는 방식대로 정보를 수집하고 글로벌 커뮤니케이션을 이용하여 경제적 이익을 추구하고자 한다. 사이버공간의 이용규칙을 제정하는 과정에서 국제사회의 공조와 협력이 없다면 안정적인 국가와 사회를 구현시키는 것은 불가능하다.

셋째, 다양한 비국가행위자들의 등장은 이들을 거버넌스의 파괴자이자 동시에 주체로 등장시킨다. 해커와 같은 비국가 행위자들은 다양한 위협을 발생시키고 무정부 상태를 발생할 우려를 낳고 있다. 시민과 소비자들은 자신의 행위들이 추적되고, 분류되며, 심지어 판매되고 있다는 사실을 점차 인지하고 자신들의 개인 정보를 보장해줄 수단을 모색하고 있다. 또한 비국가 행위자들 역시 정보의 가용성을 충분히 확보하고 있어 국가가 배타적인 정보독점을 행사하기는 어렵다. 이들은 국가를 중심으로 한 정보 관리 체계에 대해 문제를 제기하고 대안을 모색하고자 한다.

3. 사이버 개인 정보를 관리할 글로벌 거버넌스의 현주소는 무엇인가

스마트폰과 웨어러블 기기, 사물인터넷 기술의 확산은 가상세계와 현실세계의 연결성, 네트워크의 기본 단위를 이루는 노드와 노드의 연결성을 촉진하며 초연결사회의 도래를 이끌고 있다. 기술 발전이 가져다준 초연결사회의 여건, 풍부한 양의 데이터들은 일견 우리의 삶을 편리하게 만들어주는 것처럼 보인다. 선택적이고 한정된 표본 데이터 수집 및 분석만이 가능했던 과거와 달리, 무한에 가깝게 확장될 수 있는 네트워크의 발달로 가능한 한 모든 데이터에 대한 수집과 분석이 가능해지자 기업의 데이터 활용을 어떻게 규제할 것인지, 이용자의 개인 정보는 어떻게 보호해야 할 것인지에 대한 논의가 활성화되기 시작했다.

그런데 개인 정보 보호의 문제는 기존의 주권국가 차원에서 다루어지는 문제가 아니라 다양한 주체들이 국제적인 차원에서 접근해야 하는 이슈이다. 정보기술이 제공하는 개인의 자유, 안보와 생활의 편리함을 동시에 추구하면서 제기되고 있는 문제들을 해결하기 위해서 국제사회는 어떤 정책을 추진하고 있으며, 어떤 노력을 기울이고 있는가?

개인 정보 보호와 관련한 국제 협력을 위하여 국제적 차원에서 정부기구 또는 민간기구 등이 공동으로 참여하는 다양한 형태의 회의체와 연구그룹이 조직되고 있다. 그리고 이들에 의해 각국의 프라이버시 보호 원칙과 기준, 연구결과 등이 생산되고 있다. OECD를 통해 논의된 "프라이버시 보호 및 개인 정보의 국가 간 유통에 관한 지침(Guidelines on the Protection of Privacy and Transborder Flows of Personal Data)"은 이러한 접근법의 대표적인 사례이다. OECD는 1980년 국가 간의 합법적이고 자유로운 개인 정보의 유통 및 정보처리산업의 보호를 도모하기 위한 원칙을 제시했고, 이는 이후 각 국가의 개인 정보 보호 관련법, 제도, 지침 등의 모델이 되었다. OECD는 "프라이버시 보호 및 개인 정보의 국가 간 유통에 관한 지침"을 통해 개인 정보 보호의 8가지 원칙을 제시하고 있는데, 이 8가지 원칙은 각 국가의 개인 정보 보호에 관련된 법과 제도를 위한 중요한 지침으로 활용되어 개인 정보 보호를 위한 글로벌 기준을 제공하고 있다. OECD는 범세계적 네트워크 환경에서 개인 정보 보호에 대한 적합한 접근 방식을 찾고자 지속적으로 노력하여, 그 결과 1997년 「전자환경에 있어서 OECD 프라이버시 가이드라인의 실행: 인터넷을 중심으로」라는 보고서를 통해 1980년 OECD 개인 정보 보호 지침이 범세계적 네트워크상에서도 타당하다는 것을 재확인했다. 또한 1998년 「범세계적 네트워크상에서 OECD 프라이버시 가이드라인을 실행하기 위한 정책연구」, 1999년 「가이드라인을 실행하고 집행할 프라이버시 보호제도 및 장치」 등을 발표했다. 1999년 3월 정보보호 및 프라이버시 보호작업반WPISP 회의에서 국가 간 개인 정보 유통 시 당사자 간 계약에 의하여 보호하는 방안이 주요 내용으로 논의되었다. 그리고 OECD는 1999년 12월 「전 세계 네트워크에서의 프라이버시 보호를 위한 광역 메커니즘 구조에서의 국가 간 데이터 유통에 관한 보고서」를 제출했다. 이 보고서는 보다 광범위한 메커니즘 구조에서의 프라이버시 보호를 모색하고 국가 간 데이터 유통 계약 해결책의 사용에 관해 논의하고 있다.

개인 정보 유출 문제에 대한 OECD의 가이드라인은 개별 국가가 정보사회의 여러 가지 문제들을 관리하는 데 결정적인 역할을 해왔다. OECD의 가이드라인은 글로벌 기준을 제공해 개인의 사생활과 같은 보편적 가치에 대한 국제사회의 공감대가 넓혀지도록 기여할 수 있다. 즉 OECD 가이드라인은 개인 정보의 보호를 위해 정보를 집적하거나 활용하는 경우 개인 정보를 수집하고 이용할 수 있는 명확한 근거나 기준을 제시해왔다. 개별 국가들이 자발적으로 OECD의 가이드라인을 존중하면서 국내법과 제도를 정비한 것은 국제적인 차원의 개인 정보 관리와 인간안보를 위한 기준을 제시한 것이라 할 수 있다.

OECD 가이드라인의 문제는 이러한 내용이 단지 가이드라인일 뿐 구속력이 있는 것이 아니라는 점이며, 개인 정보 관리를 구속할 주체와 기제가 없다는 점이다. 그뿐만 아니라 보편적인 인권의 개념에서 개인 정보 보호 문제를 논할 때 관점의 차이도 글로벌 차원의 규범 마련을 어렵게 한다. 어떤 것이 보호되어야 하는 개인 정보 인가에 대해서는 역사적, 문화적으로 다른 배경이나 가치관에서 기인한 차이가 있기 때문이다. 영미의 경우 개인의 자유권에 최고의 가치를 부여하고 보편적인 인권의 개념에 비춰 전 세계가 공감하는 개인 정보의 인간안보를 만드는 것이 필요하다고 본다. 반면 공동체적 가치를 존중해온 동양의 경우 최우선적으로 보호되어야 할 절대적 개인 정보에 대해 상이한 이해를 가지고 있다. 사이버공간을 관리하는 제도에 대해서도 미국은 시장 중심적 정책(market-dominated policy)에 입각하여 당사자들이 자율적으로 또는 기술적으로 개인 정보를 보호하도록 하고 일정한 기준을 위반했을 때 법률이 개입한다. 반면 EU국가에서는 권리 중심적 정책(rightdominated policy)에 입각하여 회원국이 공통된 기준의 개인 정보 입법을 하고 있다. 프라이버시에 민감한 유럽에서는 이를 기본적인 인권의 문제로 보고 있으나, 정보의 규제로부터 자유로운, 즉 인터넷 기반의 경제활동을 촉진하고자 하는 미국에서는 시장에서의 자율 규제를 중시하고 있는 것이다(조화순, 2012).

4. 사이버안보를 관리할 글로벌 거버넌스의 현주소는 무엇인가

세계경제포럼은 2018년 1월 발간한 「세계위협보고서(The Global Risk Report 2018)」에서 2018년 전 세계 각국의 불안정성을 높일 위협 요인 가운데 하나로 사이버안보 위협(cybersecurity risks)을 지적했다. 이 보고서에 따르면, 지난 5년 동안 기업을 대상으로 한 사이버공격 횟수는 2배가량 급증했다. 2011년 4월 농협전산망테러사건이나 2013년 발생한 3·20 사태와 같이 언론에 대대적으로 보도되어온 사례는 기업체를 대상으로 한 사이버공격이 다수이다. 취약한 보안망에 불법적으로 접근하거나 정보 시스템에 유해한 영향을 끼치는 '해킹(hacking)', 기업의 영업 기밀이나 국가의 주요 정보를 대상으로 하는 '정보탈취(spying)', 국가 혹은 테러집단이 주요 통신, 군사시설 등의 파괴를 통해 대중의 공포와 불안을 조성하는 사이버 테러(cyber terror), 다른 국가의 전쟁 수행 능력을 파괴하는 사이버 전쟁(cyber war)도 발생 가능성이 있다. 인공지능, 클라우드, 사물인터넷의 발달로 구현된 초연결 사회에서는 사이버공격이 민간 부문과 공적 부문, 군사시설과 비군사시설, 집단과 개인을 가리지 않고 광범위하게 발생할 것이다.

사이버 위협에 대응하기 위해 국제 공조의 필요성이 증가하고 있는 현시점에서, 가장 진일보한 국제협력의 사례는 1998년 UN의 주도로 출범한 '국제안보 관점에서 정보통신분야의 발전에 관한 정부전문가그룹(Group of Governmental Experts on Developments in the Field of Information and Telecommunications in the context of International Security)', 2004년 유럽평의회 주도로 발효된 '사이버범죄협약(Convention on Cybercrime)', 2013년 나토에 의해 세계 최초로 성문화된 사이버교전 수칙 '탈린 매뉴얼(Tallinn Manual)'로 요약할 수 있다. 사이버 범죄에 대응하기 위한 국제적 논의가 가장 진전을 본 것은 유럽평의회(Council of Europe) 주도로 만들어진 사이버범죄협약(Convention on Cybercrime)이다. 이 조약은 2001년에 채택되고 가입을 위해 개방되었으며, 2004년에 발효되었다. 유럽평의회의 주도로 만들어져 지역조약의 외관을 띠고 있으나 유럽평의회 회원국뿐만 아니라 호주, 도미니카공화국, 일본, 미국 등 다른 지역의 국가들도 자발적으로 비준하고 있어 사실상 2014년 기준 51개 국가가 가입한 세계적 차원의 조약으로 기능하고 있다.

2013년 UN의 '국제안보 관점에서 정보통신분야의 발전에 관한 정부전문가그룹(Group of Governmental Experts on Developments in the Field of Information and Telecommunications in the context of International Security)'이 작성한 최종보고서는 사이버 안보에 관한 의미 있는 최초의 시도였다. 제68차 UN 총회에서는 GGE의 최종권고안이 채택되었는데, 권고안은 정보통신기술이 국제안보를 해치는 수단으로 악용되어 국제안보 위협 요소가 될 가능성에 대한 국가들의 우려를 기초로 하고 있다. 특히 국가가 대리인을 사용하여 국제위법행위를 행하지 말아야 하며 자신의 영토가 ICT를 불법적으로 사용하는 비국가 행위자들에 의해 사용되지 않도록 해야 한다고 규정하고 있다. UN 보고서는 전쟁의 개전과 수행 방법에 관한 국제법을 사이버 공격에 적용함으로써 잠재적 위협으로부터 안전을 확보하려는 것이다.

UN의 최종보고서는 향후 발전될 사이버안보 관련 국제규범 및 레짐의 초석이라는 긍정적인 평가를 받았다. 그러나 3차 회의와 정부전문가 그룹의 최종 보고서에서 국가 간 뚜렷한 입장 차이를 보이고 있어 한계를 내포하고 있다. 참가자들은 공통된 합의에 이르지 못했는데 이것은 특히 두 가지 문제에 대해서 의견이 충돌했기 때문이다. 우선 회의 참가자들은 정보의 내용information content이나 정보 인프라information infrastructure의 이슈가 포함되어야 하는지에 대해서 합의점을 찾지 못했다. 특히 국경을 넘는 정보의 내용이 국익의 관점에서 통제될 수 있는 대상인지에 대해 논란이 있었다. 보다 강력한 갈등은 국가의 정보통신기술ICT 활용이 다른 국가의 안보에 위협으로 작용할 수 있느냐의 문제와 관련해 발생했다. 이들은 ICT의 발달이 국가 안보와 군사 부문에 미치는 영향력을 인정하면서도, 그것을 얼마만큼 강조해야 하는지, 특히, 국가가 ICT를 군사 및 국가 안보의 목적으로 이용함으로 인해 발생하는 위협에 대해서 언급해야 할지를 두고 이견을 좁히지 못했다(조화순·김민제, 2016).

5. 사이버공간을 관리할 국가 간 경쟁의 실태는 어떠한가

사이버공간의 질서를 형성하기 위해 경쟁하는 국가들은 자국의 가치와 이익을 반영한 국제사회의 질서를 설정하기 위해 경쟁하고 있어 국가 대 국가, 국가 대 기업, 국가 대 개인 갈등의 원인이 되고 있다. 사이버공간의 질서 수립을 둘러싼 글로벌 경쟁은 미국과 중국을 중심으로 인터넷이라는 공간이 개인의 사생활 및 인권이 존중 받는 가운데 자유로운 정보, 상품 등의 이동을 통해 이익 창출이 보장되는 공간이어야 하는 것인지, 아니면 정부가 중심이 되어 외부의 침략으로부터 방어해나가야 하는 정부의 관할 영역이어야 하는 것인지에 대한 글로벌 차원의 지지를 확보하려는 경쟁으로 진행되고 있다(조화순, 2007).

2013년 국제전기통신연합(ITU)의 ITR 개정 과정에서 중국을 필두로 개발도상국가들은 ITU에서 인터넷 거버넌스가 논의되어야 한다고 주장하면서 미국이 주도하고 있는 ICANN 질서에 저항했다. ICANN은 '아래로부터의 합의'에 기반한 국가와 비국가 행위자 사이의 상호 네트워크를 주장하고 있지만, 중국은 실제의 ICANN 운영이 미국 상무부의 강력한 영향력에 의해 주도되고 있다고 주장했고, 이러한 갈등은 2014년 10월 부산에서 개최된 '2014 ITU 전권회의'에서 극명하게 노출되었다. 인터넷 거버넌스를 둘러싼 갈등의 일차적 쟁점은 미래에 어떤 글로벌 거버넌스 체제를 만들 것인가에 대한 문제이며 나아가 인터넷 거버넌스의 주도권과 상업적 이해를 누가 주도할 것인지의 문제도 연결되어 있다. 예를 들어 도메인 거버넌스의 경우 중국은 기존에 미국이 주도하던 비영리 민간 기구인 ICANN 중심의 기존 체제가 아니라 UN 산하의 국제기구인 ITU에서 인터넷 거버넌스를 논의해야 한다는 입장이다. ICANN은 1998년 미국이 탄생시키고, 다중이해당사자 Mutistakeholder라는 체제를 형성하여 의사소통의 자유로운 흐름과 참여를 이끌어냈다. 그러나 중국은 2014년 회의에서 인터넷의 선정성과 상업화 등의 문제가 정부 행위자 주도의 ITU를 통해 논의되어야 한다고 주장했다. 이는 미국 관점을 중심으로 추진되고 있는 미국식 모델에 대한 중국과 러시아를 중심으로 한 국가들의 반발이었다(조화순, 2006).

ICANN 체제에 대한 미국과 중국의 대립은 기존 인터넷 거버넌스 체제를 유지하느냐, 아니면 새로운 국가 중심 관리체제를 만드느냐의 문제이다. 즉 다중이해당사자 모델을 지지하는 국가와 정부 개입의 필요성을 주장하는 정부간주의Intergovernmentalism 세력 사이의 대립이었다. UN 산하 기구인 ITU는 한 국가당 한 표씩 행사하는 '1국 1표제 원칙'으로 운영되는 국가 중심 기구이며, ICANN은 처음부터 초국가적인 기업과 일반 네티즌들이 주요한 인터넷 제도 수립에 참여하여 정부의 권한을 축소하는 방향으로 규율과 절차를 수립해왔다(조화순, 2007). 중국은 사이버-국가주의의 논리적 확장으로서, 정부가 주요 회원인 국제제도를 선호하고 있다. 중국은 정보사회에 관한 세계정상회담(WSIS)이 개최되었던 2002, 2005년의 기간에 ICANN에 대한 공격을 강행하고, 정부 간 제도주의를 주장하는 ITU에 대한 지지를 분명하게 했다(Jho and Chang, 2014).

국가 간 데이터 유통 증가와 국외 정보 이전의 문제 역시 국가 간 갈등의 원인이 되고 있다. 2000년 미국과 유럽연합은 개인 정보의 국외 이전 문제를 두고 대립했다. 유럽은 개인 정보 관리에 대한 적절한 제도적 장치를 가지고 있지 않은 미국으로 유럽 시민의 개인 정보를 이전할 수 없다고 주장하여 기업의 자율에 의한 개인 정보 관리를 주장한 미국과 대립했다. 협상의 결과 미국과 유럽은 세이프하버 협약Safe Harbor Treaty에 합의했다. 이 협약은 미국 기업들이 데이터를 수집하고 활용할 때 자율규제 원칙을 준수할 수 있는 일종의 협회에 가입하고 미국 정부는 이를 감독하는 제도였다. 세이프하버의 의의는 미국의 자율규제와 유럽의 관리된 방안을 조정해 국가 간 데이터 이전의 원칙을 정한 데 있다. 세이프하버 협약은 기업의 자율규제 의사를 받아들이면서도 개인 정보 보호의 책무를 국가에 할당하여 데이터 이전 문제를 둘러싼 갈등을 적절히 해결한 사례로 평가되어왔다(조화순, 2006).

그런데 2015년 유럽 시민인 막스 슈렘스Max Schrems가 페이스북이 자신의 개인 정보를 미국에 넘기는 사태를 방지해주기를 EU의 정보보호위원들에게 요구하면서 미국과 유럽의 개인 정보 보호 관련 갈등이 다시 제기되었다. 유럽사법재판소는 이 소송에서 기존의 이 소송에서 기존의 세이프하버 협약을 무효화하는 판결을 내려 그동안 유지되어온 원칙의 수정을 요구했다. 미국 기업들은 데이터를 활용하여 자사의 이익을 창출해왔는데 이 과정에서 상업 광고를 배치하기 위해 이용자에 대한 개인 정보를 수집하고 이용자들의 인터넷 검색 경로를 추적해왔다. 유럽의 개인 정보 보호론자들은 미국 기업이 수집하는 데이터 가운데 개인 정보가 포함되어 있기 때문에 기업이 데이터를 수집하는 방식이나 수집될 수 있는 데이터의 범주에 규제를 가해야 한다고 반박한다. 유럽사법재판소의 판결은 페이스북, 구글, 애플과 같은 기업들이 고객들의 개인 정보를 이용하고 EU 시민의 정보를 타국으로 전송하려 할 때에 보다 느슨한 미국의 규제가 아닌 EU 고유의 기준에 맞게 준수해야 한다는 것을 의미한다.

이 사례에서 보듯이 개인 정보 보호론자들의 목소리는 향후 더욱 강화될 것이다. 이들은 미국의 IT 기업들로부터 유럽 시민들에게 프라이버시 권리를 되돌려주어야 한다고 주장하고 있다. 유럽 내 활동가들은 2013년 에드워드 스노든에 의해 유출된 보고서의 내용을 근거로 개인 정보가 인간이라면 마땅히 보호받아야 할 기본권이라 주장하고, 미국의 기업들이 정부(특히 NSA)의 대규모 감시 활동에 깊이 연루되어 있으며 정부와의 안정적인 유착 관계를 유지하기 위해 이용자들의 가장 기본적인 권리를 거래했다고 비판했다. 반면, 개인 정보의 활용도가 높은 미국의 기업은 세이프하버 원칙에 위배되는 판결 내용이 향후 무역 거래량의 증대와 업계의 혁신을 이루는 데 방해가 될 것이라 주장했다.

몇 가지 예들은 초국가적 네트워크를 통한 정보 유통과 전자상거래의 발달로 민간행위자들이 자원 분배와 시장 규제에 과거보다 커다란 역할을 수행하고 있으며, 국가 역시 정책적 자율성과 주권을 행사하고자 시도하고 있음을 보여준다. 2016년 세이프하버 협약보다 한층 엄격해진 프라이버시 실드Privacy Shield 협약의 핵심은 다음과 같다. 첫째, 미국 기업이 유럽 이용자들의 데이터를 미국으로 이전할 때 유럽연합이 규정한 정보보호 기준을 준수해야 한다. 둘째, 미국 상무부는 프라이버시 실드 협약에 가입한 기업들을 적극적으로 감독해야 한다. 셋째, 미국 기업들은 개인 정보 보호와 관련된 수칙들을 준수했다는 자가 인증을 매년 갱신해야 한다. 2017년 5월 프랑스 정부는 페이스북에 과징금을 부과했는데 그 법적 근거가 바로 프라이버시 실드 협약이었다. 기업의 데이터 이전 자유와 유럽 시민들의 개인 정보 보호규범 문제에서 개인 정보 보호가 보다 강조된 것이다.

기업과 국가의 갈등 역시 보다 가시화되고 있다. 2010년 세계적 검색엔진 구글과 중국 정부 간에 벌어진 갈등은 사이버공간을 누가 어떤 방식으로 어떻게 관리할 것인지를 둘러싼 갈등이다. 인터넷 정보검색엔진 분야에서 세계적 기업으로 성장한 구글은 2006년 4월 중국판 구글을 출범시키며 중국 시장에 진출했으나 2010년 1월 돌연 중국에서 철수를 검토 중이라고 선언했다. 구글은 2009년 12월, 중국 내의 인권운동가들의 이메일이 해킹되었고, 구글 이외에도 금융기관과 언론사 등의 기업이 동시에 사이버 테러를 당했다고 발표했다. 이후 구글은 직접적인 중국시장 철수 이유가 끊임없이 진행되는 중국의 인터넷 해킹과 중국 정부의 지나친 검열 요구라고 주장했다. 구글은 또한 해킹의 배후에 중국 정부가 개입하고 있다는 의혹을 제기하기도 했다. 이에 대해 중국 정부는 중국은 모든 해킹이 금지되고 있으며 중국은 국내법에 의거하여 인터넷을 관리하고 있는 국가라고 반박했다. 중국도 해커 공격의 피해자이며 공격과 위협에 대한 정부의 대응이 부족하다는 논리로 구글에 반박했다. 중국 정부는 포르노와 같은 외설적 표현과 유해한 정보들로부터 중국 인민을 보호할 책임이 정부에 있고 사이버 공간 역시 주권이 미치는 공간이기 때문에, 중국 내에서는 중국의 법을 따라야 한다고 주장했다.

구글 사건은 국가의 주권을 강조하는 중국 정부와 사이버공간에서도 자유주의 가치와 개방을 주장하는 미국 정부의 갈등으로 모아지고, 미국과 중국 간의 인터넷상에서의 정보, 첩보의 사이버 전쟁으로의 확산될 가능성을 시사하고 있다. 양국 정부까지 가세한 6개월여간의 논란 끝에 결국 2010년 6월 말 구글은 중국 시장에서의 인터넷영업면허ICP의 만료를 앞두고 홍콩을 통해서 제공하던 우회서비스를 중단하고 중국 본토로 복귀하는 결정을 내리게 되었다. 이에 대해 중국 정부는 7월 20일 구글이 제출한 인터넷 영업면허의 갱신을 허용했다고 발표했고, 해킹 사건으로 촉발된 구글과 중국 정부 사이의 갈등에서 결국 구글이 자존심을 접고 중국 정부에 '준법서약'을 했다. 데이터의 자유로운 유통을 요구하는 기업들은 향후에도 민간에 의한 자율규제를 강조하겠지만, 국가는 주권을 강조하며 개인 정보 보호와 데이터 활용 규제조치를 수립하기 위한 개입에 보다 적극적일 것이다.

근대국가가 유지해오던 정보에 대한 독점적 권리 역시 한계를 드러내 다양한 갈등을 유발하고 있다. 2013년 미국 정부가 구글, 마이크로소프트 등 자국 IT기업과 통신회사에 프리즘PRISM이란 프로그램을 설치하여 전 세계의 모든 온라인 통신 내용과 개인 정보를 무차별적으로 감시하고 있다는 사실을 전직 CIA 요원인 에드워드 스노든이 폭로했다. 중국에 대한 미국의 사이버 스파이 행위를 밝혀낸 스노든 사태는 사이버 분야에 대한 미국과 중국 간 갈등의 양상을 더욱 복잡하게 만들었다. 스노든 사태는 '부정적인 패권'으로서 미국의 양면성과 위선에 대한 인식을 증가시키고, 정통적으로 패권국으로 당연시되던 미국의 정당성에 위기를 가져왔다. 이 사건을 계기로 미국 정부에 대해 국제적인 비난이 쏟아졌으며, 국가가 자국의 정보와 주권에 위협을 미치는 다양한 위기에 직면해 있음을 보여주는 사례이다. 스노든 사태는 국가가 과거와 같이 국가 기밀이라는 차원에서 비밀을 유지하는 것이 한계에 다다랐음을 보여주는 대표적인 사례이다.

범죄, 사이버 위협에 대응하기 위해 정부의 권리는 어떤 수준에서 보장되어야 하는가? 이러한 문제 역시 과거와 같은 규범과 제도로 해결하기는 어려워질 것이다. 2014년 모바일 메신저인 카카오톡에 대한 정부의 검열이 있었다. 이 검열 이후 다수의 한국인들은 독일 법인의 모바일 메신저 텔레그램으로의 '사이버 망명'을 꾀했다. 이용자 이탈의 위기에 직면한 카카오는 감청영장에 응하지 않겠다고 발표한 뒤 텔레그램과 같은 종단 간 암호화 기술을 도입하며 기업의 신뢰도 향상을 위해 노력을 보였다. 그러나 사건 발생 1년 후인 2015년 10월, 카카오는 기존의 입장을 철회했다. 이러한 예는 미국에서도 발생하고 있다. 고객정보 공유와 관련해 정부와 IT기업 간 긴장이 조성되고 있는데, 애플 및 마이크로소프트 등 IT기업은 정부의 각종 범죄 용의자에 대한 개인 정보 제공 협조 요청을 거절했다. 이는 스노든 사태 이후 미국 기업들이 고객정보 보호를 중요한 가치로 삼고 있음을 보여주기 위한 제스처였다. 구글 역시 미국 정부의 협조 요구에 저항하면서 성문화된 정책 처방은 사이버안보 문제를 해결하는 데 별 다른 도움이 되지 못한다고 주장하고, 자사와 사업 파트너들에게 사이버 위협에 대한 노출을 규제하도록 장려하고 있다. 사이버 망명 사태로 밝혀진 개인과 국가, 기업과 국가, 혹은 국가와 국가 사이 정보주권 문제는 사이버 공간의 질서가 누구에 의해 어떻게 형성되고 관리되어야 하는가에 대해 치열한 논쟁을 불러일으키는 계기가 되고 있다.

6. 사이버공간을 관리하는 글로벌 거버넌스의 한계는 무엇인가

인터넷의 등장과 함께 대두되기 시작한 문제들은 OECD, UN, ICANN 등을 통해 활발하게 논의되어왔다. 특히 최근에는 사물인터넷 기술의 발달로 CCTV부터 가전제품, 일상적으로 착용하는 시계까지 모든 사물이 인터넷에 연결되기 시작하면서 인터넷 주소에 대한 수요가 급증했고, 인터넷 도메인 네임체계를 관리하는 최상위 국제기구인 ICANN의 역할에도 이목이 집중되는 상황이다.

그런데 국제사회의 노력에도 불구하고 사이버공간의 글로벌 거버넌스는 여전히 미약한 수준의 제도화 단계에 머물러 있다. 또한 글로벌 거버넌스를 형성하려는 노력이 초국적이고 보편적인 이상에 근거한 세계적인 표준과 규범의 전파를 의미하지는 않는다. OECD의 개인 정보 보호 및 개인 정보의 국가 간 유통에 관한 지침 사례에서 이러한 점은 명확하게 드러난다. 개별 국가 혹은 비국가 행위자들은 지구 공동체의 안녕과 공동의 존립을 위해 개별적인 이익과 자율성을 양보하기보다는 국가 혹은 조직의 이익에 유리한 영향을 줄 수 있는 국제레짐의 형성에 관여하고자 한다. 글로벌 거버넌스 역시 강대국 중심의 정치적·경제적 규범으로 국제적 불평등을 유지하는 데 사용될 수 있으며, 글로벌 거버넌스를 이루는 국제레짐의 목적, 내용, 실제 결과가 모든 참가자에게 동등하거나 상호 이득을 준다고 할 수는 없다(조화순, 2006; 조화순, 2007).

예컨대 사이버범죄와 관련된 거버넌스는 어떤 행위를 위협으로 간주할 것이며 그 위협으로부터 지켜내야 할 사이버공간의 이상향이 어떤 모습인지에 대해서도 국가 간 합의를 이끌어내지 못한 상황이다(조화순·김민제, 2016). ICANN 역시 급증하는 인터넷 주소 수요를 기술적·제도적으로 감당하지 못하고 참여 국가들에게 새로운 주소인 IPv6의 도입을 권고하는 상황이다. 사이버공간에 찾아온 기술적 변화들이 국민국가의 위상과 역할에 어떤 영향을 미칠 것인지, 국제사회는 새로운 기술적 변화들을 어떻게 받아들여야 하는지에 대해 명확하고 공통적인 합의가 도출되지 않은 채 개별적, 한시적 대응만이 이루어지고 있다.

초국적 문제 해결이 어려운 것은 이 문제가 도식적인 해결책으로는 풀 수 없는 복합적인 성격을 가지고 있기 때문이다. 국가는 법과 규제를 강제하고 사회의 질서를 유지할 수 있는 능력을 지니고 있다. 그러나 인터넷 공간에서의 빠른 정보의 흐름은 인터넷 규제에 대한 국가의 권한을 훼손한다.

둘째, 국내 혹은 국제사회에서 사이버 공간의 거버넌스에 대한 국가 간 인식의 차이이다. 갈등의 이면에는 정보기술을 활용하면 가져올 수 있는 효율성과 개인 삶의 복지와 인권을 확보하려는 두 가지 입장이 첨예하게 대립하고 있다. 예를 들어 개인 정보 보호 이슈의 경우 효율성과 이익을 꾀하고자 하는 기업과 개인의 사생활 보호를 절대적인 인권의 가치로 간주하는 시민단체의 견해가 상충될 수 있다. EU와 미국의 갈등의 경우 미국은 국가 간의 자유로운 데이터의 유통을 강조하며 민간의 자율에 의한 규제를 중요시하는 반면, EU 국가들은 개인의 사생활을 보호하기 위해 국가가 일정 정도 질서를 부여하여 제한해야 한다는 입장으로 대립하고 있다.

셋째, 사이버공간을 관리하기 위한 특정한 수단measures과 보호의 수준level of protection이 각 국가마다 상이한 것은 사이버공간을 관할하는 질서가 각 국가의 이해관계의 갈등일 뿐만 아니라 각 국가의 기본적인 사회적 규범과 관례의 결과이기 때문이다. 국가마다 시장의 규제에 대한 논의는 다르게 이해되고 있으며 이를 일방적으로 다른 국가의 상황에 적용하기는 어렵다. 미국이 사이버공간에 대한 시장자율규제를 추진한 것은 먼저 미국이 국제경제

질서에 있어서 헤게모니적 관심을 가지고 서비스와 지적재산권의 교역을 포함하여 시장개방을 관리하는 체제를 추구해왔기 때문이었다(조화순, 2007).

전반적으로 나타나는 비국가 행위자들의 부상에도 불구하고 국가는 여전히 중요한 행위자이다. 최근 등장하고 있는 정보주권 논의처럼 국가는 기술의 발달로 가능하게 된 서비스, 비즈니스에 대해 법과 제도를 만들고, 개별 참가자들이 가질 수 있는 권한과 책임을 규정하고, 비국가 행위자의 행위를 감독하는 역할을 담당하고자 한다. 국가가 담당해왔던 이와 같은 역할이 초국적 차원에서 어떻게 작동할 것인가 하는 문제는 향후 효과적인 글로벌 거버넌스의 성공을 결정할 것이다. 이와 동시에 선진국 중심의 글로벌 거버넌스 질서의 형성으로 인한 잠재적인 국가 간의 갈등을 어떻게 조화롭게 풀어나갈 것인지에 대한 연구 역시 글로벌 거버넌스의 미래를 준비하는 의미 있는 작업이다(조화순·김민제, 2016).

참고문헌

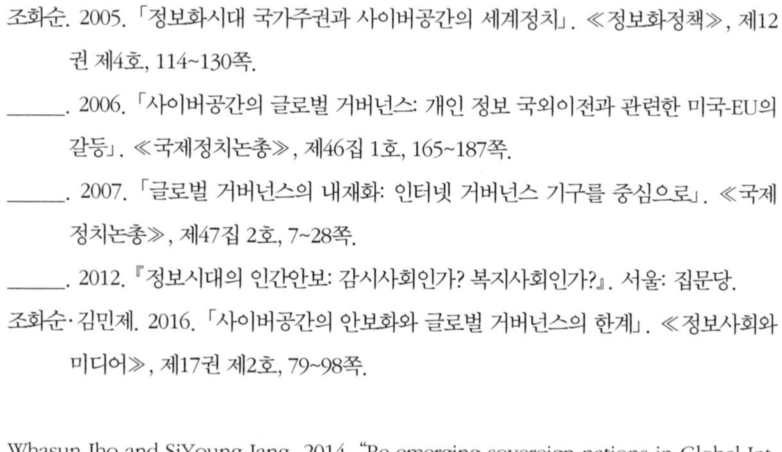

조화순. 2005.「정보화시대 국가주권과 사이버공간의 세계정치」. ≪정보화정책≫, 제12권 제4호, 114~130쪽.

______. 2006.「사이버공간의 글로벌 거버넌스: 개인 정보 국외이전과 관련한 미국-EU의 갈등」. ≪국제정치논총≫, 제46집 1호, 165~187쪽.

______. 2007.「글로벌 거버넌스의 내재화: 인터넷 거버넌스 기구를 중심으로」. ≪국제정치논총≫, 제47집 2호, 7~28쪽.

______. 2012.『정보시대의 인간안보: 감시사회인가? 복지사회인가?』. 서울: 집문당.

조화순·김민제. 2016.「사이버공간의 안보화와 글로벌 거버넌스의 한계」. ≪정보사회와 미디어≫, 제17권 제2호, 79~98쪽.

Whasun Jho and SiYoung Jang. 2014. "Re-emerging sovereign nations in Global Internet Governance: ICANN vs. ITU." Toronto, 55th ISA Convention.

12

4차 산업혁명시대, ICT 거버넌스 이대로 괜찮은가*

김성철
고려대학교 미디어학부 교수

미래창조과학부와 방송통신위원회를 중심으로 한 박근혜 정부의 ICT 거버넌스는 불완전했던 것으로 평가된다. 그런데 새롭게 출범한 정부가 불완전한 거버넌스를 보완할 조직 개편을 시도할 것이라는 기대와는 달리 문재인 정부는 여건상의 한계로 미래창조과학부의 명칭을 과학기술정보통신부로 바꾸는 데 그쳤다. 따라서 문재인 정부가 4차 산업혁명시대에 ICT 산업의 발전과 미디어 공공성 회복이라는 과업을 제대로 수행하기 위해서는 현 대통령 임기 내에 ICT 관련 정부조직을 개편할 필요가 있다. 다만 이전 조직 개편의 실패를 반복하지 않기 위해서는 공론화와 신중한 논의의 과정을 통해 조직 개편의 완결성을 높여야 한다. 이 장에서는 ICT 거버넌스 개편의 원칙으로서 공공성과 산업성의 조화, 진흥과 규제의 일원화, 생태계 차원의 상생, 수평적 규제체계의 도입, 정책과 정치의 분리 등을 제시하고자 했다. 또한 향후 ICT 거버넌스 개편을 위한 방향을 설정하기 위해 과학기술정보통신부의 물리적 조직구조와 방송통신위원회의 운영체계 개편을 위한 고려사항을 컨조인트 모형으로 구성하고 설문을 통해 국민들의 선호를 분석했다.

* 이 장의 내용은 ≪방송통신연구≫(2017년 7월), ≪언론정보연구≫(2017년 11월)에 게재된 논문을 재구성한 것임. 또한 이 글은 2016년 대한민국 교육부와 한국연구재단의 지원(NRF-2016 S1A3A2924760)으로 수행된 연구이다.

1. 왜 ICT 거버넌스 개편이 필요한가

한국에서 그간 이루어진 정부 조직 개편은 다분히 "정치적"이었던 것으로 평가된다. 매번 새 정권은 정부 조직 개편의 "행정적" 목적, 예컨대 행정 효율 증대, 관료 경직성 해소, 행정 책임성 증대 등을 표방해왔으나 실상 각 정권은 정치적인 목적으로 크고 작은 조직 개편을 시도했다. 이러한 배경에서 ICT 관련 정부 조직은 매번 대대적 조직 개편 시마다 논란의 중심에 있었다(〈표 12-1〉 참조). 방통융합 추세에 대응하기 위한 정부 조직으로서 방통위는 출범 전부터 갈등과 반목을 겪었다. 방통위는 이명박 정부 초기 설립되었으나 사실 방통융합 대응 기구에 대한 논의는 노무현 정부 당시 구체화되었다. 그런데 방통위 조직 출범 과정에서 방송 부문의 규제 기능과 통신 부문의 진흥정책 기능 통합을 놓고 방송위원회, 정보통신부 등 행정 기관의 입장 차뿐 아니라 정치 세력과 시민사회의 의견 차를 좁히기 쉽지 않았다. 가장 큰 우려 중 하나는 민간 독립기구인 방송위원회가 정부부처로 바뀌며 방송규제기구의 독립성이 훼손될 수 있다는 것이었다.

수년 간 지속된 논의가 무색하게 방통위는 이명박 정권으로의 교체와 함께 비교적 쉽게 출범했다. 이후 방통융합 대응 기구가 탄생했다는 긍정적 평가보다는 정권의 방송 장악에 대한 우려가 쏟아졌다. 무소속 독립기구로서 위원의 전문성과 독립성을 확보해야 한다는 것이 학계와 시민사회의 중론이었으나, 방통위는 정치적 중립성이 보장되기 어려운 운영체계를 갖고 태어났다(김동준, 2008). 대통령과 여당이 위원장을 포함한 위원 3인, 야당이 위원 2인을 추천 임명하는 방식은 방송, 특히 공영방송 KBS, EBS와 준공영방송으로 인식되는 MBC의 인사와 운영에 지대한 영향을 미칠 수 있어 방통위의 정치적 중립성을 끊임없이 의심하게 했다.

표 12-1 역대 정부의 과학기술, ICT, 방송 부문 주무 부처 변화

	김대중, 노무현 정부	이명박 정부	박근혜 정부
개편 시기	1998년	2008년	2013년
과학기술 부문	과학기술부 (전신: 과학기술처)	교육과학기술부 (전신: 교육인적자원부 + 과학기술부)	미래창조과학부 (전신: 교육과학기술부 일부 + 방송통신위원회 일부)
ICT 부문	정보통신부 (전신: 체신부)	방송통신위원회 (전신: 정보통신부 + 방송위원회)	
방송 부문	방송위원회 (1981년 발족, 전신: 문화공보부)		방송통신위원회 (전신: 방송통신위원회 일부)

자료: 김수원·김성철, 『새 정부의 ICT·미디어 관련 정부 조직 개편 방향에 대한 연구: 국민들의 인식을 중심으로』(2017).

한편 2008년 정부 조직 개편 당시 정보통신부의 기능이 여러 부처로 분할되며 분산형 ICT 거버넌스가 구축되었다. 방통위는 방송과 통신의 융합 대응을 설립 취지로 했으나 실상 두 부문의 규제에 기능이 집중되어 있었고, ICT 산업의 진흥은 지식경제부, 공공정보화 및 정보보안은 행정안전부, 콘텐츠는 문화체육관광부로 이관됐다. 이러한 분산형 ICT 거버넌스하에서 스마트폰 혁명과 함께 대변혁의 바람이 불었던 2010년 전후 책임성 있는 ICT 진흥정책이 이루어지기 어려웠다.

박근혜 정부의 미래부는 ICT 전담 부처로서 분산된 기능을 통합하고, 나아가 기초과학과 ICT 융합을 통해 미래 산업 환경에 대응한다는 설립 취지를 내세웠다. 그러나 실상 미래부는 ICT 전담 부처라는 정체성이 무색하게 ICT 관련 주요 기능을 통합하는 데 이르지 못했다. 정부 3.0, 빅데이터, 개인 정보 보호 기능 등은 행정자치부에, 창의산업 및 임베디드소프트웨어 업무 등은 산업통상자원부에, 특히 디지털 콘텐츠 및 미디어 관련 업무 일부가

문화체육관광부에 잔류했다.

무엇보다 지상파방송 관련 기능은 방통위에 남고, 유료방송 관련 기능이 미래부로 이관돼 방송 부문 전담 부처가 이원화되었다. 또한 주파수를 방송용과 통신용으로 구분해 방통위와 미래부가 각기 관장하도록 했다. 이는 방송과 통신의 기술적 차이에 따른 경계가 와해되는 상황에서 수평적 규제체계로의 이행이 필요하다는 시대적 요구에 "역행"한 것이었다.

이후 학계에서는 미래부와 방통위 중심의 불완전한 ICT 및 미디어 거버넌스에 대한 우려와 비판을 쏟아냈다. 미래부는 방통융합을 넘어 ICT 생태계 차원의 유기적 융합에 적절히 대응하기 어렵고, 업무 혼선 가능성이 크며, 갈등 조정 기능이 부재한 것으로 평가됐다. 주무 부처 간의 혼선과 갈등뿐 아니라 산하 기관의 기능 분배조차 제대로 이루어지지 않았다.

이와 같은 우려와 비판은 정책 현안에 있어서도 확인됐다. 미래부와 방통위에 방송과 통신의 진흥과 규제 기능이 혼재함에 따라 주요 현안에서 책임성 있는 행정이 이루어지지 않았다. 700MHz 주파수 분배, SK텔레콤-CJ헬로비전 인수합병, 이동통신단말장치 유통구조 개선에 관한 법률 도입, 지상파방송 재송신료 분쟁 등에서 미래부와 방통위는 서로에게 책임을 미루며 제대로 대응하지 못했다. 업무와 권한이 중복되었다는 구조적 문제뿐 아니라 이를 중재할 장치가 미비한 탓이었다.

한편 과학기술과 ICT 산업을 융합한다는 미래부의 비전은 실현되지 못한 것으로 평가된다. 미래부 체제에서 과학 분야는 상대적으로 소외되었다. ICT 분야에 편중 인사로 기초과학 부문이 도외시되고 있다는 우려를 낳았고 두 부문의 융합에 따른 시너지는 사실상 찾아보기 어려웠다.

박근혜 정부의 ICT 및 미디어 관련 정부 조직 개편이 이와 같은 참담한 결과를 낳은 것은 졸속 개편 탓으로 지적되는데 사실 박근혜 정부가 조직 개편에 소요한 시간은 상대적으로 긴 편에 속한다. 당시는 여야 간 정권교체 상황이 아니어서 조직 개편 저항이 특별히 클 이유가 없었음에도 불구하고 조직 개편 완료까지 취임 후 한 달 이상이 걸렸다는 점에서 박근혜 정부의 조직 개편은 필요 이상의 시간을 소요했다. '국회법'이 개정됨에 따라 날치기 처리가 불가능했으며, 대통령과 여당의 의견이 다를 뿐 아니라 대통령이 비타협적 자세를 취했으며, 야당이 전 정권의 방송 장악에 피해의식을 갖고 있어 강하게 저항했기 때문이었다.

시간을 꽤 소요했음에도 불구하고 제대로 된 안이 탄생한 것은 아니었다. 최종 협상 결과 중 원안에서 변경된 것은 방통위를 미래부 산하기관이 아닌 국무총리 산하기관으로 둔 점, 교육부 산학협력 기능 중 과학 관련 업무만 미래부로 이관된 점, 방송진흥정책 중 유료방송 및 주파수 관할권 등을 제외한 일부를 방통위에 잔류시킨 점뿐이었다(하태수, 2015).

결국 박근혜 정부의 ICT 관련 조직 개편은 정치적 타협의 결과였던 것으로 평가된다. 그 결과로 방송에 대한 방통위의 권한이 일부 유지되었을 뿐, 방통위의 정치적 독립성을 회복하는 데는 이르지 못했다. 이 과정에서 과학기술과 ICT 주무 부처의 통합이 진정 가능한지, 방송 업무의 이원화가 합당한지, 통신의 진흥과 규제를 분리하는 거버넌스가 효율적인지 등 ICT 거버넌스 모형에 대한 근본적인 고민은 없었다.

결론적으로 정치적 이해관계에 매몰된 두 차례의 "개악"을 거쳐 한국 ICT 거버넌스는 현재와 같은 기형적 모습을 띠게 되었다. 두 차례 정부 조직 개편 모두 외견상 방통융합 내지 ICT 환경 변화에 대응하고자 했으나, 방송의 공공성이 정치적 협상의 주요 이슈로 작용해 온전한 정부 조직 설계와 채택은 이루어지지 못했다. ICT 정책수요 대응과 미디어 공공성 회복을 위한 정부 조직 개편이라는 과제는 여전히 남아 있는 것이다.

문재인 정부는 취임 약 한 달 후인 2017년 6월 초에 정부 조직 개편안을 발표했다. 17부 5처 16청에서 중소벤처기업부를 신설해 18부 5처 17청으로 개편하는 안이었다. 개편의 정도가 크지 않은 만큼 별다른 반발 없이 국회 본회의를 통과해 7월 말에는 개편이 시행되었다. 국정농단 사태를 겪으며 급하게 출발한 정권인 만큼 시간적 여유가 없었을 뿐 아니라, 여소야대 상황에서 대대적 조직 개편은 무리가 있다는 판단에서였을 것으로 해석된다. 내각 구성이 시급한 문재인 정부로서는 부분 개편에 머물러야 했을 것이다.

박근혜 정부의 "유산"으로 인식돼 해체설까지 돌았던 미래부는 부서명을 과기정통부로 바꾸고 창조경제 진흥 업무를 중소기업벤처부로 이관할 뿐 기존의 기능을 대부분 유지하게 되었다. 오히려 실장급인 과학기술전략본부가 차관급인 과학기술혁신본부로 격상되면서 과기정통부는 3차관 체제로 강화됐다.

방통위는 존치되었으며 기능 재조정 등에 대한 안은 발표되지 않았다. 이와 함께 문재인 정권에서도 역시 여느 정권과 마찬가지로 방통위 및 KBS, MBC 인사는 여지없이 정치적 논쟁의 대상이 되었다.

현재까지 문재인 정부의 ICT 관련 조직 개편은 사실상 박근혜 정부의 체제를 유지하는 수준에 머물렀다. 이와 같은 조치는 정치적 목적에 의한 섣부른 조직 개편의 부작용이 클 수 있다는 점에서 환영할 만하다. 그러나 앞서 논의했듯 현재 한국의 ICT 정부 조직과 운영체계는 정치적 야합의 과정에서 왜곡된 형태를 갖게 되었다. 이에 대해서는 제19대 대선 이전부터 많은 전문가 및 이해관계자들이 뜻을 모아 공론화를 시도해왔다. 개편의 방향과 구체적 대안에 있어 일정한 합의가 있다고 보기는 어려우나, 현재의 조직 구조와 운영체계는 4차 산업혁명에 대비한 정책수요 대응에 부적합할 뿐 아니라 미디어 공공성을 담보할 수 없다는 데 공감대가 형성돼 있다.

따라서 문재인 정부의 과기정통부와 방통위를 중심으로 한 ICT 거버넌스는 다시 한번 개편이 필요한 것으로 판단된다.

2. ICT 거버넌스 개편을 추진할 때 고려할 사항은 무엇인가

1) 공공성과 산업성의 조화, 규제와 진흥의 일원화

한국 ICT 정책규제는 그간 공공성과 산업성을 분리되는 가치로 인식한 경향이 있다. 방송에는 사회문화적 패러다임에 따라 공공성을, 통신에는 시장경쟁주의에 따라 산업성을 주요한 원칙으로서 강조해왔다. 학술적 차원에서 양자를 구분하는 연구자들도 적지 않으며, 실제 방송통신 관련 정책규제 논의가 있을 때마다 방송의 공공성은 유독 공적보조, 내용규제, 규제강화의 논리로 활용되어왔다.

그러나 공공성과 산업성은 애초에 명확하게 구분될 수 있는 가치가 아니다. 시장경제주의하에 공정경쟁과 혁신을 통한 산업성의 함양은 국민의 이익으로 돌아오며, 공익을 저해하는 성장은 지속가능하지 않다. 예컨대 양질의 혁신적 방송서비스는 시청자의 권익을 향상시키는 반면, 시청자의 지불의사를 높이지 못하는 방송서비스는 시장에서 성공할 수 없다.

더욱이 근래에는 전통적 방송통신 개념과 영역이 붕괴하고 있어 이전의 이분법적 구분이 무색해졌다. 방통융합으로 인해 방송서비스와 통신서비스의 구분이 명확하지 않을뿐더러, 통신서비스의 사회문화적 기능이 방송보다 결코 작지 않다. 방송은 반면 시장에서의 직접경쟁을 통해 혁신하고 성장해야 하는 과제를 안고 있다. 방송에 공공성을, 통신에 산업성을 강조하는 과

거의 논리는 더 이상 현실적이지 않은 것이다.

이처럼 공공성과 산업성이 불가분한 가치임에도 불구하고 그간 ICT 정책규제 논의에서 두 가치를 조화시키고자 하는 노력은 항상 부족했다. 공공성은 더 이상 특정 미디어가 태생적으로 '보유'하는 가치가 아니라 모든 미디어가 양질의 내용 및 접근성 향상을 통해 '전달'해야 하는 가치이다. 공공성과 산업성 중 한쪽을 택하는 것이 아니라, 양질의 미디어와 콘텐츠 육성을 통한 산업성장과 국민복지 향상을 ICT 정책규제의 목표로 설정해야 한다(이현우, 2014). 즉 공공성과 산업성을 조화시키기 위한 ICT 거버넌스로 전환할 필요가 있으며, 다시 정부 조직 개편을 시도할 경우에도 이러한 원칙이 반영되어야 한다.

이는 곧 진흥과 규제를 포괄할 수 있는 거버넌스에 대한 고민과도 같다. 한국은 그간 ICT 영역에서 규제와 진흥 중 규제를 강조해온 경향이 있다. 학계에서뿐 아니라 정책 현안에 있어서도 진흥이 아닌 규제를 중심으로 담론이 형성되어왔다. 미디어의 공공성과 산업성을 분리하고, 특히 공공성을 강조해온 것과 같은 맥락이다.

진흥과 규제에 대한 이분법적 인식은 현 ICT 거버넌스에 여실히 반영되어 있다. 현 거버넌스는 방통위와 미래부로 지상파방송과 유료방송 주무 부처를 나누고, 규제와 산업 진흥 기능을 분리하고 있다. 이와 같은 양분적 체제에서는 하나의 사안에 대해 진흥정책과 규제가 충돌하거나 경쟁하는 양상을 보일 수 있다. 진흥정책과 규제의 효과는 상호 독립적이지 않으므로 2차, 3차 효과까지 종합적으로 고려하는 의사결정 체계가 갖추어져야 한다.

2) 생태계 차원의 상생, 수평적 규제체계의 도입

ICT 산업은 과거의 가치사슬 모델에서 벗어나 생태계 모델로 진화하고 있다. 과거 생산-유통-소비라는 일방향적 가치사슬 모델하에서 방송 및 통신서비스는 전송방식, 플랫폼, 콘텐츠가 하나의 역무로 묶이고, 각각에 고유한 규제철학이 적용되었다. 그러나 현재 방송통신 산업에서 소비자와 생산자의 경계, 생산자와 유통자의 경계, 유통자와 소비자의 경계는 사라지고 있다. 콘텐츠는 전송과 플랫폼의 한계에서 탈피하고 있으며, 전송과 플랫폼은 콘텐츠 형태에 구애받지 않게 되었다. 즉 방송통신 산업의 구조가 생태계 모델로 진화하고 있음은 반박하기 어려운 현실이고, 이러한 역동적 변화에 대응하여 정책규제 모델 또한 진화해야 한다.

과거 가치사슬 모델에 따라 역무를 정의하고 법령과 행정조직을 분산시켜온 거버넌스는 생태계 모델로 진화하고 있는 방송통신 산업의 혁신에 적절히 대응하기 어렵다. 유기적으로 연결된 방송통신 생태계 내 모든 요소의 상호작용을 이해하고, 공진화를 위한 고차원적 정책규제를 수립, 수행할 수 있는 거버넌스가 구축될 필요가 있다.

이는 10여 년 이상 해외 주요국을 중심으로 논의되어온 수평적 규제체계의 개념과도 일치한다. 기술과 환경의 변화에 따른 혁신적 서비스와 콘텐츠를 현 규제체계는 포섭하지 못하고 있다. 방송통신의 이원적 구분, 전송수단에 따른 칸막이 규제는 규제차별, 공백, 중복을 야기했다(최진원, 2010). 공정경쟁 환경을 조성해 혁신에 기여해야 할 규제가 외려 혁신을 저해하는 상황이 반복되는 것이다. 칸막이 규제는 거버넌스의 분산을 야기하며, 하나의 큰 생태계로서 선순환 구조를 구축해야 할 진흥정책과 규제가 각개전투 내지 경쟁의 형태를 띠게 한다. 수년 전의 KT DCSdish convergence solution 논란은 현 규제체계의 허점을 드러낸 대표적 사례이다(김정환·박지은·김수원·김성철, 2014).

수평적 규제체계 개념은 생태계로 진화하고 있는 ICT 산업의 규제체계 재정비 방향성을 제시한다. 수평적 규제체계는 방송통신 산업을 구성하는 요소들을 기능에 따라 전송, 플랫폼, 콘텐츠 등 계층으로 분류하고, 각 계층 내에는 동일 규제, 계층 간에는 분리된 규제를 적용한다는 원칙을 갖는다. 수평규제 적용 시 동일 서비스는 동일 규제가 가능하므로 규제차별, 공백, 중복이 최소화되며, 혁신적인 서비스 및 경계영역적 서비스를 탄력적으로 수용할 수 있다.

수평적 규제체계의 도입은 규제 완화를 전체로 규제의 틀을 완전히 뒤엎는 대격변인 만큼 상당한 전환 충격이 예상된다. 전환 충격을 완화시킬 수 있는 방법론과 함께 규제철학의 재정립, 계층분류 방안 등 다양한 쟁점에 대한 실무적 논의가 선행되어야 한다. 그럼에도 수평적 규제체계 도입을 정부조직개편 원칙으로 삼아야 하는 이유는 수평규제 방향성에 부합하는 거버넌스가 규제체계 전환을 위한 기초공사이기 때문이다. 본격적 규제체계 전환의 시기는 불명확하나, 개편안과 거버넌스에 괴리가 있다면 또다시 조직개편을 해야 하는 상황이 발생할 수 있다.

3) 정책과 정치의 분리

그간 한국 ICT 관련 정책은 정치에 의해 주문생산 되는 경우가 다반사이고, 정치적 판단에 의해 할당, 배분하는 정책결정이 많았다. 특히 방송정책은 이데올로기적 갈등의 중심이다.

이는 각계각층 이해관계자의 의견을 수렴하여 절충적이고 합리적인 대안을 도출하는 민주적 정책결정과 본질적으로 다르다. 여야 구도의 정치적 다툼으로는 방송통신 산업의 발전을 위한 효율적, 효과적 정책을 수립하고 수행하기 어렵다. 디지털방송 전송방식 선정 문제, 통합방송법 도입 문제, 700MHz 대역 할당 문제 등 정책 현안 처리에 불필요한 정치적 논쟁과 사회적 비용이 야기되었다.

문제는 정치적 속성이 강한 몇몇 사안들 때문에 정치와 무관한 정책기능까지 장애를 겪는다는 것이다. 정책기관들이 일부 정치적 결정이 필요한 사안에 매몰되어 본래의 정책기능이 위축되고, 정상적 정책활동까지 정치적인 것으로 오인받는 경우가 빈번했다.

이러한 문제는 그동안 한국 ICT 거버넌스가 원칙에 의거해 문제를 해결할 수 있는 환경을 제공하지 않았기 때문으로 풀이된다. 정책과 규제를 논의하고 대안을 도출하는 과정에 정치적 영향력이 개입할 가능성이 컸다. 예컨대 방송과 통신, 융합을 담당한 이명박 정부의 방통위처럼 정치적 인사들로 구성된 합의제 기구는 정치와 무관한 정책 문제까지 당쟁의 사안으로 만들었다. 권한이 크게 축소되었다고는 하나 여전히 합의제 기구인 방통위에 규제 기능을 남겨둔 현 거버넌스 역시 이러한 문제에서 자유롭지 못하다.

정책과 정치의 혼재는 ICT 거버넌스의 재구축을 통해 개선할 여지가 있다. 하나의 안은 주무 부처가 통상적 정책기능 전반을 담당하되, 정치적 속성이 강한 사안은 별도의 방송통신 정책기구에 위임하여 사회적 논의를 통해 풀어내는 것이다(윤석민, 2012). 주무 부처는 특정 부문이나 진영의 이익을 대변하는 것이 아니라, 사회와 산업 전반의 이익을 위해 전문적으로 일하고, 방송 공정성 등 정치적으로 민감한 문제에만 합의제 기구가 관여하게 한다. 이를 위해서는 편파적이지 않은 합의제 기구를 구성할 방안과 운영의 합리성, 독립성을 보장할 장치를 고민할 필요가 있다.

또는 정책 외적 담론 투쟁을 국회를 통해 해결하는 방안이 있다. 마찬가지로 통상적 정책기능은 주무 부처에서 담당하되, 정쟁적 사안은 국회에 상정해 논의한다. 두 가지 대안 중 어느 쪽이 효과적, 효율적인지는 논의할 여지가 있으나, 정부의 조직개편이 다시 이루어진다면 정책과 정치를 분리시킨다는 원칙이 반영되어야 한다.

3. ICT 거버넌스 개편에 대한 국민들의 의견은 무엇인가

앞서 논의했듯이 한국 ICT 관련 정부 조직은 두 가지 측면에서 개선될 필요가 있다. 첫째, 과기정통부와 방통위 중심의 ICT 거버넌스는 불완전하다. 과학기술과 ICT의 융합은 실체가 없고 ICT 관련 기능은 여전히 여러 부처에 분산되어 있다. 또한 과기정통부와 방통위로 진흥과 규제, 지상파방송과 유료방송이 이원화된 체제에서는 하나의 사안에 대해 양 행위자가 충돌, 경쟁하거나 책임회피할 가능성이 높다. 둘째, 미디어 부문의 정책과 정치를 분리할 필요가 있다. 특히 방송의 공공성은 그간 정책적 문제들을 불필요한 정치적 논쟁거리로 만들어 정책기능을 약화시켰다. 현재의 기형적 거버넌스 구조 역시 방송의 정치적 속성에 매몰된 결과이다. 미디어 공공성을 회복하는 한편 미디어 산업의 경쟁력을 높이기 위한 정책을 정치적 갈등으로 유인하지 않는 거버넌스의 수립이 필요한 까닭이다.

이와 같은 문제의식에 따라 완성도가 크게 떨어지는 과기정통부의 물리적 조직을 개편하고 방통위를 정치적 다툼의 온상이 아닌 진정한 전문 규제기관으로 거듭나게 하는 데 초점을 맞추어 차기 ICT 거버넌스 개편에 대한 국민들의 인식을 조사했다. 데이터는 국내 온라인 설문업체를 통해 2017년 8월 23일부터 29일까지 약 7일에 걸쳐 수집했다. 응답자는 설문업체가 보유한 일반 국민 응답자 패널이었다. 성별은 남녀 각 50%, 연령은 20대부터 60대 이상 각 20%로 할당표집했는데 총 641명의 데이터가 수집되었다. 데이터는 선택기반 컨조인트 분석choice-based conjoint analysis을 활용하여 분석했다.

표 12-2 컨조인트 분석 결과 1(과학기술정보통신부 조직 개편 시 고려사항)

속성	하위 수준	중요도(%)	효용값	표준오차	Wald x2
개편 목적	4차 산업혁명 대응	5.7	-0.024	0.022	1.2
	과학기술/ICT 산업 발전		0.024	0.022	
과학-ICT	과학기술-ICT 분리	29.9	0.129	0.022	33.0*
	과학기술-ICT 통합		-0.129	0.022	
진흥-규제	진흥-규제 분리	35.6	0.153	0.022	49.3*
	진흥-규제 통합		-0.153	0.022	
개편 시기	단기 개편	28.8	0.124	0.021	36.0*
	중기 개편		-0.124	0.021	
-2LL		288.3*			
Wald		269.5*			

*p〈.001

자료: 김수원·김성철, 『새 정부의 ICT·미디어 관련 정부 조직 개편 방향에 대한 연구: 국민들의 인식을 중심으로』(2017).

표 12-3 컨조인트 분석 결과 2(방송통신위원회 운영체계 개편 시 고려사항)

속성	하위 수준	중요도(%)	효용값	표준오차	Wald x2
운영 목적	방송미디어 산업 발전	28.2	-0.389	0.023	297.6*
	방송미디어 공공성 강화		0.389	0.023	
위원 선출	추천임명 방식 유지	34.9	-0.481	0.024	408.5*
	대안 도입		0.481	0.024	
위원 자격	방송 관련 전문성	24.7	-0.341	0.023	217.6*
	다양한 분야 전문성		0.341	0.023	
개편 시기	단기 개편	12.1	0.167	0.023	54.0*
	중기 개편		-0.167	0.023	
-2LL		873.2*			
Wald		795.8*			

*p〈.001

자료: 김수원·김성철, 『새 정부의 ICT·미디어 관련 정부 조직 개편 방향에 대한 연구: 국민들의 인식을 중심으로』(2017).

〈표 12-2〉에 정리된 바와 같이, 과기정통부 조직 개편 시 고려사항 속성의 상대적 중요도는 ICT 진흥과 규제의 분리 여부(35.6%), 과학기술-ICT 분리 여부(29.9%), 조직 개편 적정 시기(28.8%), 우선 시 되어야 하는 개편 목적(5.7%) 순으로 나타났다. 진흥-규제 속성의 하위 수준 중에서는 진흥과 규제를 분리하는 안이 선호됐다(0.153). 또한 과학-ICT 속성의 하위 수준에서 과학기술 부문과 ICT 부문을 분리하는 안이 선호됐다(0.129). 개편 시기는 2018년 지방선거 직후가 적절한 것으로 나타났으며(0.124), 개편 목적 중에는 과학기술 진흥과 ICT 산업 발전이 우선하는 것으로 나타났다(0.024).

〈표 12-3〉을 보면, 방통위 운영체계 개편 시 고려사항 속성의 상대적 중요도는 위원 및 위원장의 선출 방식(34.9%), 우선시 되어야 할 운영 목적(28.2%), 위원 및 위원장의 자격 요건(24.7%), 개편 시기(12.1%) 순으로 나타났다. 위원 선출 속성에서는 국민추천제 등 대안의 도입이 추천임명방식의 유지에 비해 선호됐다(0.481). 방통위 운영 목적 속성에서는 방송 및 미디어 산업의 발전보다 방송 및 미디어 공공성 강화가 우선시 됐다(0.389). 위원 자격 속성에서는 통신, 인터넷 등 다양한 분야의 전문성이 방송 관련 전문성에 비해 선호되는 것으로 나타났다(0.341). 마지막으로 개편 시기는 과기정통부와 마찬가지로 2018년 지방선거 직후가 선호됐다(0.167).

이상 분석 결과가 갖는 시사점은 다음과 같다. 첫째, 과기정통부 조직 개편 시, 과학기술 부문과 ICT 부문은 분리하고, 과기정통부의 ICT 진흥 업무와 방통위의 ICT 규제 업무 또한 분리된 상태를 유지하는 대안이 선호되었다. 과기정통부 조직 개편 시 고려사항 모형 안에서는 이 두 속성의 중요도가 상대적으로 높게 나타났다. 특히 진흥과 규제의 전담조직을 분리해야 한다는 인식이 가장 강하게 표출됐다.

둘째, 과기정통부 개편의 목적 중 과학기술 진흥 및 ICT 산업 발전과 4차 산업혁명 대응 간 선호의 차이는 발견되지 않았다. 4차 산업혁명 대응이 지난 대선을 거치며 마치 국가적 어젠다, 특히 ICT 관련 부처의 지상과제인 것으로 홍보되어온 것과 국민들의 인식하는 정부의 역할에는 차이가 있음이 확인됐다. 따라서 만약 충분한 검토 및 준비과정이 없이 과기정통부가 4차 산업혁명 대응에만 매몰된다면 박근혜 정부의 "창조경제" 사례와 같이 국민들의 이해와 지지를 받기 어려울 수 있음을 주의할 필요가 있다.

셋째, 방통위원 및 위원장의 선출 방식 개선 방향의 상대적 중요도가 운영체계 개편 관련 속성 중 가장 높았으며, 국민추천제 등 대안적 방식을 도입해야 한다는 인식이 강하게 나타났다. 또한 방통위원 및 위원장은 통신 및 인터넷을 포함한 다양한 분야의 전문성을 갖춘 인사로 구성하는 대안의 선호도가 높았다. 즉 현행 방통위원 구성은 선출 방식과 자격 요건 양 측면에서 변화가 필요한 것으로 인식됐다.

넷째, 과기정통부 개편 목적 속성의 중요도가 상대적으로 낮았던 것과 달리 방통위 운영 목적의 중요도는 상대적으로 높았으며, 선호의 차이가 뚜렷하게 나타났다. 즉 국민들은 방송 및 미디어의 공공성 강화가 방통위의 우선적인 운영 목적이 되어야 한다고 보고 있으며, 이를 운영체계 개편 시 고려할 주요 사안으로 인식했다.

다섯째, 과기정통부의 조직, 방통위 운영체계 개편은 대통령 임기 내 중기적 추진보다는 2018년 지방선거 직후 이루어져야 할 것으로 인식됐다.

4. ICT 거버넌스를 어떻게 개편해야 하나

상기한 결과를 바탕으로 향후 ICT 거버넌스 개편의 방향에 대해 논의하자면, 우선 방통위 운영체계 개편이 과기정통부의 개편보다 시급한 과제라는 점이 확인됐다. 이는 방통위 운영체계 개편 시기에 대한 선호뿐 아니라, 운영 목적 및 방통위원 구성 방식의 변화가 강하게 요구되고 있다는 점에서 확인할 수 있다. 국민들은 빠른 시간 내에 방통위가 그동안 훼손된 방송 및 미디어 공공성 회복을 우선 목표로 삼아 운영체계를 개편하길 기대하고 있는 것이다.

이는 국민들이 대통령 및 정당이 방통위원 및 위원장을 추천임명하는 방식에 실망했기 때문인 것으로 추정된다. 국민들의 손으로 박근혜 정권의 파행을 파헤치고 정권을 교체했지만, KBS와 MBC를 둘러싼 정치적 다툼을 지켜보는 국민들의 착잡한 심정이 조사의 결과에 반영되었을 가능성이 크다. 규제기관과 그 규제기관에 좌우되는 공영방송, 나아가 한국 언론과 미디어 전체에 대한 신뢰가 바닥까지 추락한 상황이므로 이제는 미봉책으로 대응하기 보다는 근본적인 구조의 문제를 해결하는 편이 바람직할 것이다. 다소의 사회적 비용이 발생하더라도 또한 문재인 정부가 중요한 권한을 포기하는 한이 있어도 방통위가 대통령과 정당이 아닌 국민을 대변하는 규제기관으로 자리를 잡게 하는 개혁을 시도해야 한다.

이때 방통위원 및 위원장의 자격은 방송 관련 전문성에 편중되지 않도록 주의할 필요가 있다. 방송뿐 아니라 통신, 나아가 ICT 전반에 관여하는 전문 규제기관으로서의 방통위의 위상은 위원의 전문성과 다양성에 의해 유지될 수 있다. 국민들 역시 합의제 위원회 구성에 다양성이 필요하다는 점을 인식하고 방통위원 및 위원장의 구성에서 다양한 전문성을 요구하고 있는 것으로 보인다.

한편 과기정통부의 조직 개편은 방통위 운영체계 개편에 비해 상대적으로 국민들의 관심을 끌지 못했다. 방통위 운영체계는 정치적, 민주적으로 중요한 이슈인 반면, 과기정통부의 조직구조에 대해서는 관심이 없거나 잘 모르는 것으로 보인다.

그럼에도 불구하고 개편의 범위 차원에서 의미 있는 차이가 발견되었다는 점은 눈여겨볼 만하다. 먼저 과학기술과 ICT 부문을 분리하는 안이 선호되었다는 점을 고려할 때, 두 부문의 통합 필요성과 성과는 그간 국민들이 인식하지 못하는 수준이었던 것으로 보인다. 이는 앞서 기존 연구들에서 확인한 통합에 대한 비판과 일치한다. 이런 상황에서 구태여 화학적 융합을 기대하기 어려운 두 부문의 통합을 유지할 필요는 없는 것으로 판단된다.

한편 당분간 과기정통부의 ICT 진흥 업무와 방통위의 ICT 규제 업무는 분리된 상태를 유지해야 할 것으로 보인다. 앞선 논의와 같이 학술적 입장에서 볼 때 진흥정책과 규제는 궁극적으로 유기적으로 연계되어야 한다. 그러나 한편으로 현재 한국 환경에서 국민들이 인식하는 진흥정책과 규제의 분리 필요성 또한 이해하고 존중할 필요가 있다. 실상 지금까지 ICT 부문 규제 완화 논의에 국민들의 반응이 결코 호의적이지 않았음을 고려하면, 규제기관의 영역이 축소되고 모호해지는 것 또한 받아들이기 힘들 것으로 예상된다. 국민들이 진흥정책과 규제의 호환성, 산업경제적 가치와 사회문화적 가치의 동반 상승을 이해하지 못하는 측면도 있을 것이다. 이러한 상황에서 진흥 업무와 규제 업무의 행위자를 일원화시키는 대안은 국민들의 동의를 얻기 어려울 것이다. 따라서 향후 어떤 방식으로든 규제체계의 수정을 추진하고자 한다면 국민들을 이해시키고 설득하는 과정이 선행될 필요가 있다.

참고문헌

김동준. 2008. 「방송통신위원회의 조직운영상 문제점과 개선방안」. 한국방송학회 세미나 및 보고서, 78~88쪽.

김수원·김성철. 2017. 「새 정부의 ICT·미디어 관련 정부 조직 개편 방향에 대한 연구: 국민들의 인식을 중심으로」. ≪언론정보연구≫, 제54권 4호, 5~34쪽.

______. 2017. 문재인 정부의 방송통신 정부 조직 개편 방안. ≪방송통신연구≫, 제99권 2017년 여름호, 9~36쪽.

김정환·박지은·김수원·김성철. 2014. 「수평적 규제체계로의 전환에 대한 연구: 국민들의 인식을 중심으로」. ≪정보통신정책연구≫, 제21권 1호, 85~108쪽.

윤석민. 2012. 「과잉 정치화된 미디어 정책 시스템의 해법 찾기: 합의제 미디어 정책기구 설립을 중심으로」. ≪입법과 정책≫, 제4권 제2호, 167~195쪽.

이현우. 2014. 「통합적 방송규제체계의 공공성과 산업성 조화 방안」. ≪KOCCA FOCUS≫, 2014 05호.

최진원. 2010. 「방송통신융합 시대의 수평적 규제와 공영방송」. ≪문화·미디어·엔터테인먼트 법≫, 제4권 1호, 27~54쪽.

하태수. 2015. 「박근혜 정부 출범 시기의 중앙정부 조직 개편 분석」. ≪한국정책연구≫, 제15권 1호, 51~74쪽.

찾아보기

기타

저자소개

이봉규

연세대학교 학술정보원 원장이자 정보대학원 교수. 방송통신정책연구센터 소장으로 재직하고 있다. 코넬대학에서 박사학위를 취득 후 한성대학교 공과대학 정보전산학부 교수, 연세대학교 정보대학원 원장, 정보통신부 통신위원회 위원, 방송통신위원회 자체평가위원회 위원장, 한국인터넷정보학회 회장, 한국인터넷진흥원 이사, 정보통신전략위원회 실무위원, 서울시 정보화전략위원회 위원 등을 역임했고, 현재 (사)글로벌 ICT 포럼의 회장을 역임하고 있다. 연세대학교에서 공헌교수상, 정부로부터 홍조근정훈장과 근정포장, 대통령, 국무총리 표창 등을 수상했다.

황용석

건국대학교 미디어커뮤니케이션학과 교수. 성균관대학교에서 언론학 박사학위를 받았다. 한국언론진흥재단에서 근무했으며, 현재 사이버커뮤니케이션학회 회장, 한국방송학회 감사, 방송통신위원회 방송시장경쟁상황평가위원 등으로 활동하고 있다. 인터넷 이용자행동 및 방송통신분야 규제 등 다양한 연구를 진행하고 있으며 ≪Telematics and Infromatics≫, ≪Behavio ur & Information Technology≫, ≪한국언론학보≫ 등의 국내외 학술지에 논문을 발표했다.

권태경

연세대학교 정보대학원 교수. 연세대학교 컴퓨터과학과에서 학사, 석사, 그리고 박사학위를 받았다. 미국 UC Berkeley 컴퓨터과학과 박사후연구원 및 세종대학교 컴퓨터공학과 교수 그리고 정보보호학과 초대 학과장을 역임했다. 한국정보보호학회 상임이사 및 대검찰청 디지털포렌식 자문위원이다. 암호 프로토콜, 유저블 보안, 소프트웨어 보안 등 정보보안 및 보호 관련 다양한 연구 활동을 진행하고 있다. 보안 분야 탑 컨퍼런스와 IEEE Transactions 등 다양한 SCI 저널에 100편 이상의 학술 논문을 게재했다.

곽정호

호서대학교 경영학부 글로벌창업학과 교수. 연세대학교에서 경영정보시스템 박사학위를 받았다. 정보통신정책연구원과 한국정보통신산업연구원에서 근무했으며, 현재 한국인터넷정보학회와 한국IT서비스학회 연구이사 및 방송통신위원회 시청자권익위원으로 활동하고 있다. ICT산업·정책, 창업 및 기술혁신, 미디어산업 등에 관련한 다양한 연구 활동을 진행하고 있으며 ≪Telecommunications Policy≫, ≪Technological Forecasting and Social Change≫, ≪정보통신정책연구≫, ≪산업경제연구≫ 등의 국내외 학술지에 다수의 논문을 발표했다.

윤석민

서울대학교 언론정보학과 교수. 미시간주립대학교에서 언론학 박사학위를 받았다. 통신개발연구원(현 정보통신정책연구원), 한국방송개발원(현 한국콘텐츠진흥원)에서 근무했으며, 언론과 사회 연구회 회장, 사이버커뮤니케이션학회 회장을 역임했다. 현재 SNU 팩트체크위원회 위원장, 언론학보 편집위원장, 조선일보 윤리위원회 위원으로 활동하고 있다. 커뮤니케이션 이론 및 정책 연구를 진행하고 있으며『미디어공정성연구』,『한국사회 소통위기와 미디어』,『커뮤니케이션 정책연구』등의 연구서를 집필했다.

곽규태

순천향대학교 글로벌문화산업학과 교수. 연세대학교에서 경영학 박사학위를 받았다. 한국방송영상산업진흥원과 한국콘텐츠진흥원에서 근무했으며, 현재 한국미디어경영학회 총무이사, 한국인터넷정보학회와 사이버커뮤니케이션학회 연구이사로 활동하고 있다. 미디어경영, 콘텐츠산업, 혁신과 창의성 등에 관련한 다양한 연구 활동을 진행하고 있으며 ≪Technological Forecasting and Social Change≫, ≪Computers in Human Behavior≫, ≪경영학연구≫, ≪한국언론학보≫ 등의 국내외 학술지에 다수의 논문을 발표했다.

이상원

경희대학교 언론정보학과 교수. 연세대학교 행정학과를 졸업하고, 미국 조지워싱턴 대학에서 통신학 석사, 미국 플로리다 대학에서 미디어경제학 전공으로 박사 학위를 받았다. 국제전기통신연합(ITU) 컨설턴트, 미국 센트럴미시간 대학 교수 및 한국언론학회 총무이사를 역임했다. ICT 및 미디어 산업정책, 미디어 경제경영학 및 디지털 콘텐츠 산업 관련의 다양한 연구 활동을 진행하고 있으며, ≪Information Economics and Policy≫, ≪Technological Forecasting and Social Change≫, ≪Telematics and Informatics≫, ≪Journalism and Mass Communication Quarterly≫, ≪정보통신정책연구≫ 등 다양한 국내외 학술지에 논문을 게재했다.

이준웅

서울대학교 언론정보학과 교수. 서울대학교 언론정보학과를 졸업하고 같은 학과에서 '의사소통 능력'을 탐구한 석사논문을 썼다. 미국 펜실베이니아 대학 애넌버그 스쿨에 유학해서 '뉴스 보도와 여론의 변화'에 대한 연구로 박사 학위를 받았다. 1997년 귀국해서 한국방송공사 정책연구실 연구위원으로 2년 6개월간 연구를 수행했으며, 이후 광운대학교 미디어학과에서 교편을 잡았다. 2002년 모교로 연구실을 옮겨 설득과 레토릭, 여론변화와 숙의 민주주의에 대한 연구를 수행했으며, 그 결과를 2011년『말과 권력』으로 출간했다.

이봉의

서울대학교 법학전문대학원에서 경제법(공정거래법과 산업규제법)을 가르친다. 동 대학교에서 경영학 학사, 법학과 대학원에서 법학석사를 마치고, 박사과정을 수료한 후 독일 마인츠 대학(Johannes Gutenberg Uni)에서 법학박사 학위를 취득했다. 한국경쟁법학회 회장을 역임했고, 현재 서울대 경쟁법센터 소장, 과학기술정보통신부 규제심사위원회 위원, 동반성장위원회 산하 위수탁분쟁조정협의회 위원장 등을 맡고 있다.

이상우

연세대학교 정보대학원 교수. 미시간 주립대학에서 석사, 인디애나 주립대학교에서 커뮤니케이션 박사학위를 받았다. 정보통신정책연구원에서 근무했으며, 현재 한국미디어경영학회 회장으로 활동하고 있다. 미디어경영, 미디어 산업, ICT정책, 미디어 이용자 연구 등에 관련한 다양한 연구 활동을 진행하고 있으며 ≪Journal of Media Economics≫, ≪Computers in Hu man Behavior≫, ≪Information Economics and Policy≫, ≪미디어 경제와 문화≫, ≪한국방송학보≫ 등의 국내외 학술지에 다수의 논문을 발표했다.

조화순

미국 노스웨스턴 대학에서 정치학 박사 학위를 취득하고 현재 연세대학교 정치외교학과 교수로 재직하고 있다. 관심 분야는 공공정책, 거버넌스, 정치경제적 관점에서 보는 정치와 사회의 변화이다. 『디지털 거버넌스』, 『빅데이터로 보는 한국정치 트렌드』, 『Building Telecom Markets』 등 약 20여 권의 저서 발간에 단독 혹은 공동으로 참여했고, 관련 분야에서 약 40여 편의 논문을 발표했다. 연세대학교 우수 연구업적상, 연정학술상을 수상했고, LG연암 Fellow, 과학기술한림원(정책분야) 정회원이다.

김성철

고려대학교 미디어학부 교수, 도서관장. 서울대학교 경영학과를 졸업하고 서울대학교 대학원에서 경영학 석사학위를 받았고 미국 미시간 주립대학교에서 텔레커뮤니케이션 전공으로 석사·박사학위를 받았다. SK에서 13년간 정보통신분야 신규 사업을 담당했고 개방형 직위인 서울특별시 정보시스템 담당관을 거쳐 카이스트 IT 경영학부 부학부장, 한국전자통신연구원(ETRI) 초빙연구원, 고려대학교 부설 정보문화연구소장, 한국미디어경영학회 회장을 역임했다. 미디어산업연구센터를 설립하여 급변하는 미디어 산업 현장에서 필요로 하는 미디어 경영전략과 정책연구를 수행하고 있다.

한울아카데미 2092

대한민국 ICT의 미래, 어떻게 준비할 것인가
ICT 전문가 12인이 묻고 답하다

지은이 | 이봉규 · 황용석 · 권태경 · 곽정호 · 윤석민 · 곽규태 · 이상원 · 이준웅 · 이봉의 · 이상우 · 조화순 · 김성철
펴낸이 | 김종수
펴낸곳 | 한울엠플러스(주)

편집책임 | 김경희
편집 | 정하승

초판 1쇄 인쇄 | 2018년 7월 15일
초판 1쇄 발행 | 2018년 7월 30일

주소 | 10881 경기도 파주시 광인사길 153 한울시소빌딩 3층
전화 | 031-955-0655
팩스 | 031-955-0656
홈페이지 | www.hanulmplus.kr
등록번호 | 제406-2015-000143호

Printed in Korea.
ISBN 978-89-460-7092-9 93300(양장)
978-89-460-6517-8 93300(반양장)

* 책값은 겉표지에 표시되어 있습니다.

초연결사회

스마트 기기와 모바일 혁명이 만들어가고 있는 초연결사회, 우리의 미래는 어떻게 변화될 것인가?

“기술이 풍부한 사회에 살고 있는 우리는 진정으로 ‘로그오프’ 하는 것이 어려울 수도 있다.” 로그오프하기 힘든 초연결된 사회는 우리에게 여러 기대를 가져다주기도 하지만, 그러한 그물 속에 갇혀 사는 우리는 여러 가지 문제와 해결 과제에 직면하기도 한다.

이 책은 인터넷과 모바일 기술이 어떻게 개발되었는지, 그것이 어떻게 수많은 사람의 생활에 매우 깊이 뿌리박히게 되었는지, 그것이 어떻게 현대 정보시대를 창조하는 데 도움을 주었는지에 관한 짧은 역사로 시작한다(2장). 그런 다음, 기술-사회 환경과 온라인 경험의 풍부한 복잡성에 대해 자세히 훑어보고(3장), 온라인 정보 공유와 감시(4장), 전 세계적 영향과 불평등(5장), 인터넷과 디지털 미디어가 사회화, 성장, 늘 발전하는 자기(self)에 미치는 영향(6장)에 대해 살펴본다. 온라인에서 친구 추가하기(friending), 데이트하기, 관계 맺기(7장)와 가족, 보건 의료(health care), 종교, 일과 상거래, 교육과 도서관, 정치와 통치, 미디어와 같은 기술-사회 제도들(8장)과 그리고 다른 장에서 다루지 않은 24/7 초연결성의 편익과 위험(9장)을 살펴보고, 마지막으로 기술-사회 생활의 미래(10장)에 대해 알아본다.

지은이
메리 차이코

옮긴이
배현석

2018년 4월 20일 발행
신국판
376면

방송의 진화

지은이
최홍규·김유정·김정환·심홍진·주성희·최믿음

2018년 4월 20일 발행
신국판
200면

새로운 기술 새로운 미디어 새로운 시장 새로운 기회,
방송은 이 변화에 어떻게 적응할 것인가

방송의 역사는 언제나 위기와 함께였고, 언제나 변화의 한복판이었다고 말해도 틀린 말은 아니다. 하지만 최근 10여 년 동안, 새로운 테크놀로지와 맞물려 일어난 미디어 환경의 변화는 방송의 정의 자체를 흔들 만큼 강렬하고 충격적인 수준으로, 말 그대로 급변하고 있다. 그 변화의 중심에는 디지털 혁명과 ICT 혁명을 바탕으로 인터넷과 소셜미디어가 열어 놓은 새로운 플랫폼의 등장이 자리 잡고 있다.

변화를 마음껏 즐기고 있는 쪽은 이용자들이다. 그들은 방송사가 제공하는 대로 받아보던 '시청자'에서 원하는 시간에 원하는 장소에서 원하는 콘텐츠를 찾아 즐기는 '이용자'로 진화했다. 그들은 취향에 맞는 콘텐츠를 추천하고 공유하고 목록을 만들어 지인과 함께 즐기기도 하고 직접 창작자가 되어 자신만의 방송을 만들기도 한다.

전통적 의미의 방송은 그리고 방송 제도와 조직은 변화된 환경과 이용자 행태에 적응하기 위해 여러 방안을 모색하고 있다. 이 책에서 저자들은 이러한 미디어 생태계의 변화가 주요 방송 구성 요소들에 미치는 영향을 하나씩 검토하며, 미디어 생태계의 급변에 적응하기 위한 방송의 변화들을 심층적으로 분석하려는 시도를 하고 있다.

소셜콘텐츠의 흥망성쇠

싸이월드에서 배틀그라운드까지

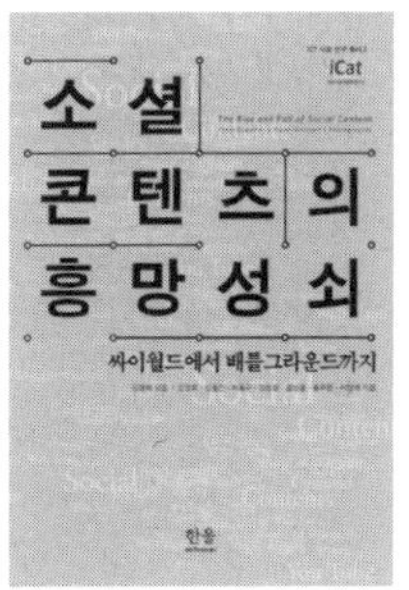

소셜 콘텐츠의 흥망성쇠로 보는
디지털 한국의 어제와 오늘, 그리고 내일

유튜브, 페이스북, 카카오톡, 웹툰, 모바일 게임……. 이 모든 것이 불과 10~20년 사이에 대한민국 사람들의 삶에서 빼놓을 수 없는 존재가 되었다. 사람들은 소셜 네트워크 서비스를 통해 사람을 만나고 소셜미디어를 통해 의사를 전달하며 언제 어디서나 소셜 콘텐츠를 소비하고 공유한다. 하지만 소셜 콘텐츠 역시 일종의 상품이자 서비스로서 끊임없이 경쟁해야 하고 어떤 것은 성공하고 어떤 것은 도태된다. 2000년대 초를 풍미했던 싸이월드는 이제는 추억거리가 되어버렸고 페이스북, 트위터, 유튜브, 카카오톡, 인스타그램 같은 서비스들이 그 자리를 대신하고 있다. 왕좌의 자리를 노리는 새로운 강자들은 계속해서 등장하고 있고 스냅챗처럼 틈새시장을 파고든 서비스도 있다. 현기증이 날 정도로 혼란스러운 이러한 소셜 콘텐츠들의 명멸 속에서 우리는 어떤 교훈을 얻을 수 있을까? 이 책은 성공하고 실패한 각양 소셜 콘텐츠들의 역사와 도전, 대응방식들을 돌아봄으로써 대한민국 소셜 콘텐츠 산업의 현재를 가늠하고 미래를 전망할 수 있게 해주며, 변화가 단순히 기술에 의해 이루어지는 것이 아니라 여전히 선택의 주체는 우리 사람임을 알려주고 있다. 1990년대 이후 IT산업의 한 축을 기록하는 역사서이자 대한민국 디지털 콘텐츠 산업의 현황을 분석한 사회경제 분석서인 동시에 IT정책이 나아갈 방향을 제시하는 정책제안서이기도 하다.

엮은이
김경희

지은이
김경희·심홍진·최홍규·김정환·임상훈·홍주현·이정애

2018년 3월 26일 발행
신국판
336면